HEBRAICO
VOCABULÁRIO

PALAVRAS MAIS ÚTEIS

PORTUGUÊS
HEBRAICO

Para alargar o seu léxico e apurar
as suas competências linguísticas

7000 palavras

Vocabulário Português-Hebraico - 7000 palavras

Por Andrey Taranov

Os vocabulários da T&P Books destinam-se a ajudar a aprender, a memorizar, e a rever palavras estrangeiras. O dicionário é dividido em temas, cobrindo todas as principais esferas de atividades quotidianas, negócios, ciência, cultura, etc.

O processo de aprendizagem, utilizando os dicionários baseados em temáticas da T&P Books dá-lhe as seguintes vantagens:

- Informação de origem corretamente agrupada predetermina o sucesso em fases subsequentes da memorização de palavras
- Disponibilização de palavras derivadas da mesma raiz, o que permite a memorização de unidades de texto (em vez de palavras separadas)
- Pequenas unidades de palavras facilitam o processo de estabelecimento de vínculos associativos necessários para a consolidação do vocabulário
- O nível de conhecimento da língua pode ser estimado pelo número de palavras aprendidas

T&P Books Publishing
www.tpbooks.com

ISBN: 978-1-78716-429-1

Este livro também está disponível em formato E-book.
Por favor visite www.tpbooks.com ou as principais livrarias on-line.

VOCABULÁRIO HEBRAICO
palavras mais úteis

Os vocabulários da T&P Books destinam-se a ajudar a aprender, a memorizar, e a rever palavras estrangeiras. O vocabulário contém mais de 7000 palavras de uso comum organizadas tematicamente.

O vocabulário contém as palavras mais comummente usadas
Recomendado como adicional para qualquer curso de línguas
Satisfaz as necessidades dos iniciados e dos alunos avançados de línguas estrangeiras
Conveniente para o uso diário, sessões de revisão e atividades de auto-teste
Permite avaliar o seu vocabulário

Características especias do vocabulário

· As palavras estão organizadas de acordo com o seu significado, e não por ordem alfabética
· As palavras são apresentadas em três colunas para facilitar os processos de revisão e auto-teste
· As palavras compostas são divididas em pequenos blocos para facilitar o processo de aprendizagem
· O vocabulário oferece uma transcrição simples e adequada de cada palavra estrangeira

O vocabulário contém 198 tópicos incluindo:

Conceitos básicos, Números, Cores, Meses, Estações do ano, Unidades de medida, Roupas & Acessórios, Alimentos & Nutrição, Restaurante, Membros da Família, Parentes, Caráter, Sentimentos, Emoções, Doenças, Cidade, Passeios, Compras, Dinheiro, Casa, Lar, Escritório, Trabalho no Escritório, Importação & Exportação, Marketing, Pesquisa de Emprego, Desportos, Educação, Computador, Internet, Ferramentas, Natureza, Países, Nacionalidades e muito mais ...

TABELA DE CONTEÚDOS

GUIA DE PRONUNCIAÇÃO

Nome da letra	Letra	Exemplo Hebraico	Alfabeto fonético T&P	Exemplo Português
Aleph	א	אריה	[ɑ], [ɑ:]	amar
	א	אחד	[ɛ], [ɛ:]	mover
	א	מָאָה	['] (hamza)	oclusiva glotal
Bet	ב	בית	[b]	barril
Guímel	ג	גמל	[g]	gosto
Guímel+geresh	ג׳	ג׳ונגל	[dʒ]	adjetivo
Dalet	ד	דג	[d]	dentista
He	ה	הר	[h]	[h] aspirada
Waw	ו	וסת	[v]	fava
Zayin	ז	זאב	[z]	sésamo
Zayin+geresh	ז׳	ז׳ורנל	[ʒ]	talvez
Het	ח	חוט	[x]	fricativa uvular surda
Tet	ט	טוב	[t]	tulipa
Yod	י	יום	[j]	géiser
Kaph	ך כ	בריש	[k]	kiwi
Lamed	ל	לחם	[l]	libra
Mem	ם מ	מלך	[m]	magnólia
Nun	ן נ	נר	[n]	natureza
Samek	ס	סוס	[s]	sanita
Ayin	ע	עין	[ɑ], [ɑ:]	amar
	ע	תשעים	['] (ayn)	fricativa faríngea sonora
Pe	ף פ	פיל	[p]	presente
Tsade	ץ צ	צעצוע	[ts]	tsé-tsé
Tsade+geresh	צ׳ץ׳	צ׳ק	[tʃ]	Tchau!
Qoph	ק	קוף	[k]	kiwi
Resh	ר	רכבת	[r]	[r] vibrante
Shin	ש	שלחן, עָשׂרים	[s], [ʃ]	sanita, mês
Tav	ת	תפוז	[t]	tulipa

ABREVIATURAS
usadas no vocabulário

Abreviaturas do Português

adj	-	adjetivo
adv	-	advérbio
anim.	-	animado
conj.	-	conjunção
desp.	-	desporto
etc.	-	etecetra
ex.	-	por exemplo
f	-	nome feminino
f pl	-	feminino plural
fem.	-	feminino
inanim.	-	inanimado
m	-	nome masculino
m pl	-	masculino plural
m, f	-	masculino, feminino
masc.	-	masculino
mat.	-	matemática
mil.	-	militar
pl	-	plural
prep.	-	preposição
pron.	-	pronome
sb.	-	sobre
sing.	-	singular
v aux	-	verbo auxiliar
vi	-	verbo intransitivo
vi, vt	-	verbo intransitivo, transitivo
vr	-	verbo reflexivo
vt	-	verbo transitivo

Abreviaturas do Hebraico

ז	-	masculino
ז"ר	-	masculino plural
ז, נ	-	masculino, feminino
נ	-	feminino
נ"ר	-	feminino plural

CONCEITOS BÁSICOS

Conceitos básicos. Parte 1

1. Pronomes

eu	ani	אֲנִי (ז, נ)
tu (masc.)	ata	אַתָּה (ז)
tu (fem.)	at	אַתְּ (נ)
ele	hu	הוּא (ז)
ela	hi	הִיא (נ)
nós	a'naχnu	אֲנַחְנוּ (ז, נ)
vocês (masc.)	atem	אַתֶּם (ז"ר)
vocês (fem.)	aten	אַתֶּן (נ"ר)
você (sing.)	ata, at	אַתָּה (ז), אַתְּ (נ)
você (pl)	atem, aten	אַתֶּם (ז"ר), אַתֶּן (נ"ר)
eles	hem	הֵם (ז"ר)
elas	hen	הֵן (נ"ר)

2. Cumprimentos. Saudações. Despedidas

Olá!	ʃalom!	שָׁלוֹם!
Bom dia! (formal)	ʃalom!	שָׁלוֹם!
Bom dia! (de manhã)	'boker tov!	בּוֹקֶר טוֹב!
Boa tarde!	tsaha'rayim tovim!	צָהֳרַיִים טוֹבִים!
Boa noite!	'erev tov!	עֶרֶב טוֹב!
cumprimentar (vt)	lomar ʃalom	לוֹמַר שָׁלוֹם
Olá!	hai!	הַיי!
saudação (f)	ahlan	אַהְלַן
saudar (vt)	lomar ʃalom	לוֹמַר שָׁלוֹם
Como vai?	ma ʃlomχa?	מַה שְׁלוֹמְךָ? (ז)
Como vais?	ma niʃma?	מַה נִשְׁמָע?
O que há de novo?	ma χadaʃ?	מַה חָדָשׁ?
Adeus! (formal)	lehitra'ot!	לְהִתְרָאוֹת!
Até à vista! (informal)	bai!	בַּיי!
Até breve!	lehitra'ot bekarov!	לְהִתְרָאוֹת בְּקָרוֹב!
Adeus!	lehitra'ot!	לְהִתְרָאוֹת!
despedir-se (vr)	lomar lehitra'ot	לוֹמַר לְהִתְרָאוֹת
Até logo!	bai!	בַּיי!
Obrigado! -a!	toda!	תּוֹדָה!
Muito obrigado! -a!	toda raba!	תּוֹדָה רַבָּה!
De nada	bevakaʃa	בְּבַקָּשָׁה

Não tem de quê	al lo davar	עַל לֹא דָּבָר
De nada	ein be'ad ma	אֵין בְּעַד מָה

Desculpa!	sliχa!	סְלִיחָה!
Desculpe!	sliχa!	סְלִיחָה!
desculpar (vt)	lis'loaχ	לִסְלוֹחַ

desculpar-se (vr)	lehitnatsel	לְהִתְנַצֵּל
As minhas desculpas	ani mitnatsel, ani mitna'tselet	אֲנִי מִתְנַצֵּל (ז), אֲנִי מִתְנַצֶּלֶת (נ)
Desculpe!	ani mitsta'er, ani mitsta''eret	אֲנִי מִצְטַעֵר (ז), אֲנִי מִצְטַעֶרֶת (נ)
perdoar (vt)	lis'loaχ	לִסְלוֹחַ
Não faz mal	lo nora	לֹא נוֹרָא
por favor	bevakaʃa	בְּבַקָּשָׁה

Não se esqueça!	al tiʃkaχ!	אַל תִּשְׁכַּח! (ז)
Certamente! Claro!	'betaχ!	בֶּטַח!
Claro que não!	'betaχ ʃelo!	בֶּטַח שֶׁלֹּא!
Está bem! De acordo!	okei!	אוֹקֵיי!
Basta!	maspik!	מַסְפִּיק!

3. Números cardinais. Parte 1

zero	'efes	אֶפֶס (ז)
um	eχad	אֶחָד (ז)
uma	aχat	אַחַת (נ)
dois	'ʃtayim	שְׁתַּיִם (נ)
três	ʃaloʃ	שָׁלוֹשׁ (נ)
quatro	arba	אַרְבַּע (נ)

cinco	χameʃ	חָמֵשׁ (נ)
seis	ʃeʃ	שֵׁשׁ (נ)
sete	'ʃeva	שֶׁבַע (נ)
oito	'ʃmone	שְׁמוֹנֶה (נ)
nove	'teʃa	תֵּשַׁע (נ)

dez	'eser	עֶשֶׂר (נ)
onze	aχat esre	אַחַת־עֶשְׂרֵה (נ)
doze	ʃteim esre	שְׁתֵּים־עֶשְׂרֵה (נ)
treze	ʃloʃ esre	שְׁלוֹשׁ־עֶשְׂרֵה (נ)
catorze	arba esre	אַרְבַּע־עֶשְׂרֵה (נ)

quinze	χameʃ esre	חָמֵשׁ־עֶשְׂרֵה (נ)
dezasseis	ʃeʃ esre	שֵׁשׁ־עֶשְׂרֵה (נ)
dezassete	ʃva esre	שְׁבַע־עֶשְׂרֵה (נ)
dezoito	ʃmone esre	שְׁמוֹנֶה־עֶשְׂרֵה (נ)
dezanove	tʃa esre	תְּשַׁע־עֶשְׂרֵה (נ)

vinte	esrim	עֶשְׂרִים
vinte e um	esrim ve'eχad	עֶשְׂרִים וְאֶחָד
vinte e dois	esrim u'ʃnayim	עֶשְׂרִים וּשְׁנַיִם
vinte e três	esrim uʃloʃa	עֶשְׂרִים וּשְׁלוֹשָׁה

trinta	ʃloʃim	שְׁלוֹשִׁים
trinta e um	ʃloʃim ve'eχad	שְׁלוֹשִׁים וְאֶחָד

trinta e dois	ʃloʃim u'ʃnayim	שְׁלוֹשִׁים וּשְׁנַיִם
trinta e três	ʃloʃim uʃloʃa	שְׁלוֹשִׁים וּשְׁלוֹשָׁה
quarenta	arba'im	אַרְבָּעִים
quarenta e um	arba'im ve'exad	אַרְבָּעִים וְאֶחָד
quarenta e dois	arba'im u'ʃnayim	אַרְבָּעִים וּשְׁנַיִם
quarenta e três	arba'im uʃloʃa	אַרְבָּעִים וּשְׁלוֹשָׁה
cinquenta	xamiʃim	חֲמִישִׁים
cinquenta e um	xamiʃim ve'exad	חֲמִישִׁים וְאֶחָד
cinquenta e dois	xamiʃim u'ʃnayim	חֲמִישִׁים וּשְׁנַיִם
cinquenta e três	xamiʃim uʃloʃa	חֲמִישִׁים וּשְׁלוֹשָׁה
sessenta	ʃiʃim	שִׁישִׁים
sessenta e um	ʃiʃim ve'exad	שִׁישִׁים וְאֶחָד
sessenta e dois	ʃiʃim u'ʃnayim	שִׁישִׁים וּשְׁנַיִם
sessenta e três	ʃiʃim uʃloʃa	שִׁישִׁים וּשְׁלוֹשָׁה
setenta	ʃiv'im	שִׁבְעִים
setenta e um	ʃiv'im ve'exad	שִׁבְעִים וְאֶחָד
setenta e dois	ʃiv'im u'ʃnayim	שִׁבְעִים וּשְׁנַיִם
setenta e três	ʃiv'im uʃloʃa	שִׁבְעִים וּשְׁלוֹשָׁה
oitenta	ʃmonim	שְׁמוֹנִים
oitenta e um	ʃmonim ve'exad	שְׁמוֹנִים וְאֶחָד
oitenta e dois	ʃmonim u'ʃnayim	שְׁמוֹנִים וּשְׁנַיִם
oitenta e três	ʃmonim uʃloʃa	שְׁמוֹנִים וּשְׁלוֹשָׁה
noventa	tiʃim	תִּשְׁעִים
noventa e um	tiʃim ve'exad	תִּשְׁעִים וְאֶחָד
noventa e dois	tiʃim u'ʃayim	תִּשְׁעִים וּשְׁנַיִם
noventa e três	tiʃim uʃloʃa	תִּשְׁעִים וּשְׁלוֹשָׁה

4. Números cardinais. Parte 2

cem	'me'a	מֵאָה (נ)
duzentos	ma'tayim	מָאתַיִים
trezentos	ʃloʃ me'ot	שְׁלוֹשׁ מֵאוֹת (נ)
quatrocentos	arba me'ot	אַרְבַּע מֵאוֹת (נ)
quinhentos	xameʃ me'ot	חָמֵשׁ מֵאוֹת (נ)
seiscentos	ʃeʃ me'ot	שֵׁשׁ מֵאוֹת (נ)
setecentos	ʃva me'ot	שְׁבַע מֵאוֹת (נ)
oitocentos	ʃmone me'ot	שְׁמוֹנֶה מֵאוֹת (נ)
novecentos	tʃa me'ot	תְּשַׁע מֵאוֹת (נ)
mil	'elef	אֶלֶף (ז)
dois mil	al'payim	אַלְפַּיִים (ז)
De quem são ...?	'ʃloʃet alafim	שְׁלוֹשֶׁת אֲלָפִים (ז)
dez mil	a'seret alafim	עֲשֶׂרֶת אֲלָפִים (ז)
cem mil	'me'a 'elef	מֵאָה אֶלֶף (ז)
um milhão	milyon	מִילְיוֹן (ז)
mil milhões	milyard	מִילְיַארְד (ז)

5. Números. Frações

fração (f)	'ʃever	שֶׁבֶר (ז)
um meio	'χetsi	חֲצִי (ז)
um terço	ʃliʃ	שְׁלִישׁ (ז)
um quarto	'reva	רֶבַע (ז)
um oitavo	ʃminit	שְׁמִינִית (נ)
um décimo	asirit	עֲשִׂירִית (נ)
dois terços	ʃnei ʃliʃim	שְׁנֵי שְׁלִישִׁים (ז)
três quartos	'ʃloʃet riv'ei	שְׁלוֹשֶׁת רְבָעֵי

6. Números. Operações básicas

subtração (f)	χisur	חִיסוּר (ז)
subtrair (vi, vt)	leχaser	לְחַסֵּר
divisão (f)	χiluk	חִילוּק (ז)
dividir (vt)	leχalek	לְחַלֵּק
adição (f)	χibur	חִיבּוּר (ז)
somar (vt)	leχaber	לְחַבֵּר
adicionar (vt)	leχaber	לְחַבֵּר
multiplicação (f)	'kefel	כֶּפֶל (ז)
multiplicar (vt)	lehaχpil	לְהַכְפִּיל

7. Números. Diversos

algarismo, dígito (m)	sifra	סִפְרָה (נ)
número (m)	mispar	מִסְפָּר (ז)
numeral (m)	ʃem mispar	שֵׁם מִסְפָּר (ז)
menos (m)	'minus	מִינוּס (ז)
mais (m)	plus	פְּלוּס (ז)
fórmula (f)	nusχa	נוּסְחָה (נ)
cálculo (m)	χiʃuv	חִישׁוּב (ז)
contar (vt)	lispor	לִסְפּוֹר
calcular (vt)	leχaʃev	לְחַשֵּׁב
comparar (vt)	lehaʃvot	לְהַשְׁווֹת
Quanto, -os, -as?	'kama?	כַּמָּה?
soma (f)	sχum	סְכוּם (ז)
resultado (m)	totsa'a	תּוֹצָאָה (נ)
resto (m)	ʃe'erit	שְׁאֵרִית (נ)
alguns, algumas ...	'kama	כַּמָּה
um pouco de ...	ktsat	קְצָת
poucos, -as (~ pessoas)	me'at	מְעַט
um pouco (~ de vinho)	me'at	מְעַט
resto (m)	ʃe'ar	שְׁאָר (ז)
um e meio	eχad va'χetsi	אֶחָד וָחֵצִי (ז)
dúzia (f)	tresar	תְּרֵיסָר (ז)

ao meio	'χetsi 'χetsi	חֲצִי חֲצִי
em partes iguais	ʃave beʃave	שָׁוֶה בְּשָׁוֶה
metade (f)	'χetsi	חֲצִי (ז)
vez (f)	'pa'am	פַּעַם (נ)

8. Os verbos mais importantes. Parte 1

abrir (vt)	lif'toaχ	לִפְתוֹחַ
acabar, terminar (vt)	lesayem	לְסַיֵּם
aconselhar (vt)	leya'ets	לְיַעֵץ
adivinhar (vt)	lenaχeʃ	לְנַחֵשׁ
advertir (vt)	lehazhir	לְהַזְהִיר

ajudar (vt)	la'azor	לַעֲזוֹר
alugar (~ um apartamento)	liskor	לִשְׂכּוֹר
amar (vt)	le'ehov	לֶאֱהוֹב
ameaçar (vt)	le'ayem	לְאַיֵּם

anotar (escrever)	lirʃom	לִרְשׁוֹם
apanhar (vt)	litfos	לִתְפּוֹס
apressar-se (vr)	lemaher	לְמַהֵר
arrepender-se (vr)	lehitsta'er	לְהִצְטַעֵר
assinar (vt)	laχtom	לַחְתּוֹם

atirar, disparar (vi)	lirot	לִירוֹת
brincar (vi)	lehitba'deaχ	לְהִתְבַּדֵּחַ
brincar, jogar (crianças)	lesaχek	לְשַׂחֵק
buscar (vt)	leχapes	לְחַפֵּשׂ
caçar (vi)	latsud	לָצוּד

cair (vi)	lipol	לִיפּוֹל
cavar (vt)	laχpor	לַחְפּוֹר
cessar (vt)	lehafsik	לְהַפְסִיק
chamar (~ por socorro)	likro	לִקְרוֹא
chegar (vi)	leha'gi'a	לְהַגִּיעַ
chorar (vi)	livkot	לִבְכּוֹת

começar (vt)	lehatχil	לְהַתְחִיל
comparar (vt)	lehaʃvot	לְהַשְׁווֹת
compreender (vt)	lehavin	לְהָבִין
concordar (vi)	lehaskim	לְהַסְכִּים
confiar (vt)	liv'toaχ	לִבְטוֹחַ

confundir (equivocar-se)	lehitbalbel	לְהִתְבַּלְבֵּל
conhecer (vt)	lehakir et	לְהַכִּיר אֶת
contar (fazer contas)	lispor	לִסְפּוֹר
contar com (esperar)	lismoχ al	לִסְמוֹךְ עַל
continuar (vt)	lehamʃiχ	לְהַמְשִׁיךְ

controlar (vt)	liʃlot	לִשְׁלוֹט
convidar (vt)	lehazmin	לְהַזְמִין
correr (vi)	laruts	לָרוּץ
criar (vt)	litsor	לִיצוֹר
custar (vt)	la'alot	לַעֲלוֹת

9. Os verbos mais importantes. Parte 2

Português	Transliteração	Hebraico
dar (vt)	latet	לָתֵת
dar uma dica	lirmoz	לִרְמֹז
decorar (enfeitar)	lekaʃet	לְקַשֵּׁט
defender (vt)	lehagen	לְהָגֵן
deixar cair (vt)	lehapil	לְהַפִּיל
descer (para baixo)	la'redet	לָרֶדֶת
desculpar (vt)	lis'loax	לִסְלֹחַ
desculpar-se (vr)	lehitnatsel	לְהִתְנַצֵּל
dirigir (~ uma empresa)	lenahel	לְנַהֵל
discutir (notícias, etc.)	ladun	לָדוּן
dizer (vt)	lomar	לוֹמַר
duvidar (vt)	lefakpek	לְפַקְפֵּק
encontrar (achar)	limtso	לִמְצֹא
enganar (vt)	leramot	לְרַמּוֹת
entrar (na sala, etc.)	lehikanes	לְהִכָּנֵס
enviar (uma carta)	liʃ'loax	לִשְׁלֹחַ
errar (equivocar-se)	lit'ot	לִטְעוֹת
escolher (vt)	livxor	לִבְחוֹר
esconder (vt)	lehastir	לְהַסְתִּיר
escrever (vt)	lixtov	לִכְתּוֹב
esperar (o autocarro, etc.)	lehamtin	לְהַמְתִּין
esperar (ter esperança)	lekavot	לְקַוּוֹת
esquecer (vt)	liʃ'koax	לִשְׁכֹּחַ
estar (vi)	lihyot	לִהְיוֹת
estudar (vt)	lilmod	לִלְמֹד
exigir (vt)	lidroʃ	לִדְרֹשׁ
existir (vi)	lehitkayem	לְהִתְקַיֵּם
explicar (vt)	lehasbir	לְהַסְבִּיר
falar (vi)	ledaber	לְדַבֵּר
faltar (clases, etc.)	lehaxsir	לְהַחְסִיר
fazer (vt)	la'asot	לַעֲשׂוֹת
ficar em silêncio	liʃtok	לִשְׁתּוֹק
gabar-se, jactar-se (vr)	lehitravrev	לְהִתְרַבְרֵב
gritar (vi)	lits'ok	לִצְעוֹק
guardar (cartas, etc.)	liʃmor	לִשְׁמוֹר
informar (vt)	leho'dia	לְהוֹדִיעַ
insistir (vi)	lehit'akeʃ	לְהִתְעַקֵּשׁ
insultar (vt)	leha'aliv	לְהַעֲלִיב
interessar-se (vr)	lehit'anyen be...	...לְהִתְעַנְיֵן בְּ
ir (a pé)	la'lexet	לָלֶכֶת
ir nadar	lehitraxets	לְהִתְרַחֵץ
jantar (vi)	le'exol aruxat 'erev	לֶאֱכֹל אֲרוּחַת עֶרֶב

10. Os verbos mais importantes. Parte 3

ler (vt)	likro	לִקְרוֹא
libertar (cidade, etc.)	leʃaχrer	לְשַׁחְרֵר
matar (vt)	laharog	לַהֲרוֹג
mencionar (vt)	lehazkir	לְהַזְכִּיר
mostrar (vt)	lehar'ot	לְהַרְאוֹת

mudar (modificar)	leʃanot	לְשַׁנּוֹת
nadar (vi)	lisχot	לִשְׂחוֹת
negar-se a ...	lesarev	לְסָרֵב
objetar (vt)	lehitnaged	לְהִתְנַגֵּד

observar (vt)	liʦpot, lehaʃkif	לִצְפּוֹת, לְהַשְׁקִיף
ordenar (mil.)	lifkod	לִפְקֹד
ouvir (vt)	liʃmo'a	לִשְׁמוֹעַ
pagar (vt)	leʃalem	לְשַׁלֵּם
parar (vi)	la'aʦor	לַעֲצוֹר

participar (vi)	lehiʃtatef	לְהִשְׁתַּתֵּף
pedir (comida)	lehazmin	לְהַזְמִין
pedir (um favor, etc.)	levakeʃ	לְבַקֵּשׁ
pegar (tomar)	la'kaχat	לָקַחַת
pensar (vt)	laχʃov	לַחְשׁוֹב

perceber (ver)	lasim lev	לָשִׂים לֵב
perdoar (vt)	lis'loaχ	לִסְלוֹחַ
perguntar (vt)	liʃ'ol	לִשְׁאוֹל
permitir (vt)	leharʃot	לְהַרְשׁוֹת
pertencer a ...	lehiʃtayeχ	לְהִשְׁתַּיֵּךְ

planear (vt)	letaχnen	לְתַכְנֵן
poder (vi)	yaχol	יָכוֹל
possuir (vt)	lihyot 'ba'al ʃel	לִהְיוֹת בַּעַל שֶׁל
preferir (vt)	leha'adif	לְהַעֲדִיף
preparar (vt)	levaʃel	לְבַשֵּׁל

prever (vt)	laχazot	לַחֲזוֹת
prometer (vt)	lehav'tiaχ	לְהַבְטִיחַ
pronunciar (vt)	levate	לְבַטֵּא
propor (vt)	leha'ʦi'a	לְהַצִּיעַ
punir (castigar)	leha'aniʃ	לְהַעֲנִישׁ

11. Os verbos mais importantes. Parte 4

quebrar (vt)	liʃbor	לִשְׁבּוֹר
queixar-se (vr)	lehitlonen	לְהִתְלוֹנֵן
querer (desejar)	lirʦot	לִרְצוֹת
recomendar (vt)	lehamliʦ	לְהַמְלִיץ
repetir (dizer outra vez)	laχazor al	לַחֲזוֹר עַל

repreender (vt)	linzof	לִנְזוֹף
reservar (~ um quarto)	lehazmin meroʃ	לְהַזְמִין מֵרֹאשׁ

responder (vt)	la'anot	לַעֲנוֹת
rezar, orar (vi)	lehitpalel	לְהִתְפַּלֵּל
rir (vi)	litsχok	לִצְחוֹק

roubar (vt)	lignov	לִגְנוֹב
saber (vt)	la'da'at	לָדַעַת
sair (~ de casa)	latset	לָצֵאת
salvar (vt)	lehatsil	לְהַצִּיל
seguir ...	la'akov aχarei	לַעֲקוֹב אַחֲרֵי

sentar-se (vr)	lehityaʃev	לְהִתְיַשֵּׁב
ser (vi)	lihyot	לִהְיוֹת
ser necessário	lehidareʃ	לְהִידָרֵשׁ
significar (vt)	lomar	לוֹמַר

sorrir (vi)	leχayeχ	לְחַיֵּךְ
subestimar (vt)	leham'it be''ereχ	לְהַמְעִיט בְּעֵרֶךְ
surpreender-se (vr)	lehitpale	לְהִתְפַּלֵּא
tentar (vt)	lenasot	לְנַסּוֹת

ter (vt)	lehaχzik	לְהַחְזִיק
ter fome	lihyot ra'ev	לִהְיוֹת רָעֵב
ter medo	lefaχed	לְפַחֵד
ter sede	lihyot tsame	לִהְיוֹת צָמֵא

tocar (com as mãos)	la'ga'at	לָגַעַת
tomar o pequeno-almoço	le'eχol aruχat 'boker	לֶאֱכוֹל אֲרוּחַת בּוֹקֶר
trabalhar (vi)	la'avod	לַעֲבוֹד
traduzir (vt)	letargem	לְתַרְגֵּם
unir (vt)	le'aχed	לְאַחֵד

vender (vt)	limkor	לִמְכּוֹר
ver (vt)	lir'ot	לִרְאוֹת
virar (ex. ~ à direita)	lifnot	לִפְנוֹת
voar (vi)	la'uf	לָעוּף

12. Cores

cor (f)	'tseva	צֶבַע (ז)
matiz (m)	gavan	גָּוֶן (ז)
tom (m)	gavan	גָּוֶן (ז)
arco-íris (m)	'keʃet	קֶשֶׁת (נ)

branco	lavan	לָבָן
preto	ʃaχor	שָׁחוֹר
cinzento	afor	אָפוֹר

verde	yarok	יָרוֹק
amarelo	tsahov	צָהוֹב
vermelho	adom	אָדוֹם

azul	kaχol	כָּחוֹל
azul claro	taχol	תָּכוֹל
rosa	varod	וָרוֹד

laranja	katom	כָּתוֹם
violeta	segol	סָגוֹל
castanho	χum	חוּם

| dourado | zahov | זָהוֹב |
| prateado | kasuf | כָּסוּף |

bege	beʒ	בֶּז'
creme	be'tseva krem	בְּצֶבַע קְרֶם
turquesa	turkiz	טוּרְקִיז
vermelho cereja	bordo	בּוֹרְדוֹ
lilás	segol	סָגוֹל
carmesim	patol	פָּטוֹל

claro	bahir	בָּהִיר
escuro	kehe	כֵּהֶה
vivo	bohek	בּוֹהֵק

de cor	tsiv'oni	צִבְעוֹנִי
a cores	tsiv'oni	צִבְעוֹנִי
preto e branco	ʃaχor lavan	שָׁחוֹר-לָבָן
unicolor	χad tsiv'i	חַד-צִבְעִי
multicor	sasgoni	סַסְגוֹנִי

13. Questões

Quem?	mi?	מִי?
Que?	ma?	מָה?
Onde?	'eifo?	אֵיפֹה?
Para onde?	le'an?	לְאָן?
De onde?	me''eifo?	מֵאֵיפֹה?
Quando?	matai?	מָתַי?
Para quê?	'lama?	לָמָה?
Porquê?	ma'du'a?	מַדוּעַ?

Para quê?	biʃvil ma?	בִּשְׁבִיל מָה?
Como?	eiχ, keitsad?	כֵּיצַד? אֵיךְ?
Qual?	'eize?	אֵיזֶה?
Qual? (entre dois ou mais)	'eize?	אֵיזֶה?

A quem?	lemi?	לְמִי?
Sobre quem?	al mi?	עַל מִי?
Do quê?	al ma?	עַל מָה?
Com quem?	im mi?	עִם מִי?

| Quanto, -os, -as? | 'kama? | כַּמָה? |
| De quem? | ʃel mi? | שֶׁל מִי? |

14. Palavras funcionais. Advérbios. Parte 1

| Onde? | 'eifo? | אֵיפֹה? |
| aqui | po, kan | פֹּה, כָּאן |

lá, ali	ʃam	שָׁם
em algum lugar	'eifo ʃehu	אֵיפֹה שֶׁהוּא
em lugar nenhum	beʃum makom	בְּשׁוּם מָקוֹם

| ao pé de … | leyad … | לְיַד … |
| ao pé da janela | leyad haxalon | לְיַד הַחַלּוֹן |

Para onde?	le'an?	לְאָן?
para cá	'hena, lekan	הֵנָה; לְכָאן
para lá	leʃam	לְשָׁם
daqui	mikan	מִכָּאן
de lá, dali	miʃam	מִשָּׁם

| perto | karov | קָרוֹב |
| longe | raxok | רָחוֹק |

perto de …	leyad	לְיַד
ao lado de	karov	קָרוֹב
perto, não fica longe	lo raxok	לֹא רָחוֹק

esquerdo	smali	שְׂמָאלִי
à esquerda	mismol	מִשְּׂמֹאל
para esquerda	'smola	שְׂמֹאלָה

direito	yemani	יְמָנִי
à direita	miyamin	מִיָּמִין
para direita	ya'mina	יָמִינָה

à fronto	mika'dima	מִקָּדִימָה
da frente	kidmi	קִדְמִי
em frente (para a frente)	ka'dima	קָדִימָה

atrás de …	me'axor	מֵאָחוֹר
por detrás (vir ~)	me'axor	מֵאָחוֹר
para trás	a'xora	אָחוֹרָה

| meio (m), metade (f) | 'emtsa | אֶמְצַע (ז) |
| no meio | ba''emtsa | בָּאֶמְצַע |

de lado	mehatsad	מֵהַצַּד
em todo lugar	bexol makom	בְּכָל מָקוֹם
ao redor (olhar ~)	misaviv	מִסָּבִיב

de dentro	mibifnim	מִבִּפְנִים
para algum lugar	le'an ʃehu	לְאָן שֶׁהוּא
diretamente	yaʃar	יָשָׁר
de volta	baxazara	בַּחֲזָרָה

| de algum lugar | me'ei ʃam | מֵאֵי שָׁם |
| de um lugar | me'ei ʃam | מֵאֵי שָׁם |

em primeiro lugar	reʃit	רֵאשִׁית
em segundo lugar	ʃenit	שֵׁנִית
em terceiro lugar	ʃliʃit	שְׁלִישִׁית
de repente	pit'om	פִּתְאוֹם
no início	behatslaxa	בַּהַתְחָלָה

pela primeira vez	lariʃona	לָרִאשׁוֹנָה
muito antes de …	zman rav lifnei …	זְמַן רַב לְפְנֵי …
de novo, novamente	meχadaʃ	מֵחָדָשׁ
para sempre	letamid	לְתָמִיד

nunca	af 'pa'am, me'olam	מֵעוֹלָם, אַף פַּעַם
de novo	ʃuv	שׁוּב
agora	aχʃav, ka'et	עַכְשָׁיו, כָּעֵת
frequentemente	le'itim krovot	לְעִיתִים קְרוֹבוֹת
então	az	אָז
urgentemente	bidχifut	בִּדְחִיפוּת
usualmente	be'dereχ klal	בְּדֶרֶךְ כְּלָל

a propósito, …	'dereχ 'agav	דֶּרֶךְ אַגַּב
é possível	eʃʃari	אֶפְשָׁרִי
provavelmente	kanir'e	כַּנִּרְאֶה
talvez	ulai	אוּלַי
além disso, …	χuts mize …	חוּץ מִזֶּה …
por isso …	laχen	לָכֵן
apesar de …	lamrot …	לַמְרוֹת …
graças a …	hodot le…	הוֹדוֹת לְ…

que (pron.)	ma	מָה
que (conj.)	ʃe	שׁ
algo	'maʃehu	מַשֶּׁהוּ
alguma coisa	'maʃehu	מַשֶּׁהוּ
nada	klum	כְּלוּם

quem	mi	מִי
alguém (~ teve uma ideia …)	'miʃehu, 'miʃehi	מִישֶׁהוּ (ז), מִישֶׁהִי (נ)
alguém	'miʃehu, 'miʃehi	מִישֶׁהוּ (ז), מִישֶׁהִי (נ)

ninguém	af eχad, af aχat	אַף אֶחָד (ז), אַף אַחַת (נ)
para lugar nenhum	leʃum makom	לְשׁוּם מָקוֹם
de ninguém	lo ʃayaχ le'af eχad	לֹא שֵׁיָּךְ לְאַף אֶחָד
de alguém	ʃel 'miʃehu	שֶׁל מִישֶׁהוּ

tão	kol kaχ	כָּל־כָּךְ
também (gostaria ~ de …)	gam	גַּם
também (~ eu)	gam	גַּם

15. Palavras funcionais. Advérbios. Parte 2

Porquê?	ma'du'a?	מַדּוּעַ?
por alguma razão	miʃum ma	מִשּׁוּם־מָה
porque …	miʃum ʃe	מִשּׁוּם שׁ
por qualquer razão	lematara 'kolʃehi	לְמַטָּרָה כָּלְשֶׁהִי

e (tu ~ eu)	ve …	וְ …
ou (ser ~ não ser)	o	אוֹ
mas (porém)	aval, ulam	אֲבָל, אוּלָם
para (~ a minha mãe)	biʃvil	בִּשְׁבִיל
demasiado, muito	yoter midai	יוֹתֵר מְדַי
só, somente	rak	רַק

| exatamente | bediyuk | בְּדִיּוּק |
| cerca de (~ 10 kg) | be"erex | בְּעֵרֶךְ |

aproximadamente	be"erex	בְּעֵרֶךְ
aproximado	meʃo'ar	מְשׁוֹעָר
quase	kim'at	כִּמְעַט
resto (m)	ʃe'ar	שְׁאָר (ז)

o outro (segundo)	axer	אַחֵר
outro	axer	אַחֵר
cada	kol	כָּל
qualquer	kolʃehu	כָּלְשֶׁהוּ
muitos, muitas	harbe	הַרְבֵּה
muito	harbe	הַרְבֵּה
muitas pessoas	harbe	הַרְבֵּה
todos	kulam	כּוּלָם

em troca de ...	tmurat ...	תְּמוּרַת ...
em troca	bitmura	בִּתְמוּרָה
à mão	bayad	בְּיָד
pouco provável	safek im	סָפֵק אִם

provavelmente	karov levadai	קָרוֹב לְוַודַּאי
de propósito	'davka	דַּווְקָא
por acidente	bemikre	בְּמִקְרֶה

muito	me'od	מְאוֹד
por exemplo	lemaʃal	לְמָשָׁל
entre	bein	בֵּין
entre (no meio de)	be'kerev	בְּקֶרֶב
tanto	kol kax harbe	כָּל־כָּךְ הַרְבֵּה
especialmente	bimyuxad	בִּמְיוּחָד

Conceitos básicos. Parte 2

16. Opostos

rico	aʃir	עָשִׁיר
pobre	ani	עָנִי
doente	χole	חוֹלֶה
são	bari	בָּרִיא
grande	gadol	גָּדוֹל
pequeno	katan	קָטָן
rapidamente	maher	מַהֵר
lentamente	le'at	לְאַט
rápido	mahir	מָהִיר
lento	iti	אִיטִי
alegre	sa'meaχ	שָׂמֵחַ
triste	aʦuv	עָצוּב
juntos	be'yaχad	בְּיַחַד
separadamente	levad	לְבַד
em voz alta (ler ~)	bekol ram	בְּקוֹל רָם
para si (em silêncio)	belev, be'ʃeket	בְּלֵב, בְּשֶׁקֶט
alto	ga'voha	גָּבוֹהַּ
baixo	namuχ	נָמוּךְ
profundo	amok	עָמוֹק
pouco fundo	radud	רָדוּד
sim	ken	כֵּן
não	lo	לֹא
distante (no espaço)	raχok	רָחוֹק
próximo	karov	קָרוֹב
longe	raχok	רָחוֹק
perto	samuχ	סָמוּךְ
longo	aroχ	אָרוֹךְ
curto	kaʦar	קָצָר
bom, bondoso	tov lev	טוֹב לֵב
mau	raʃa	רָשָׁע
casado	nasui	נָשׂוּי

solteiro	ravak	רַוָוק
proibir (vt)	le'esor al	לֶאֱסוֹר עַל
permitir (vt)	leharʃot	לְהַרְשׁוֹת
fim (m)	sof	סוֹף (ז)
começo (m)	hatχala	הַתְחָלָה (נ)
esquerdo	smali	שְׂמָאלִי
direito	yemani	יְמָנִי
primeiro	riʃon	רִאשׁוֹן
último	aχaron	אַחֲרוֹן
crime (m)	'peʃa	פֶּשַׁע (ז)
castigo (m)	'oneʃ	עוֹנֶשׁ (ז)
ordenar (vt)	leʦavot	לְצַווֹת
obedecer (vt)	leʦayet	לְצַיֵּת
reto	yaʃar	יָשָׁר
curvo	meʿukal	מְעוּקָל
paraíso (m)	gan 'eden	גַּן עֵדֶן (ז)
inferno (m)	gehinom	גֵּיהִינּוֹם (ז)
nascer (vi)	lehivaled	לְהִיווָלֵד
morrer (vi)	lamut	לָמוּת
forte	χazak	חָזָק
fraco, débil	χalaʃ	חַלָשׁ
idoso	zaken	זָקֵן
jovem	ʦaʿir	צָעִיר
velho	yaʃan	יָשָׁן
novo	χadaʃ	חָדָשׁ
duro	kaʃe	קָשֶׁה
mole	raχ	רַךְ
tépido	χamim	חָמִים
frio	kar	קַר
gordo	ʃamen	שָׁמֵן
magro	raze	רָזֶה
estreito	ʦar	צַר
largo	raχav	רָחָב
bom	tov	טוֹב
mau	ra	רַע
valente	amiʦ	אָמִיץ
cobarde	paχdani	פַּחְדָנִי

17. Dias da semana

segunda-feira (f)	yom ʃeni	יוֹם שֵׁנִי (ז)
terça-feira (f)	yom ʃliʃi	יוֹם שְׁלִישִׁי (ז)
quarta-feira (f)	yom revi'i	יוֹם רְבִיעִי (ז)
quinta-feira (f)	yom χamiʃi	יוֹם חֲמִישִׁי (ז)
sexta-feira (f)	yom ʃiʃi	יוֹם שִׁישִׁי (ז)
sábado (m)	ʃabat	שַׁבָּת (נ)
domingo (m)	yom riʃon	יוֹם רִאשׁוֹן (ז)

hoje	hayom	הַיּוֹם
amanhã	maχar	מָחָר
depois de amanhã	maχara'tayim	מָחֳרָתַיִם
ontem	etmol	אֶתְמוֹל
anteontem	ʃilʃom	שִׁלְשׁוֹם

dia (m)	yom	יוֹם (ז)
dia (m) de trabalho	yom avoda	יוֹם עֲבוֹדָה (ז)
feriado (m)	yom χag	יוֹם חַג (ז)
dia (m) de folga	yom menuχa	יוֹם מְנוּחָה (ז)
fim (m) de semana	sof ʃa'vu'a	סוֹף שָׁבוּעַ

o dia todo	kol hayom	כָּל הַיּוֹם
no dia seguinte	lamaχarat	לַמָּחֳרָת
há dois dias	lifnei yo'mayim	לִפְנֵי יוֹמַיִים
na véspera	'erev	עֶרֶב
diário	yomyomi	יוֹמְיוֹמִי
todos os dias	midei yom	מִדֵּי יוֹם

semana (f)	ʃa'vua	שָׁבוּעַ (ז)
na semana passada	baʃa'vu'a ʃe'avar	בַּשָּׁבוּעַ שֶׁעָבַר
na próxima semana	baʃa'vu'a haba	בַּשָּׁבוּעַ הַבָּא
semanal	ʃvu'i	שְׁבוּעִי
cada semana	kol ʃa'vu'a	כָּל שָׁבוּעַ
duas vezes por semana	pa'a'mayim beʃa'vu'a	פַּעֲמַיִים בְּשָׁבוּעַ
cada terça-feira	kol yom ʃliʃi	כָּל יוֹם שְׁלִישִׁי

18. Horas. Dia e noite

manhã (f)	'boker	בּוֹקֶר (ז)
de manhã	ba'boker	בַּבּוֹקֶר
meio-dia (m)	tsaha'rayim	צָהֳרַיִים (ז"ר)
à tarde	aχar hatsaha'rayim	אַחַר הַצָּהֳרַיִים

noite (f)	'erev	עֶרֶב (ז)
à noite (noitinha)	ba''erev	בָּעֶרֶב
noite (f)	'laila	לַיְלָה (ז)
à noite	ba'laila	בַּלַּיְלָה
meia-noite (f)	χatsot	חֲצוֹת (נ)

segundo (m)	ʃniya	שְׁנִיָּה (נ)
minuto (m)	daka	דַּקָּה (נ)
hora (f)	ʃa'a	שָׁעָה (נ)

meia hora (f)	χatsi ʃaʻa	חֲצִי שָׁעָה (נ)
quarto (m) de hora	'reva ʃaʻa	רֶבַע שָׁעָה (ז)
quinze minutos	χameʃ esre dakot	חָמֵשׁ עֶשְׂרֵה דַּקּוֹת
vinte e quatro horas	yemama	יְמָמָה (נ)

nascer (m) do sol	zriχa	זְרִיחָה (נ)
amanhecer (m)	'ʃaχar	שַׁחַר (ז)
madrugada (f)	'ʃaχar	שַׁחַר (ז)
pôr do sol (m)	ʃki'a	שְׁקִיעָה (נ)

de madrugada	mukdam ba'boker	מוּקְדָם בַּבּוֹקֶר
hoje de manhã	ha'boker	הַבּוֹקֶר
amanhã de manhã	maχar ba'boker	מָחָר בַּבּוֹקֶר

hoje à tarde	hayom aχarei hatzaha'rayim	הַיּוֹם אַחֲרֵי הַצָהֳרַיִם
à tarde	aχar hatsaha'rayim	אַחַר הַצָהֳרַיִם
amanhã à tarde	maχar aχarei hatsaha'rayim	מָחָר אַחֲרֵי הַצָהֳרַיִם

| hoje à noite | ha''erev | הָעֶרֶב |
| amanhã à noite | maχar ba''erev | מָחָר בָּעֶרֶב |

às três horas em ponto	baʃaʻa ʃaloʃ bediyuk	בְּשָׁעָה שָׁלוֹשׁ בְּדִיּוּק
por volta das quatro	bisvivot arba	בִּסְבִיבוֹת אַרְבַּע
às doze	ad ʃteim esre	עַד שְׁתֵּים-עֶשְׂרֵה

dentro de vinte minutos	beʻod esrim dakot	בְּעוֹד עֶשְׂרִים דַּקּוֹת
dentro duma hora	beʻod ʃaʻa	בְּעוֹד שָׁעָה
a tempo	bazman	בַּזְמַן

menos um quarto	'reva le...	רֶבַע לְ...
durante uma hora	toχ ʃaʻa	תּוֹךְ שָׁעָה
a cada quinze minutos	kol 'reva ʃaʻa	כָּל רֶבַע שָׁעָה
as vinte e quatro horas	misaviv laʃaʻon	מִסָּבִיב לַשָׁעוֹן

19. Meses. Estações

janeiro (m)	'yanu'ar	יָנוּאָר (ז)
fevereiro (m)	'febru'ar	פֶבְּרוּאָר (ז)
março (m)	merts	מֶרְץ (ז)
abril (m)	april	אַפְּרִיל (ז)
maio (m)	mai	מַאי (ז)
junho (m)	'yuni	יוּנִי (ז)

julho (m)	'yuli	יוּלִי (ז)
agosto (m)	'ogust	אוֹגוּסְט (ז)
setembro (m)	sep'tember	סֶפְּטֶמְבֶּר (ז)
outubro (m)	ok'tober	אוֹקְטוֹבֶּר (ז)
novembro (m)	no'vember	נוֹבֶמְבֶּר (ז)
dezembro (m)	de'tsember	דֶצֶמְבֶּר (ז)

primavera (f)	aviv	אָבִיב (ז)
na primavera	ba'aviv	בָּאָבִיב
primaveril	avivi	אֲבִיבִי
verão (m)	'kayits	קַיִץ (ז)

no verão	ba'kayits	בַּקַּיִץ
de verão	ketsi	קַיצִי
outono (m)	stav	סְתָיו (ז)
no outono	bestav	בַּסְתָיו
outonal	stavi	סְתָווִי
inverno (m)	'χoref	חוֹרֶף (ז)
no inverno	ba'χoref	בַּחוֹרֶף
de inverno	χorpi	חוֹרְפִּי
mês (m)	'χodeʃ	חוֹדֶשׁ (ז)
este mês	ha'χodeʃ	הַחוֹדֶשׁ
no próximo mês	ba'χodeʃ haba	בַּחוֹדֶשׁ הַבָּא
no mês passado	ba'χodeʃ ʃe'avar	בַּחוֹדֶשׁ שֶׁעָבַר
há um mês	lifnei 'χodeʃ	לִפְנֵי חוֹדֶשׁ
dentro de um mês	be'od 'χodeʃ	בְּעוֹד חוֹדֶשׁ
dentro de dois meses	be'od χod'ʃayim	בְּעוֹד חוֹדְשַׁיִים
todo o mês	kol ha'χodeʃ	כָּל הַחוֹדֶשׁ
um mês inteiro	kol ha'χodeʃ	כָּל הַחוֹדֶשׁ
mensal	χodʃi	חוֹדְשִׁי
mensalmente	χodʃit	חוֹדְשִׁית
cada mês	kol 'χodeʃ	כָּל חוֹדֶשׁ
duas vezes por mês	pa'a'mayim be'χodeʃ	פַּעֲמַיִים בְּחוֹדֶשׁ
ano (m)	ʃana	שָׁנָה (נ)
este ano	haʃana	הַשָּׁנָה
no próximo ano	baʃana haba'a	בְּשָׁנָה הַבָּאָה
no ano passado	baʃana ʃe'avra	בְּשָׁנָה שֶׁעָבְרָה
há um ano	lifnei ʃana	לִפְנֵי שָׁנָה
dentro dum ano	be'od ʃana	בְּעוֹד שָׁנָה
dentro de 2 anos	be'od ʃna'tayim	בְּעוֹד שׁנָתַיִים
todo o ano	kol haʃana	כָּל הַשָּׁנָה
um ano inteiro	kol haʃana	כָּל הַשָּׁנָה
cada ano	kol ʃana	כָּל שָׁנָה
anual	ʃnati	שׁנָתִי
anualmente	midei ʃana	מִדֵּי שָׁנָה
quatro vezes por ano	arba pa'amim be'χodeʃ	אַרְבַּע פְּעָמִים בְּחוֹדֶשׁ
data (~ de hoje)	ta'ariχ	תַּאֲרִיךְ (ז)
data (ex. ~ de nascimento)	ta'ariχ	תַּאֲרִיךְ (ז)
calendário (m)	'luaχ ʃana	לוּחַ שָׁנָה (ז)
meio ano	χatsi ʃana	חֲצִי שָׁנָה (ז)
seis meses	ʃiʃa χodaʃim, χatsi ʃana	חֲצִי שָׁנָה, שִׁישָׁה חוֹדָשִׁים
estação (f)	ona	עוֹנָה (נ)
século (m)	'me'a	מֵאָה (נ)

20. Tempo. Diversos

tempo (m)	zman	זְמַן (ז)
momento (m)	'rega	רֶגַע (ז)

instante (m)	'rega	רֶגַע (ז)
instantâneo	miyadi	מִיָּדִי
lapso (m) de tempo	tkufa	תְּקוּפָה (נ)
vida (f)	χayim	חַיִּים (ז"ר)
eternidade (f)	'netsaχ	נֶצַח (ז)

época (f)	idan	עִידָן (ז)
era (f)	idan	עִידָן (ז)
ciclo (m)	maχzor	מַחְזוֹר (ז)
período (m)	tkufa	תְּקוּפָה (נ)
prazo (m)	tkufa	תְּקוּפָה (נ)

futuro (m)	atid	עָתִיד (ז)
futuro	haba	הַבָּא
da próxima vez	ba'pa'am haba'a	בַּפַּעַם הַבָּאָה
passado (m)	avar	עָבָר (ז)
passado	ʃe'avar	שֶׁעָבַר
na vez passada	ba'pa'am hako'demet	בַּפַּעַם הַקּוֹדֶמֶת
mais tarde	me'uχar yoter	מְאוּחָר יוֹתֵר
depois	aχarei	אַחֲרֵי
atualmente	kayom	כַּיּוֹם
agora	aχʃav, ka'et	עַכְשָׁיו, כָּעֵת
imediatamente	miyad	מִיָּד
em breve, brevemente	bekarov	בְּקָרוֹב
de antemão	meroʃ	מֵרֹאשׁ

há muito tempo	mizman	מִזְמַן
há pouco tempo	lo mizman	לֹא מִזְמַן
destino (m)	goral	גּוֹרָל (ז)
recordações (f pl)	ziχronot	זִיכְרוֹנוֹת (נ"ר)
arquivo (m)	arχiyon	אַרְכִיוֹן (ז)
durante ...	bezman ʃel ...	בִּזְמַן שֶׁל ...
durante muito tempo	zman rav	זְמַן רַב
pouco tempo	lo zman rav	לֹא זְמַן רַב
cedo (levantar-se ~)	mukdam	מוּקְדָּם
tarde (deitar-se ~)	me'uχar	מְאוּחָר

para sempre	la'netsaχ	לָנֶצַח
começar (vt)	lehatχil	לְהַתְחִיל
adiar (vt)	lidχot	לִדְחוֹת

simultaneamente	bo zmanit	בּוֹ זְמַנִּית
permanentemente	bikvi'ut	בִּקְבִיעוּת
constante (ruído, etc.)	ka'vu'a	קָבוּעַ
temporário	zmani	זְמַנִּי

às vezes	lif'amim	לִפְעָמִים
raramente	le'itim reχokot	לְעִיתִּים רְחוֹקוֹת
frequentemente	le'itim krovot	לְעִיתִּים קְרוֹבוֹת

21. Linhas e formas

| quadrado (m) | ri'bu'a | רִיבּוּעַ (ז) |
| quadrado | meruba | מְרוּבָּע |

círculo (m)	ma'agal, igul	מַעֲגָל, עִיגוּל (ז)
redondo	agol	עָגוֹל
triângulo (m)	meʃulaʃ	מְשׁוּלָשׁ (ז)
triangular	meʃulaʃ	מְשׁוּלָשׁ

oval (f)	e'lipsa	אֶלִיפְּסָה (נ)
oval	e'lipti	אֶלִיפְּטִי
retângulo (m)	malben	מַלְבֵּן (ז)
retangular	malbeni	מַלְבֵּנִי

pirâmide (f)	pira'mida	פִּירָמִידָה (נ)
rombo, losango (m)	meʿuyan	מְעוּיָן (ז)
trapézio (m)	trapez	טְרַפֵּז (ז)
cubo (m)	kubiya	קוּבִּיָה (נ)
prisma (m)	minsara	מִנְסָרָה (נ)

circunferência (f)	maʿagal	מַעֲגָל (ז)
esfera (f)	sfira	סְפִירָה (נ)
globo (m)	kadur	כַּדוּר (ז)
diâmetro (m)	'koter	קוֹטֶר (ז)
raio (m)	'radyus	רַדְיוּס (ז)
perímetro (m)	hekef	הֶיקֵף (ז)
centro (m)	merkaz	מֶרְכָּז (ז)

horizontal	ofki	אוֹפְקִי
vertical	anaχi	אֲנָכִי
paralela (f)	kav makbil	קַו מַקְבִּיל (ז)
paralelo	makbil	מַקְבִּיל

linha (f)	kav	קַו (ז)
traço (m)	kav	קַו (ז)
reta (f)	kav yaʃar	קַו יָשָׁר (ז)
curva (f)	akuma	עָקוּמָה (נ)
fino (linha ~a)	dak	דַק
contorno (m)	mit'ar	מִתְאָר (ז)

interseção (f)	χituχ	חִיתוּך (ז)
ângulo (m) reto	zavit yaʃara	זָוִוית יָשָׁרָה (נ)
segmento (m)	mikta	מִקְטָע (ז)
setor (m)	gizra	גִזְרָה (נ)
lado (de um triângulo, etc.)	'tsela	צֶלַע (ז)
ângulo (m)	zavit	זָוִוית (נ)

22. Unidades de medida

peso (m)	miʃkal	מִשְׁקָל (ז)
comprimento (m)	'oreχ	אוֹרֶךְ (ז)
largura (f)	'roχav	רוֹחַב (ז)
altura (f)	'gova	גוֹבַה (ז)
profundidade (f)	'omek	עוֹמֶק (ז)
volume (m)	'nefaχ	נֶפַח (ז)
área (f)	'ʃetaχ	שֶׁטַח (ז)
grama (m)	gram	גְרָם (ז)
miligrama (m)	miligram	מִילִיגְרָם (ז)

quilograma (m)	kilogram	קִילוֹגְרָם (ז)
tonelada (f)	ton	טוֹן (ז)
libra (453,6 gramas)	'pa'und	פָּאוּנד (ז)
onça (f)	'unkiya	אוֹנקִיָה (נ)

metro (m)	'meter	מֶטֶר (ז)
milímetro (m)	mili'meter	מִילִימֶטֶר (ז)
centímetro (m)	senti'meter	סָנטִימֶטֶר (ז)
quilómetro (m)	kilo'meter	קִילוֹמֶטֶר (ז)
milha (f)	mail	מַייל (ז)

polegada (f)	intʃ	אִינצ' (ז)
pé (304,74 mm)	'regel	רֶגֶל (נ)
jarda (914,383 mm)	yard	יַרד (ז)

metro (m) quadrado	'meter ra'vu'a	מֶטֶר רָבוּעַ (ז)
hectare (m)	hektar	הֶקטָר (ז)

litro (m)	litr	לִיטר (ז)
grau (m)	ma'ala	מַעֲלָה (נ)
volt (m)	volt	וֹולט (ז)
ampere (m)	amper	אַמפֶּר (ז)
cavalo-vapor (m)	'koaχ sus	כּוֹחַ סוּס (ז)

quantidade (f)	kamut	כָּמוּת (נ)
um pouco de …	ktsat …	קצָת …
metade (f)	'χetsi	חֲצִי (ז)
dúzia (f)	tresar	תרֵיסָר (ז)
peça (f)	yoχida	יְחִידָה (נ)

dimensão (f)	'godel	גוֹדֶל (ז)
escala (f)	kne mida	קנֵה מִידָה (ז)

mínimo	mini'mali	מִינִימָאלִי
menor, mais pequeno	hakatan beyoter	הַקָטָן בְּיוֹתֵר
médio	memutsa	מְמוּצָע
máximo	maksi'mali	מַקסִימָלִי
maior, mais grande	hagadol beyoter	הַגָדוֹל בְּיוֹתֵר

23. Recipientes

boião (m) de vidro	tsin'tsenet	צנצֶנֶת (נ)
lata (~ de cerveja)	paχit	פַּחִית (נ)
balde (m)	dli	דלִי (ז)
barril (m)	χavit	חָבִית (נ)

bacia (~ de plástico)	gigit	גִיגִית (נ)
tanque (m)	meiχal	מֵיכָל (ז)
cantil (m) de bolso	meimiya	מֵימִייָה (נ)
bidão (m) de gasolina	'dʒerikan	ג'רִיקָן (ז)
cisterna (f)	meχalit	מֵיכָלִית (נ)

caneca (f)	'sefel	סֵפֶל (ז)
chávena (f)	'sefel	סֵפֶל (ז)

31

pires (m)	taχtit	תַּחְתִּית (נ)
copo (m)	kos	כּוֹס (נ)
taça (f) de vinho	ga'vi'a	גָּבִיעַ (ז)
panela, caçarola (f)	sir	סִיר (ז)

garrafa (f)	bakbuk	בַּקְבּוּק (ז)
gargalo (m)	tsavar habakbuk	צַוַּאר הַבַּקְבּוּק (ז)

jarro, garrafa (f)	kad	כַּד (ז)
jarro (m) de barro	kankan	קַנְקַן (ז)
recipiente (m)	kli	כְּלִי (ז)
pote (m)	sir 'χeres	סִיר חֶרֶס (ז)
vaso (m)	agartal	אֲגַרְטָל (ז)

frasco (~ de perfume)	tsloχit	צְלוֹחִית (נ)
frasquinho (ex. ~ de iodo)	bakbukon	בַּקְבּוּקוֹן (ז)
tubo (~ de pasta dentífrica)	ʃfo'feret	שְׁפוֹפֶרֶת (נ)

saca (ex. ~ de açúcar)	sak	שַׂק (ז)
saco (~ de plástico)	sakit	שַׂקִּית (נ)
maço (m)	χafisa	חֲפִיסָה (נ)

caixa (~ de sapatos, etc.)	kufsa	קוּפְסָה (נ)
caixa (~ de madeira)	argaz	אַרְגָּז (ז)
cesta (f)	sal	סַל (ז)

24. Materiais

material (m)	'χomer	חוֹמֶר (ז)
madeira (f)	ets	עֵץ (ז)
de madeira	me'ets	מֵעֵץ

vidro (m)	zχuχit	זְכוּכִית (נ)
de vidro	mizχuχit	מִזְּכוּכִית

pedra (f)	'even	אֶבֶן (נ)
de pedra	me''even	מֵאֶבֶן

plástico (m)	'plastik	פְּלַסְטִיק (ז)
de plástico	mi'plastik	מִפְּלַסְטִיק

borracha (f)	'gumi	גּוּמִי (ז)
de borracha	mi'gumi	מִגּוּמִי

tecido, pano (m)	bad	בַּד (ז)
de tecido	mibad	מִבַּד

papel (m)	neyar	נְיָיר (ז)
de papel	mineyar	מִנְּיָיר

cartão (m)	karton	קַרְטוֹן (ז)
de cartão	mikarton	מִקַּרְטוֹן
polietileno (m)	'nailon	נַיְילוֹן (ז)
celofane (m)	tselofan	צֶלוֹפָן (ז)

| linóleo (m) | li'nole'um | לינוֹליאוֹם (ז) |
| contraplacado (m) | dikt | דִיקט (ז) |

porcelana (f)	χar'sina	חַרְסִינָה (נ)
de porcelana	meχar'sina	מֵחַרְסִינָה
barro (f)	χarsit	חַרְסִית (נ)
de barro	me'χeres	מֵחֶרֶס
cerâmica (f)	ke'ramika	קֵרָמִיקָה (נ)
de cerâmica	ke'rami	קֵרָמִי

25. Metais

metal (m)	ma'teχet	מַתֶּכֶת (נ)
metálico	mataχti	מַתַּכְתִּי
liga (f)	sag'soget	סַגְסוֹגֶת (נ)

ouro (m)	zahav	זָהָב (ז)
de ouro	mizahav, zahov	מִזָּהָב, זָהוֹב
prata (f)	'kesef	כֶּסֶף (ז)
de prata	kaspi	כַּסְפִּי

ferro (m)	barzel	בַּרְזֶל (ז)
de ferro	mibarzel	מִבַּרְזֶל
aço (m)	plada	פְּלָדָה (נ)
de aço	miplada	מִפְּלָדָה
cobre (m)	ne'χoʃet	נְחוֹשֶׁת (נ)
de cobre	mine'χoʃet	מִנְחוֹשֶׁת

alumínio (m)	alu'minyum	אֲלוּמִינְיוּם (ז)
de alumínio	me'alu'minyum	מֵאֲלוּמִינְיוּם
bronze (m)	arad	אָרָד (ז)
de bronze	me'arad	מֵאָרָד

latão (m)	pliz	פְּלִיז (ז)
níquel (m)	'nikel	נִיקֶל (ז)
platina (f)	'platina	פְּלָטִינָה (נ)
mercúrio (m)	kaspit	כַּסְפִּית (נ)
estanho (m)	bdil	בְּדִיל (ז)
chumbo (m)	o'feret	עוֹפֶרֶת (נ)
zinco (m)	avats	אָבָץ (ז)

O SER HUMANO

O ser humano. O corpo

26. Humanos. Conceitos básicos

ser (m) humano	ben adam	בֶּן אָדָם (ז)
homem (m)	'gever	גֶּבֶר (ז)
mulher (f)	iʃa	אִשָּׁה (נ)
criança (f)	'yeled	יֶלֶד (ז)

menina (f)	yalda	יַלְדָּה (נ)
menino (m)	'yeled	יֶלֶד (ז)
adolescente (m)	'na'ar	נַעַר (ז)
velho (m)	zaken	זָקֵן (ז)
velha, anciã (f)	zkena	זְקֵנָה (נ)

27. Anatomia humana

organismo (m)	guf ha'adam	גוף הָאָדָם (ז)
coração (m)	lev	לֵב (ז)
sangue (m)	dam	דָם (ז)
artéria (f)	'orek	עוֹרֶק (ז)
veia (f)	vrid	וְרִיד (ז)

cérebro (m)	'moaχ	מוֹחַ (ז)
nervo (m)	atsav	עָצָב (ז)
nervos (m pl)	atsabim	עֲצַבִּים (ז"ר)
vértebra (f)	χulya	חוּלְיָה (נ)
coluna (f) vertebral	amud haʃidra	עַמוּד הַשִׁדְרָה (ז)

estômago (m)	keiva	קֵיבָה (נ)
intestinos (m pl)	me''ayim	מֵעַיִים (ז"ר)
intestino (m)	me'i	מְעִי (ז)
fígado (m)	kaved	כָּבֵד (ז)
rim (m)	kilya	כִּלְיָה (נ)

osso (m)	'etsem	עֶצֶם (נ)
esqueleto (m)	'ʃeled	שֶׁלֶד (ז)
costela (f)	'tsela	צֵלָע (ז)
crânio (m)	gul'golet	גוּלְגוֹלֶת (נ)

músculo (m)	ʃrir	שְׁרִיר (ז)
bíceps (m)	ʃrir du raʃi	שְׁרִיר דוּ-רָאשִׁי (ז)
tríceps (m)	ʃrir tlat raʃi	שְׁרִיר תְּלָת-רָאשִׁי (ז)
tendão (m)	gid	גִּיד (ז)
articulação (f)	'perek	פֶּרֶק (ז)

pulmões (m pl)	re'ot	רֵיאוֹת (נ"ר)
órgãos (m pl) genitais	evrei min	אֶבְרֵי מִין (ז"ר)
pele (f)	or	עוֹר (ז)

28. Cabeça

cabeça (f)	roʃ	רֹאשׁ (ז)
cara (f)	panim	פָּנִים (ז"ר)
nariz (m)	af	אַף (ז)
boca (f)	pe	פֶּה (ז)

olho (m)	'ayin	עַיִן (נ)
olhos (m pl)	ei'nayim	עֵינַיִם (נ"ר)
pupila (f)	iʃon	אִישׁוֹן (ז)
sobrancelha (f)	gaba	גַּבָּה (נ)
pestana (f)	ris	רִיס (ז)
pálpebra (f)	af'af	עַפְעַף (ז)

língua (f)	laʃon	לָשׁוֹן (נ)
dente (m)	ʃen	שֵׁן (נ)
lábios (m pl)	sfa'tayim	שְׂפָתַיִם (נ"ר)
maçãs (f pl) do rosto	atsamot leχa'yayim	עַצְמוֹת לְחָיַיִם (נ"ר)
gengiva (f)	χani'χayim	חֲנִיכַיִם (ז"ר)
palato (m)	χeχ	חֵךְ (ז)

narinas (f pl)	neχi'rayim	נְחִירַיִם (ז"ר)
queixo (m)	santer	סַנְטֵר (ז)
mandíbula (f)	'loset	לֶסֶת (נ)
bochecha (f)	'leχi	לֶחִי (נ)

testa (f)	'metsaχ	מֵצַח (ז)
têmpora (f)	raka	רַקָּה (נ)
orelha (f)	'ozen	אֹזֶן (נ)
nuca (f)	'oref	עוֹרֶף (ז)
pescoço (m)	tsavar	צַוָּאר (ז)
garganta (f)	garon	גָּרוֹן (ז)

cabelos (m pl)	se'ar	שֵׂיעָר (ז)
penteado (m)	tis'roket	תִּסְרֹקֶת (נ)
corte (m) de cabelo	tis'poret	תִּסְפֹּרֶת (נ)
peruca (f)	pe'a	פֵּאָה (נ)

bigode (m)	safam	שָׂפָם (ז)
barba (f)	zakan	זָקָן (ז)
usar, ter (~ barba, etc.)	legadel	לְגַדֵּל
trança (f)	tsama	צַמָּה (נ)
suíças (f pl)	pe'ot leχa'yayim	פֵּאוֹת לְחָיַיִם (נ"ר)

ruivo	'dʒindʒi	ג'ינג'י
grisalho	kasuf	כָּסוּף
calvo	ke'reaχ	קֵירֵחַ
calva (f)	ka'raχat	קָרַחַת (נ)
rabo-de-cavalo (m)	'kuku	קוּקוּ (ז)
franja (f)	'ɸoni	פוֹנִי (ז)

29. Corpo humano

mão (f)	kaf yad	כַּף יָד (נ)
braço (m)	yad	יָד (נ)

dedo (m)	'etsba	אֶצְבַּע (נ)
dedo (m) do pé	'bohen	בּוֹהֶן (נ)
polegar (m)	agudal	אֲגוּדָל (ז)
dedo (m) mindinho	'zeret	זֶרֶת (נ)
unha (f)	tsi'poren	צִיפּוֹרֶן (ז)

punho (m)	egrof	אֶגְרוֹף (ז)
palma (f) da mão	kaf yad	כַּף יָד (נ)
pulso (m)	'ʃoreʃ kaf hayad	שׁוֹרֶשׁ כַּף הַיָד (ז)
antebraço (m)	ama	אַמָה (נ)
cotovelo (m)	marpek	מַרְפֵּק (ז)
ombro (m)	katef	כָּתֵף (נ)

perna (f)	'regel	רֶגֶל (נ)
pé (m)	kaf 'regel	כַּף רֶגֶל (נ)
joelho (m)	'bereχ	בֶּרֶך (נ)
barriga (f) da perna	ʃok	שׁוֹק (נ)
anca (f)	yareχ	יָרֵך (נ)
calcanhar (m)	akev	עָקֵב (ז)

corpo (m)	guf	גוּף (ז)
barriga (f)	'beten	בֶּטֶן (נ)
peito (m)	χaze	חָזֶה (ז)
seio (m)	ʃad	שַׁד (ז)
lado (m)	tsad	צַד (ז)
costas (f pl)	gav	גַב (ז)
região (f) lombar	mot'nayim	מוֹתְנַיִים (ז"ר)
cintura (f)	'talya	טַלְיָה (נ)

umbigo (m)	tabur	טַבּוּר (ז)
nádegas (f pl)	aχo'rayim	אֲחוֹרַיִים (ז"ר)
traseiro (m)	yaʃvan	יַשְׁבָן (ז)

sinal (m)	nekudat χen	נְקוּדַת חֵן (נ)
sinal (m) de nascença	'ketem leida	כֶּתֶם לֵידָה (ז)
tatuagem (f)	kaʿaʾkuʿa	קַעֲקוּעַ (ז)
cicatriz (f)	tsa'leket	צַלֶקֶת (נ)

Vestuário & Acessórios

30. Roupa exterior. Casacos

roupa (f)	bgadim	בְּגָדִים (ז"ר)
roupa (f) exterior	levuʃ elyon	לְבוּשׁ עֶלְיוֹן (ז)
roupa (f) de inverno	bigdei 'χoref	בִּגְדֵי חוֹרֶף (ז"ר)
sobretudo (m)	me'il	מְעִיל (ז)
casaco (m) de peles	me'il parva	מְעִיל פַּרְוָה (ז)
casaco curto (m) de peles	me'il parva katsar	מְעִיל פַּרְוָה קָצָר (ז)
casaco (m) acolchoado	me'il puχ	מְעִיל פּוּך (ז)
casaco, blusão (m)	me'il katsar	מְעִיל קָצָר (ז)
impermeável (m)	me'il 'geʃem	מְעִיל גֶּשֶׁם (ז)
impermeável	amid be'mayim	עָמִיד בְּמַיִם

31. Vestuário de homem & mulher

camisa (f)	χultsa	חוּלְצָה (נ)
calças (f pl)	miχna'sayim	מִכְנָסַיִם (ז"ר)
calças (f pl) de ganga	miχnesei 'dʒins	מִכְנְסֵי גִ'ינְס (ז"ר)
casaco (m) de fato	ʒaket	זָ'קֵט (ז)
fato (m)	χalifa	חֲלִיפָה (נ)
vestido (ex. ~ vermelho)	simla	שִׂמְלָה (נ)
saia (f)	χatsa'it	חֲצָאִית (נ)
blusa (f)	χultsa	חוּלְצָה (נ)
casaco (m) de malha	ʒaket 'tsemer	זָ'קֵט צֶמֶר (ז)
casaco, blazer (m)	ʒaket	זָ'קֵט (ז)
T-shirt, camiseta (f)	ti ʃert	טִי שֶׁרְט (ז)
calções (Bermudas, etc.)	miχna'sayim ktsarim	מִכְנָסַיִם קְצָרִים (ז"ר)
fato (m) de treino	'trening	טְרֶנִינְג (ז)
roupão (m) de banho	χaluk raχatsa	חֲלוּק רַחְצָה (ז)
pijama (m)	pi'dʒama	פִּיג'מָה (נ)
suéter (m)	'sveder	סְוֶדֶר (ז)
pulôver (m)	afuda	אֲפוּדָה (נ)
colete (m)	vest	וֶסְט (ז)
fraque (m)	frak	פְרָאק (ז)
smoking (m)	tuk'sido	טוּקְסִידוֹ (ז)
uniforme (m)	madim	מָדִים (ז"ר)
roupa (f) de trabalho	bigdei avoda	בִּגְדֵי עֲבוֹדָה (ז"ר)
fato-macaco (m)	sarbal	סַרְבָּל (ז)
bata (~ branca, etc.)	χaluk	חָלוּק (ז)

32. Vestuário. Roupa interior

roupa (f) interior	levanim	לְבָנִים (ז"ר)
cuecas boxer (f pl)	taẋtonim	תַּחְתּוֹנִים (ז"ר)
cuecas (f pl)	taẋtonim	תַּחְתּוֹנִים (ז"ר)
camisola (f) interior	gufiya	גוּפִיָּה (נ)
peúgas (f pl)	gar'bayim	גַּרְבַּיִם (ז"ר)

camisa (f) de noite	'ktonet 'laila	כְּתוֹנֶת לַיְלָה (נ)
sutiã (m)	ẋaziya	חֲזִיָּה (נ)
meias longas (f pl)	birkon	בִּרְכּוֹן (ז)
meia-calça (f)	garbonim	גַּרְבּוֹנִים (ז"ר)
meias (f pl)	garbei 'nailon	גַּרְבֵּי נַיְלוֹן (ז"ר)
fato (m) de banho	'beged yam	בֶּגֶד יָם (ז)

33. Adereços de cabeça

chapéu (m)	'kova	כּוֹבַע (ז)
chapéu (m) de feltro	'kova 'leved	כּוֹבַע לֶבֶד (ז)
boné (m) de beisebol	'kova 'beisbol	כּוֹבַע בֵּייסְבּוֹל (ז)
boné (m)	'kova mitsẋiya	כּוֹבַע מִצְחִיָּה (ז)

boina (f)	baret	בֶּרֶט (ז)
capuz (m)	bardas	בַּרְדָּס (ז)
panamá (m)	'kova 'tembel	כּוֹבַע טֶמְבֶּל (ז)
gorro (m) de malha	'kova 'gerev	כּוֹבַע גֶּרֶב (ז)

lenço (m)	mit'paẋat	מִטְפַּחַת (נ)
chapéu (m) de mulher	'kova	כּוֹבַע (ז)

capacete (m) de proteção	kasda	קַסְדָּה (נ)
bibico (m)	kumta	כּוּמְתָּה (נ)
capacete (m)	kasda	קַסְדָּה (נ)

chapéu-coco (m)	mig'ba'at me'u'gelet	מִגְבַּעַת מְעוּגֶּלֶת (נ)
chapéu (m) alto	tsi'linder	צִילִינְדֶּר (ז)

34. Calçado

calçado (m)	han'ala	הַנְעָלָה (נ)
botinas (f pl)	na'a'layim	נַעֲלַיִם (נ"ר)
sapatos (de salto alto, etc.)	na'a'layim	נַעֲלַיִם (נ"ר)
botas (f pl)	maga'fayim	מַגָּפַיִם (ז"ר)
pantufas (f pl)	na'alei 'bayit	נַעֲלֵי בַּיִת (נ"ר)

ténis (m pl)	na'alei sport	נַעֲלֵי סְפּוֹרְט (נ"ר)
sapatilhas (f pl)	na'alei sport	נַעֲלֵי סְפּוֹרְט (נ"ר)
sandálias (f pl)	sandalim	סַנְדָּלִים (ז"ר)

sapateiro (m)	sandlar	סַנְדְּלָר (ז)
salto (m)	akev	עָקֵב (ז)

par (m)	zug	זוּג (ז)
atacador (m)	sroχ	שְׂרוֹךְ (ז)
apertar os atacadores	lisroχ	לִשְׂרוֹךְ
calçadeira (f)	kaf na'a'layim	כַּף נַעֲלַיִם (נ)
graxa (f) para calçado	miʃχat na'a'layim	מִשְׁחַת נַעֲלַיִם (נ)

35. Têxtil. Tecidos

algodão (m)	kutna	כּוּתְנָה (נ)
de algodão	mikutna	מִכּוּתְנָה
linho (m)	piʃtan	פִּשְׁתָּן (ז)
de linho	mipiʃtan	מִפִּשְׁתָּן

seda (f)	'meʃi	מֶשִׁי (ז)
de seda	miʃyi	מֶשְׁיִי
lã (f)	'tsemer	צֶמֶר (ז)
de lã	tsamri	צַמְרִי

veludo (m)	ktifa	קְטִיפָה (נ)
camurça (f)	zamʃ	זָמֶשׁ (ז)
bombazina (f)	'korderoi	קוֹרְדָרוֹי (ז)

náilon (m)	'nailon	נֵיילוֹן (ז)
de náilon	mi'nailon	מִנֵיילוֹן
poliéster (m)	poli"ester	פּוֹלִיאֶסְטֶר (ז)
de poliéster	mipoli"ester	מִפּוֹלִיאֶסְטֶר

couro (m)	or	עוֹר (ז)
de couro	me'or	מֶעוֹר
pele (f)	parva	פַּרְוָה (נ)
de peles, de pele	miparva	מִפַּרְוָה

36. Acessórios pessoais

luvas (f pl)	kfafot	כְּפָפוֹת (נ"ר)
mitenes (f pl)	kfafot	כְּפָפוֹת (נ"ר)
cachecol (m)	tsa'if	צָעִיף (ז)

óculos (m pl)	miʃka'fayim	מִשְׁקָפַיִם (ז"ר)
armação (f) de óculos	mis'geret	מִסְגֶרֶת (נ)
guarda-chuva (m)	mitriya	מִטְרִיָּה (נ)
bengala (f)	makel haliχa	מַקֵל הֲלִיכָה (ז)
escova (f) para o cabelo	miv'reʃet se'ar	מִבְרֶשֶׁת שִׂיעָר (נ)
leque (m)	menifa	מְנִיפָה (נ)

gravata (f)	aniva	עֲנִיבָה (נ)
gravata-borboleta (f)	anivat parpar	עֲנִיבַת פַּרְפַּר (נ)
suspensórios (m pl)	ktefiyot	כְּתֵפִיוֹת (נ"ר)
lenço (m)	mimχata	מִמְחָטָה (נ)

| pente (m) | masrek | מַסְרֵק (ז) |
| travessão (m) | sikat roʃ | סִיכַּת רֹאשׁ (נ) |

| gancho (m) de cabelo | sikat se'ar | סִיכַּת שֵׂעָר (נ) |
| fivela (f) | avzam | אַבְזָם (ז) |

| cinto (m) | xagora | חֲגוֹרָה (נ) |
| correia (f) | retsu'at katef | רְצוּעַת כָּתֵף (נ) |

mala (f)	tik	תִּיק (ז)
mala (f) de senhora	tik	תִּיק (ז)
mochila (f)	tarmil	תַּרְמִיל (ז)

37. Vestuário. Diversos

moda (f)	ofna	אוֹפְנָה (נ)
na moda	ofnati	אוֹפְנָתִי
estilista (m)	me'atsev ofna	מְעַצֵּב אוֹפְנָה (ז)

colarinho (m), gola (f)	tsavaron	צַוָּארוֹן (ז)
bolso (m)	kis	כִּיס (ז)
de bolso	ʃel kis	שֶׁל כִּיס
manga (f)	ʃarvul	שַׁרְווּל (ז)
alcinha (f)	mitle	מִתְלֶה (ז)
braguilha (f)	xanut	חֲנוּת (נ)

fecho (m) de correr	roxsan	רוֹכְסָן (ז)
fecho (m), colchete (m)	'keres	קֶרֶס (ז)
botão (m)	kaftor	כַּפְתּוֹר (ז)
casa (f) de botão	lula'a	לוּלָאָה (נ)
soltar-se (vr)	lehitaleʃ	לְהִיתָּלֵשׁ

coser, costurar (vi)	litpor	לִתְפּוֹר
bordar (vt)	lirkom	לִרְקוֹם
bordado (m)	rikma	רִקְמָה (נ)
agulha (f)	'maxat tfira	מַחַט תְּפִירָה (נ)
fio (m)	xut	חוּט (ז)
costura (f)	'tefer	תֶּפֶר (ז)

sujar-se (vr)	lehitlaxlex	לְהִתְלַכְלֵךְ
mancha (f)	'ketem	כֶּתֶם (ז)
engelhar-se (vr)	lehitkamet	לְהִתְקַמֵּט
rasgar (vt)	lik'ro'a	לִקְרוֹעַ
traça (f)	aʃ	עָשׁ (ז)

38. Cuidados pessoais. Cosméticos

pasta (f) de dentes	miʃxat ʃi'nayim	מִשְׁחַת שִׁינַּיִים (נ)
escova (f) de dentes	miv'reʃet ʃi'nayim	מִבְרֶשֶׁת שִׁינַּיִים (נ)
escovar os dentes	letsax'tseax ʃi'nayim	לְצַחְצֵחַ שִׁינַּיִים

máquina (f) de barbear	'ta'ar	תַּעַר (ז)
creme (m) de barbear	'ketsef gi'luax	קֶצֶף גִּילּוּחַ (ז)
barbear-se (vr)	lehitga'leax	לְהִתְגַּלֵּחַ
sabonete (m)	sabon	סַבּוֹן (ז)

champô (m)	ʃampu	שַׁמְפּוּ (ז)
tesoura (f)	mispa'rayim	מִסְפָּרַיִים (ז"ר)
lima (f) de unhas	pʦira	פְּצִירָה (נ)
corta-unhas (m)	gozez ʦipor'nayim	גּוֹזֵז צִיפּוֹרְנַיִים (ז)
pinça (f)	pin'ʦeta	פִּינְצֶטָה (נ)

cosméticos (m pl)	tamrukim	תַּמְרוּקִים (ז"ר)
máscara (f) facial	maseχa	מַסֵּכָה (נ)
manicura (f)	manikur	מָנִיקוּר (ז)
fazer a manicura	la'asot manikur	לַעֲשׂוֹת מָנִיקוּר
pedicure (f)	pedikur	פֶּדִיקוּר (ז)

mala (f) de maquilhagem	tik ipur	תִּיק אִיפּוּר (ז)
pó (m)	'pudra	פּוּדְרָה (נ)
caixa (f) de pó	pudriya	פּוּדְרִיָּיה (נ)
blush (m)	'somek	סוֹמֶק (ז)

perfume (m)	'bosem	בּוֹשֶׂם (ז)
água (f) de toilette	mei 'bosem	מֵי בּוֹשֶׂם (ז"ר)
loção (f)	mei panim	מֵי פָּנִים (ז"ר)
água-de-colónia (f)	mei 'bosem	מֵי בּוֹשֶׂם (ז"ר)

sombra (f) de olhos	ʦlalit	צְלָלִית (נ)
lápis (m) delineador	ai 'lainer	אַי לַיְינֶר (ז)
máscara (f), rímel (m)	'maskara	מַסְקָרָה (נ)

batom (m)	sfaton	שְׂפָתוֹן (ז)
verniz (m) de unhas	'laka leʦipor'nayim	לַכָּה לְצִיפּוֹרְנַיִים (נ)
laca (f) para cabelos	tarsis lese'ar	תַּרְסִיס לְשֵׂיעָר (ז)
desodorizante (m)	de'odo'rant	דֵּאוֹדוֹרַנְט (ז)

creme (m)	krem	קְרֶם (ז)
creme (m) de rosto	krem panim	קְרֶם פָּנִים (ז)
creme (m) de mãos	krem ya'dayim	קְרֶם יָדַיִים (ז)
creme (m) antirrugas	krem 'neged kmatim	קְרֶם נֶגֶד קְמָטִים (ז)
creme (m) de dia	krem yom	קְרֶם יוֹם (ז)
creme (m) de noite	krem 'laila	קְרֶם לַיְלָה (ז)
de dia	yomi	יוֹמִי
da noite	leili	לֵילִי

tampão (m)	tampon	טַמְפּוֹן (ז)
papel (m) higiénico	neyar tu'alet	נְיַיר טוּאָלֶט (ז)
secador (m) elétrico	meyabeʃ se'ar	מְייַבֵּשׁ שֵׂיעָר (ז)

39. Joalheria

joias (f pl)	taχʃitim	תַּכְשִׁיטִים (ז"ר)
precioso	yekar 'ereχ	יְקַר עֵרֶךְ
marca (f) de contraste	tav ʦorfim, bχina	תַּו צוֹרְפִים (ז) , בְּחִינָה (נ)

anel (m)	ta'ba'at	טַבַּעַת (נ)
aliança (f)	ta'ba'at nisu'in	טַבַּעַת נִישּׂוּאִין (נ)
pulseira (f)	ʦamid	צָמִיד (ז)
brincos (m pl)	agilim	עֲגִילִים (ז"ר)

colar (m)	maχ'rozet	מַחֲרוֹזֶת (נ)
coroa (f)	'keter	כֶּתֶר (ז)
colar (m) de contas	maχ'rozet	מַחֲרוֹזֶת (נ)

diamante (m)	yahalom	יַהֲלוֹם (ז)
esmeralda (f)	ba'reket	בָּרֶקֶת (נ)
rubi (m)	'odem	אוֹדֶם (ז)
safira (f)	sapir	סַפִּיר (ז)
pérola (f)	pnina	פְּנִינָה (נ)
âmbar (m)	inbar	עִנְבָּר (ז)

40. Relógios de pulso. Relógios

relógio (m) de pulso	ʃe'on yad	שְׁעוֹן יָד (ז)
mostrador (m)	'luaχ ʃa'on	לוּחַ שָׁעוֹן (ז)
ponteiro (m)	maχog	מָחוֹג (ז)
bracelete (f) em aço	tsamid	צָמִיד (ז)
bracelete (f) em couro	retsu'a leʃa'on	רְצוּעָה לְשָׁעוֹן (נ)

pilha (f)	solela	סוֹלְלָה (נ)
descarregar-se	lehitroken	לְהִתְרוֹקֵן
trocar a pilha	lehaχlif	לְהַחֲלִיף
estar adiantado	lemaher	לְמַהֵר
estar atrasado	lefager	לְפַגֵּר

relógio (m) de parede	ʃe'on kir	שְׁעוֹן קִיר (ז)
ampulheta (f)	ʃe'on χol	שְׁעוֹן חוֹל (ז)
relógio (m) de sol	ʃe'on 'ʃemeʃ	שְׁעוֹן שֶׁמֶשׁ (ז)
despertador (m)	ʃa'on me'orer	שְׁעוֹן מְעוֹרֵר (ז)
relojoeiro (m)	ʃa'an	שְׁעָן (ז)
reparar (vt)	letaken	לְתַקֵּן

Alimentação. Nutrição

41. Comida

carne (f)	basar	בָּשָׂר (ז)
galinha (f)	of	עוֹף (ז)
frango (m)	pargit	פַּרְגִּית (נ)
pato (m)	barvaz	בַּרְוָז (ז)
ganso (m)	avaz	אַוָּז (ז)
caça (f)	'tsayid	צַיִד (ז)
peru (m)	'hodu	הוֹדוּ (ז)

carne (f) de porco	basar χazir	בָּשָׂר חֲזִיר (ז)
carne (f) de vitela	basar 'egel	בָּשָׂר עֵגֶל (ז)
carne (f) de carneiro	basar 'keves	בָּשָׂר כֶּבֶשׂ (ז)
carne (f) de vaca	bakar	בָּקָר (ז)
carne (f) de coelho	arnav	אַרְנָב (ז)

chouriço, salsichão (m)	naknik	נַקְנִיק (ז)
salsicha (f)	naknikiya	נַקְנִיקִיָּה (נ)
bacon (m)	'kotel χazir	קוֹתֶל חֲזִיר (ז)
fiambre (f)	basar χazir me'uʃan	בָּשָׂר חֲזִיר מְעוּשָׁן (ז)
presunto (m)	'kotel χazir me'uʃan	קוֹתֶל חֲזִיר מְעוּשָׁן (ז)

patê (m)	pate	פַּטֶה (ז)
fígado (m)	kaved	כָּבֵד (ז)
carne (f) moída	basar taχun	בָּשָׂר טָחוּן (ז)
língua (f)	laʃon	לָשׁוֹן (נ)

ovo (m)	beitsa	בֵּיצָה (נ)
ovos (m pl)	beitsim	בֵּיצִים (נ"ר)
clara (f) do ovo	χelbon	חֶלְבּוֹן (ז)
gema (f) do ovo	χelmon	חֶלְמוֹן (ז)

peixe (m)	dag	דָּג (ז)
mariscos (m pl)	perot yam	פֵּירוֹת יָם (ז"ר)
crustáceos (m pl)	sartana'im	סַרְטָנָאִים (ז"ר)
caviar (m)	kavyar	קָווִיאָר (ז)

caranguejo (m)	sartan yam	סַרְטָן יָם (ז)
camarão (m)	ʃrimps	שְׁרִימְפְּס (ז"ר)
ostra (f)	tsidpat ma'aχal	צִדְפַּת מַאֲכָל (נ)
lagosta (f)	'lobster kotsani	לוֹבְּסְטֶר קוֹצָנִי (ז)
polvo (m)	tamnun	תַּמְנוּן (ז)
lula (f)	kala'mari	קָלָמָארִי (ז)

esturjão (m)	basar haχidkan	בָּשָׂר הַחִדְקָן (ז)
salmão (m)	'salmon	סַלְמוֹן (ז)
halibute (m)	putit	פּוּטִית (נ)
bacalhau (m)	ʃibut	שִׁיבּוּט (ז)

cavala, sarda (f)	kolyas	קוֹלְיָס (ז)
atum (m)	'tuna	טוּנָה (נ)
enguia (f)	tslofaχ	צְלוֹפַח (ז)

truta (f)	forel	פוֹרֶל (ז)
sardinha (f)	sardin	סַרְדִּין (ז)
lúcio (m)	ze'ev 'mayim	זְאַב מַיִם (ז)
arenque (m)	ma'liaχ	מָלִיחַ (ז)

pão (m)	'leχem	לֶחֶם (ז)
queijo (m)	gvina	גְּבִינָה (נ)
açúcar (m)	sukar	סוּכָּר (ז)
sal (m)	'melaχ	מֶלַח (ז)

arroz (m)	'orez	אוֹרֶז (ז)
massas (f pl)	'pasta	פַּסְטָה (נ)
talharim (m)	irtiyot	אָטְרִיוֹת (נ"ר)

manteiga (f)	χem'a	חֶמְאָה (נ)
óleo (m) vegetal	'ʃemen tsimχi	שֶׁמֶן צִמְחִי (ז)
óleo (m) de girassol	'ʃemen χamaniyot	שֶׁמֶן חַמָּנִיּוֹת (ז)
margarina (f)	marga'rina	מַרְגָּרִינָה (נ)

| azeitonas (f pl) | zeitim | זֵיתִים (ז"ר) |
| azeite (m) | 'ʃemen 'zayit | שֶׁמֶן זַיִת (ז) |

leite (m)	χalav	חָלָב (ז)
leite (m) condensado	χalav merukaz	חָלָב מְרֻכָּז (ז)
iogurte (m)	'yogurt	יוֹגוּרְט (ז)
nata (f) azeda	ʃa'menet	שַׁמֶּנֶת (נ)
nata (f) do leite	ʃa'menet	שַׁמֶּנֶת (נ)

| maionese (f) | mayonez | מָיוֹנֶז (ז) |
| creme (m) | ka'tsefet χem'a | קַצֶּפֶת חֶמְאָה (נ) |

grãos (m pl) de cereais	grisim	גְּרִיסִים (ז"ר)
farinha (f)	'kemaχ	קֶמַח (ז)
enlatados (m pl)	ʃimurim	שִׁימּוּרִים (ז"ר)

flocos (m pl) de milho	ptitei 'tiras	פְּתִיתֵי תִּירָס (ז"ר)
mel (m)	dvaʃ	דְּבַשׁ (ז)
doce (m)	riba	רִיבָּה (נ)
pastilha (f) elástica	'mastik	מַסְטִיק (ז)

42. Bebidas

água (f)	'mayim	מַיִם (ז"ר)
água (f) potável	mei ʃtiya	מֵי שְׁתִיָּיה (ז"ר)
água (f) mineral	'mayim mine'raliyim	מַיִם מִינֵרָלִיִּים (ז"ר)

sem gás	lo mugaz	לֹא מוּגָז
gaseificada	mugaz	מוּגָז
com gás	mugaz	מוּגָז
gelo (m)	'keraχ	קֶרַח (ז)

com gelo	im 'keraχ	עִם קֶרַח
sem álcool	natul alkohol	נָטוּל אַלְכּוֹהוֹל
bebida (f) sem álcool	maʃke kal	מַשְׁקֶה קַל (ז)
refresco (m)	maʃke mera'anen	מַשְׁקֶה מְרַעֲנֵן (ז)
limonada (f)	limo'nada	לִימוֹנָדָה (נ)

bebidas (f pl) alcoólicas	maʃka'ot χarifim	מַשְׁקָאוֹת חָרִיפִים (ז"ר)
vinho (m)	'yayin	יַיִן (ז)
vinho (m) branco	'yayin lavan	יַיִן לָבָן (ז)
vinho (m) tinto	'yayin adom	יַיִן אָדוֹם (ז)

licor (m)	liker	לִיקֶר (ז)
champanhe (m)	ʃam'panya	שַׁמְפַּנְיָה (נ)
vermute (m)	'vermut	וֶרְמוּט (ז)

uísque (m)	'viski	וִיסְקִי (ז)
vodka (f)	'vodka	וֹדְקָה (נ)
gim (m)	dʒin	ג'ִין (ז)
conhaque (m)	'konyak	קוֹנְיָאק (ז)
rum (m)	rom	רוֹם (ז)

café (m)	kafe	קָפֶּה (ז)
café (m) puro	kafe ʃaχor	קָפֶּה שָׁחוֹר (ז)
café (m) com leite	kafe hafuχ	קָפֶּה הָפוּךְ (ז)
cappuccino (m)	kapu'tʃino	קָפּוּצ'ִינוֹ (ז)
café (m) solúvel	kafe names	קָפֶּה נָמֵס (ז)

leite (m)	χalav	חָלָב (ז)
coquetel (m)	kokteil	קוֹקְטֵיל (ז)
batido (m) de leite	'milkʃeik	מִילְקְשֵׁייק (ז)

sumo (m)	mits	מִיץ (ז)
sumo (m) de tomate	mits agvaniyot	מִיץ עַגְבָנִיוֹת (ז)
sumo (m) de laranja	mits tapuzim	מִיץ תַּפּוּזִים (ז)
sumo (m) fresco	mits saχut	מִיץ סָחוּט (ז)

cerveja (f)	'bira	בִּירָה (נ)
cerveja (f) clara	'bira bahira	בִּירָה בָּהִירָה (נ)
cerveja (f) preta	'bira keha	בִּירָה כֵּהָה (נ)

chá (m)	te	תֵּה (ז)
chá (m) preto	te ʃaχor	תֵּה שָׁחוֹר (ז)
chá (m) verde	te yarok	תֵּה יָרוֹק (ז)

43. Vegetais

| legumes (m pl) | yerakot | יְרָקוֹת (ז"ר) |
| verduras (f pl) | 'yerek | יֶרֶק (ז) |

tomate (m)	agvaniya	עַגְבָנִיָּה (נ)
pepino (m)	melafefon	מְלָפְפוֹן (ז)
cenoura (f)	'gezer	גֶזֶר (ז)
batata (f)	ta'puaχ adama	תַּפּוּחַ אֲדָמָה (ז)
cebola (f)	batsal	בָּצָל (ז)

alho (m)	ʃum	שׁוּם (ז)
couve (f)	kruv	כְּרוּב (ז)
couve-flor (f)	kruvit	כְּרוּבִית (נ)
couve-de-bruxelas (f)	kruv niʦanim	כְּרוּב נְצָנִים (ז)
brócolos (m pl)	'brokoli	בְּרוֹקוֹלִי (ז)

beterraba (f)	'selek	סֶלֶק (ז)
beringela (f)	χaʦil	חָצִיל (ז)
curgete (f)	kiʃu	קִישׁוּא (ז)
abóbora (f)	'dla'at	דְּלַעַת (נ)
nabo (m)	'lefet	לֶפֶת (נ)

salsa (f)	petro'zilya	פֶּטְרוֹזִילְיָה (נ)
funcho, endro (m)	ʃamir	שָׁמִיר (ז)
alface (f)	'χasa	חַסָּה (נ)
aipo (m)	'seleri	סֶלֶרִי (ז)
espargo (m)	aspa'ragos	אַסְפָּרָגוֹס (ז)
espinafre (m)	'tered	תֶּרֶד (ז)

ervilha (f)	afuna	אֲפוּנָה (נ)
fava (f)	pol	פּוֹל (ז)
milho (m)	'tiras	תִּירָס (ז)
feijão (m)	ʃu'it	שְׁעוּעִית (נ)

pimentão (m)	'pilpel	פִּלְפֵּל (ז)
rabanete (m)	ʦnonit	צְנוֹנִית (נ)
alcachofra (f)	artiʃok	אַרְטִישׁוֹק (ז)

44. Frutos. Nozes

fruta (f)	pri	פְּרִי (ז)
maçã (f)	ta'puaχ	תַּפּוּחַ (ז)
pera (f)	agas	אַגָּס (ז)
limão (m)	limon	לִימוֹן (ז)
laranja (f)	tapuz	תַּפּוּז (ז)
morango (m)	tut sade	תּוּת שָׂדֶה (ז)

tangerina (f)	klemen'tina	קְלֶמֶנְטִינָה (נ)
ameixa (f)	ʃezif	שְׁזִיף (ז)
pêssego (m)	afarsek	אֲפַרְסֵק (ז)
damasco (m)	'miʃmeʃ	מִשְׁמֵשׁ (ז)
framboesa (f)	'petel	פֶּטֶל (ז)
ananás (m)	'ananas	אֲנָנָס (ז)

banana (f)	ba'nana	בַּנָנָה (נ)
melancia (f)	ava'tiaχ	אֲבַטִּיחַ (ז)
uva (f)	anavim	עֲנָבִים (ז"ר)
ginja (f)	duvdevan	דּוּבְדְּבָן (ז)
cereja (f)	gudgedan	גּוּדְגְּדָן (ז)
meloa (f)	melon	מֶלוֹן (ז)

toranja (f)	eʃkolit	אֶשְׁכּוֹלִית (נ)
abacate (m)	avo'kado	אָבוֹקָדוֹ (ז)
papaia (f)	pa'paya	פַּפָּאיָה (נ)

manga (f)	'mango	מַנְגּוֹ (ז)
romã (f)	rimon	רִימוֹן (ז)

groselha (f) vermelha	dumdemanit aduma	דּוּמְדְּמָנִית אֲדוּמָה (נ)
groselha (f) preta	dumdemanit ʃxora	דּוּמְדְּמָנִית שְחוֹרָה (נ)
groselha (f) espinhosa	xazarzar	חֲזַרְזַר (ז)
mirtilo (m)	uxmanit	אוּכְמָנִית (נ)
amora silvestre (f)	'petel ʃaxor	פֶּטֶל שָחוֹר (ז)

uvas (f pl) passas	tsimukim	צִימוּקִים (ז"ר)
figo (m)	te'ena	תְּאֵנָה (נ)
tâmara (f)	tamar	תָּמָר (ז)

amendoim (m)	botnim	בּוֹטְנִים (ז"ר)
amêndoa (f)	ʃaked	שָקֵד (ז)
noz (f)	egoz 'melex	אֱגוֹז מֶלֶךְ (ז)
avelã (f)	egoz ilsar	אֱגוֹז אִלְסָר (ז)
coco (m)	'kokus	קוֹקוּס (ז)
pistáchios (m pl)	'fistuk	פִיסְטוּק (ז)

45. Pão. Bolaria

pastelaria (f)	mutsrei kondi'torya	מוּצְרֵי קוֹנְדִיטוֹרְיָה (ז"ר)
pão (m)	'lexem	לֶחֶם (ז)
bolacha (f)	ugiya	עוּגִיָּה (נ)

chocolate (m)	'ʃokolad	שוֹקוֹלָד (ז)
de chocolate	mi'ʃokolad	מְשוֹקוֹלָד
rebuçado (m)	sukariya	סוּכָּרְיָה (נ)
bolo (cupcake, etc.)	uga	עוּגָה (נ)
bolo (m) de aniversário	uga	עוּגָה (נ)

tarte (~ de maçã)	pai	פָּאי (ז)
recheio (m)	milui	מִילוּי (ז)

doce (m)	riba	רִיבָּה (נ)
geleia (f) de frutas	marme'lada	מַרְמָלָדָה (נ)
waffle (m)	'vaflim	וָפְלִים (ז"ר)
gelado (m)	'glida	גְלִידָה (נ)
pudim (m)	'puding	פּוּדִינְג (ז)

46. Pratos cozinhados

prato (m)	mana	מָנָה (נ)
cozinha (~ portuguesa)	mitbax	מִטְבָּח (ז)
receita (f)	matkon	מַתְכּוֹן (ז)
porção (f)	mana	מָנָה (נ)

salada (f)	salat	סָלָט (ז)
sopa (f)	marak	מָרָק (ז)
caldo (m)	marak tsax, tsir	מָרָק צַח, צִיר (ז)
sandes (f)	karix	כָּרִיךְ (ז)

ovos (m pl) estrelados	beitsat ain	בֵּיצַת עַיִן (נ)
hambúrguer (m)	'hamburger	הַמְבּוּרְגֶר (ז)
bife (m)	umtsa, steik	אוּמְצָה (נ), סְטֵייק (ז)

conduto (m)	to'sefet	תּוֹסֶפֶת (נ)
espaguete (m)	spa'geti	סְפַּגֶטִי (ז)
puré (m) de batata	meχit tapuχei adama	מְחִית תַּפּוּחֵי אֲדָמָה (נ)
pizza (f)	'pitsa	פִּיצָה (נ)
papa (f)	daysa	דַּייְסָה (נ)
omelete (f)	χavita	חֲבִיתָה (נ)

cozido em água	mevuʃal	מְבוּשָׁל
fumado	me'uʃan	מְעוּשָׁן
frito	metugan	מְטוּגָּן
seco	meyubaʃ	מְיוּבָּשׁ
congelado	kafu	קָפוּא
em conserva	kavuʃ	כָּבוּשׁ

doce (açucarado)	matok	מָתוֹק
salgado	ma'luaχ	מָלוּחַ
frio	kar	קַר
quente	χam	חַם
amargo	marir	מָרִיר
gostoso	ta'im	טָעִים

cozinhar (em água a ferver)	levaʃel be'mayim rotχim	לְבַשֵׁל בְּמַיִם רוֹתְחִים
fazer, preparar (vt)	levaʃel	לְבַשֵׁל
fritar (vt)	letagen	לְטַגֵּן
aquecer (vt)	leχamem	לְחַמֵּם

salgar (vt)	leham'liaχ	לְהַמְלִיחַ
apimentar (vt)	lefalpel	לְפַלְפֵּל
ralar (vt)	lerasek	לְרַסֵק
casca (f)	klipa	קְלִיפָּה (נ)
descascar (vt)	lekalef	לְקַלֵּף

47. Especiarias

sal (m)	'melaχ	מֶלַח (ז)
salgado	ma'luaχ	מָלוּחַ
salgar (vt)	leham'liaχ	לְהַמְלִיחַ

pimenta (f) preta	'pilpel ʃaχor	פִּלְפֵּל שָׁחוֹר (ז)
pimenta (f) vermelha	'pilpel adom	פִּלְפֵּל אָדוֹם (ז)
mostarda (f)	χardal	חַרְדָּל (ז)
raiz-forte (f)	χa'zeret	חֲזֶרֶת (נ)

condimento (m)	'rotev	רוֹטֶב (ז)
especiaria (f)	tavlin	תַּבְלִין (ז)
molho (m)	'rotev	רוֹטֶב (ז)
vinagre (m)	'χomets	חוֹמֶץ (ז)

anis (m)	kamnon	כַּמְנוֹן (ז)
manjericão (m)	reχan	רֵיחָן (ז)

cravo (m)	tsi'poren	צִיפּוֹרֶן (ז)
gengibre (m)	'dʒindʒer	גִ'ינגִ'ר (ז)
coentro (m)	'kusbara	כּוּסבָּרָה (נ)
canela (f)	kinamon	קִינָמוֹן (ז)

sésamo (m)	'ʃumʃum	שׁוּמשׁוֹם (ז)
folhas (f pl) de louro	ale dafna	עֲלֵה דַפנָה (ז)
páprica (f)	'paprika	פַּפּרִיקָה (נ)
cominho (m)	'kimel	קִימֶל (ז)
açafrão (m)	ze'afran	זַעֲפרָן (ז)

48. Refeições

| comida (f) | 'oχel | אוֹכֶל (ז) |
| comer (vt) | le'eχol | לֶאֱכוֹל |

pequeno-almoço (m)	aruχat 'boker	אֲרוּחַת בּוֹקֶר (נ)
tomar o pequeno-almoço	le'eχol aruχat 'boker	לֶאֱכוֹל אֲרוּחַת בּוֹקֶר
almoço (m)	aruχat tsaha'rayim	אֲרוּחַת צָהֳרַיִים (נ)
almoçar (vi)	le'eχol aruχat tsaha'rayim	לֶאֱכוֹל אֲרוּחַת צָהֳרַיִים
jantar (m)	aruχat 'erev	אֲרוּחַת עֶרֶב (נ)
jantar (vi)	le'eχol aruχat 'erev	לֶאֱכוֹל אֲרוּחַת עֶרֶב

| apetite (m) | te'avon | תֵאָבוֹן (ז) |
| Bom apetite! | betei'avon! | בְּתֵיאָבוֹן! |

abrir (~ uma lata, etc.)	lif'toaχ	לִפתוֹחַ
derramar (vt)	liʃpoχ	לִשפּוֹך
derramar-se (vr)	lehiʃapeχ	לְהִישָׁפֵך

ferver (vi)	lir'toaχ	לִרתוֹחַ
ferver (vt)	lehar'tiaχ	לְהַרתִיחַ
fervido	ra'tuaχ	רָתוּחַ

| arrefecer (vt) | lekarer | לְקָרֵר |
| arrefecer-se (vr) | lehitkarer | לְהִתקָרֵר |

| sabor, gosto (m) | 'ta‛am | טַעַם (ז) |
| gostinho (m) | 'ta‛am levai | טַעַם לְוַואי (ז) |

fazer dieta	lirzot	לִרזוֹת
dieta (f)	di''eta	דִיאֶטָה (נ)
vitamina (f)	vitamin	וִיטָמִין (ז)
caloria (f)	ka'lorya	קָלוֹרִיָה (נ)

| vegetariano (m) | tsimχoni | צִמחוֹנִי (ז) |
| vegetariano | tsimχoni | צִמחוֹנִי |

gorduras (f pl)	ʃumanim	שׁוּמָנִים (ז"ר)
proteínas (f pl)	χelbonim	חֶלבּוֹנִים (ז"ר)
carboidratos (m pl)	paχmema	פַּחמֵימָה (נ)
fatia (~ de limão, etc.)	prusa	פּרוּסָה (נ)
pedaço (~ de bolo)	χatiχa	חֲתִיכָה (נ)
migalha (f)	perur	פֵּירוּר (ז)

49. Por a mesa

colher (f)	kaf	כַּף (ז)
faca (f)	sakin	סַכִּין (ז), (נ)
garfo (m)	mazleg	מַזְלֵג (ז)

chávena (f)	'sefel	סֵפֶל (ז)
prato (m)	tsa'laχat	צַלַּחַת (נ)
pires (m)	taχtit	תַּחְתִּית (נ)
guardanapo (m)	mapit	מַפִּית (נ)
palito (m)	keisam ʃi'nayim	קֵיסָם שִׁנַּיִם (ז)

50. Restaurante

restaurante (m)	mis'ada	מִסְעָדָה (נ)
café (m)	beit kafe	בֵּית קָפֶה (ז)
bar (m), cervejaria (f)	bar, pab	בָּר, פָּאב (ז)
salão (m) de chá	beit te	בֵּית תֵּה (ז)

empregado (m) de mesa	meltsar	מֶלְצָר (ז)
empregada (f) de mesa	meltsarit	מֶלְצָרִית (נ)
barman (m)	'barmen	בַּרְמֶן (ז)

ementa (f)	tafrit	תַּפְרִיט (ז)
lista (f) de vinhos	reʃimat yeynot	רְשִׁימַת יֵינוֹת (נ)
reservar uma mesa	lehazmin ʃulχan	לְהַזְמִין שׁוּלְחָן

prato (m)	mana	מָנָה (נ)
pedir (vt)	lehazmin	לְהַזְמִין
fazer o pedido	lehazmin	לְהַזְמִין

aperitivo (m)	maʃke meta'aven	מַשְׁקֶה מְתַאֲבֵן (ז)
entrada (f)	meta'aven	מְתַאֲבֵן (ז)
sobremesa (f)	ki'nuaχ	קִינוּחַ (ז)

conta (f)	χeʃbon	חֶשְׁבּוֹן (ז)
pagar a conta	leʃalem	לְשַׁלֵּם
dar o troco	latet 'odef	לָתֵת עוֹדֶף
gorjeta (f)	tip	טִיפּ (ז)

Família, parentes e amigos

51. Informação pessoal. Formulários

nome (m)	ʃem	שֵׁם (ז)
apelido (m)	ʃem miʃpaχa	שֵׁם מִשְׁפָּחָה (ז)
data (f) de nascimento	ta'ariχ leda	תַּאֲרִיךְ לֵידָה (ז)
local (m) de nascimento	mekom leda	מְקוֹם לֵידָה (ז)
nacionalidade (f)	le'om	לְאוֹם (ז)
lugar (m) de residência	mekom megurim	מְקוֹם מְגוּרִים (ז)
país (m)	medina	מְדִינָה (נ)
profissão (f)	mik'tso'a	מִקְצוֹעַ (ז)
sexo (m)	min	מִין (ז)
estatura (f)	'gova	גּוֹבַה (ז)
peso (m)	miʃkal	מִשְׁקָל (ז)

52. Membros da família. Parentes

mãe (f)	em	אֵם (נ)
pai (m)	av	אָב (ז)
filho (m)	ben	בֵּן (ז)
filha (f)	bat	בַּת (נ)
filha (f) mais nova	habat haktana	הַבַּת הַקְּטַנָּה (נ)
filho (m) mais novo	haben hakatan	הַבֵּן הַקָּטָן (ז)
filha (f) mais velha	habat habχora	הַבַּת הַבְּכוֹרָה (נ)
filho (m) mais velho	haben habχor	הַבֵּן הַבְּכוֹר (ז)
irmão (m)	aχ	אָח (ז)
irmão (m) mais velho	aχ gadol	אָח גָּדוֹל (ז)
irmão (m) mais novo	aχ katan	אָח קָטָן (ז)
irmã (f)	aχot	אָחוֹת (נ)
irmã (f) mais velha	aχot gdola	אָחוֹת גְּדוֹלָה (נ)
irmã (f) mais nova	aχot ktana	אָחוֹת קְטַנָּה (נ)
primo (m)	ben dod	בֶּן דּוֹד (ז)
prima (f)	bat 'doda	בַּת דּוֹדָה (נ)
mamã (f)	'ima	אִמָּא (נ)
papá (m)	'aba	אַבָּא (ז)
pais (pl)	horim	הוֹרִים (ז"ר)
criança (f)	'yeled	יֶלֶד (ז)
crianças (f pl)	yeladim	יְלָדִים (ז"ר)
avó (f)	'savta	סָבְתָא (נ)
avô (m)	'saba	סָבָא (ז)
neto (m)	'neχed	נֶכֶד (ז)

neta (f)	neχda	נֶכְדָּה (נ)
netos (pl)	neχadim	נְכָדִים (ז"ר)
tio (m)	dod	דּוֹד (ז)
tia (f)	'doda	דּוֹדָה (נ)
sobrinho (m)	aχyan	אַחְיָן (ז)
sobrinha (f)	aχyanit	אַחְיָנִית (נ)
sogra (f)	χamot	חָמוֹת (נ)
sogro (m)	χam	חָם (ז)
genro (m)	χatan	חָתָן (ז)
madrasta (f)	em χoreget	אֵם חוֹרֶגֶת (נ)
padrasto (m)	av χoreg	אָב חוֹרֵג (ז)
criança (f) de colo	tinok	תִּינוֹק (ז)
bebé (m)	tinok	תִּינוֹק (ז)
menino (m)	pa'ot	פָּעוֹט (ז)
mulher (f)	iʃa	אִשָּׁה (נ)
marido (m)	'ba'al	בַּעַל (ז)
esposo (m)	ben zug	בֶּן זוּג (ז)
esposa (f)	bat zug	בַּת זוּג (נ)
casado	nasui	נָשׂוּי
casada	nesu'a	נְשׂוּאָה
solteiro	ravak	רַוָּק
solteirão (m)	ravak	רַוָּק (ז)
divorciado	garuʃ	גָּרוּשׁ
viúva (f)	almana	אַלְמָנָה (נ)
viúvo (m)	alman	אַלְמָן (ז)
parente (m)	karov miʃpaχa	קָרוֹב מִשְׁפָּחָה (ז)
parente (m) próximo	karov miʃpaχa	קָרוֹב מִשְׁפָּחָה (ז)
parente (m) distante	karov raχok	קָרוֹב רָחוֹק (ז)
parentes (m pl)	krovei miʃpaχa	קְרוֹבֵי מִשְׁפָּחָה (ז"ר)
órfão (m), órfã (f)	yatom	יָתוֹם (ז)
órfão (m)	yatom	יָתוֹם (ז)
órfã (f)	yetoma	יְתוֹמָה (נ)
tutor (m)	apo'tropos	אַפּוֹטְרוֹפּוֹס (ז)
adotar (um filho)	le'amets	לְאַמֵּץ
adotar (uma filha)	le'amets	לְאַמֵּץ

53. Amigos. Colegas de trabalho

amigo (m)	χaver	חָבֵר (ז)
amiga (f)	χavera	חֲבֵרָה (נ)
amizade (f)	yedidut	יְדִידוּת (נ)
ser amigos	lihyot yadidim	לִהְיוֹת יָדִידִים
parceiro (m)	ʃutaf	שׁוּתָף (ז)
chefe (m)	menahel, roʃ	מְנָהֵל (ז), רֹאשׁ (ז)
superior (m)	memune	מְמוּנֶה (ז)
proprietário (m)	be'alim	בְּעָלִים (ז)

| subordinado (m) | kafuf le | כָּפוּף לְ (ז) |
| colega (m) | amit | עָמִית (ז) |

conhecido (m)	makar	מַכָּר (ז)
companheiro (m) de viagem	ben levaya	בֶּן לְוָיָה (ז)
colega (m) de classe	xaver lekita	חָבֵר לְכִּיתָה (ז)

vizinho (m)	ʃaxen	שָׁכֵן (ז)
vizinha (f)	ʃxena	שְׁכֵנָה (נ)
vizinhos (pl)	ʃxenim	שְׁכֵנִים (ז"ר)

54. Homem. Mulher

mulher (f)	iʃa	אִשָּׁה (נ)
rapariga (f)	baxura	בַּחוּרָה (נ)
noiva (f)	kala	כַּלָּה (נ)

bonita	yafa	יָפָה
alta	gvoha	גְבוֹהָה
esbelta	tmira	תְמִירָה
de estatura média	namux	נָמוּךְ

| loura (f) | blon'dinit | בְּלוֹנְדִינִית (נ) |
| morena (f) | bru'netit | בְּרוּנֶטִית (נ) |

de senhora	ʃel naʃim	שֶׁל נָשִׁים
virgem (f)	betula	בְּתוּלָה (נ)
grávida	hara	הָרָה

homem (m)	'gever	גֶּבֶר (ז)
louro (m)	blon'dini	בְּלוֹנְדִינִי (ז)
moreno (m)	ʃxarxar	שְׁחַרְחַר
alto	ga'voha	גָּבוֹהַ
de estatura média	namux	נָמוּךְ

rude	gas	גַּס
atarracado	guts	גּוּץ
robusto	xason	חָסוֹן
forte	xazak	חָזָק
força (f)	'koax	כּוֹחַ (ז)

gordo	ʃamen	שָׁמֵן
moreno	ʃaxum	שָׁחוּם
esbelto	tamir	תָמִיר
elegante	ele'ganti	אֶלֶגַנְטִי

55. Idade

idade (f)	gil	גִּיל (ז)
juventude (f)	neʻurim	נְעוּרִים (ז"ר)
jovem	tsaʻir	צָעִיר
mais novo	tsaʻir yoter	צָעִיר יוֹתֵר

mais velho	mevugar yoter	מְבוּגָר יוֹתֵר
jovem (m)	baxur	בָּחוּר (ז)
adolescente (m)	'na'ar	נַעַר (ז)
rapaz (m)	baxur	בָּחוּר (ז)

| velho (m) | zaken | זָקֵן (ז) |
| velhota (f) | zkena | זְקֵנָה (נ) |

adulto	mevugar	מְבוּגָר (ז)
de meia-idade	bagil ha'amida	בַּגִיל הָעֲמִידָה
idoso, de idade	zaken	זָקֵן
velho	zaken	זָקֵן

reforma (f)	'pensya	פֶּנְסִיָה (נ)
reformar-se (vr)	latset legimla'ot	לָצֵאת לְגִימְלָאוֹת
reformado (m)	pensyoner	פֶּנְסִיוֹנֵר (ז)

56. Crianças

criança (f)	'yeled	יֶלֶד (ז)
crianças (f pl)	yeladim	יְלָדִים (ז"ר)
gémeos (m pl)	te'omim	תְּאוֹמִים (ז"ר)

berço (m)	arisa	עֲרִיסָה (נ)
guizo (m)	ra'aʃan	רַעֲשָׁן (ז)
fralda (f)	xitul	חִיתוּל (ז)

chupeta (f)	motsets	מוֹצֵץ (ז)
carrinho (m) de bebé	agala	עֲגָלָה (נ)
jardim (m) de infância	gan yeladim	גַן יְלָדִים (ז)
babysitter (f)	beibi'siter	בֵּיבִּיסִיטֵר (ז, נ)

| infância (f) | yaldut | יַלְדוּת (נ) |
| boneca (f) | buba | בּוּבָּה (נ) |

| brinquedo (m) | tsa'a'tsu'a | צַעֲצוּעַ (ז) |
| jogo (m) de armar | misxak harkava | מִשְׂחַק הַרְכָּבָה (ז) |

bem-educado	mexunax	מְחוּנָּךְ
mal-educado	lo mexunax	לֹא מְחוּנָּךְ
mimado	mefunak	מְפוּנָק

| ser travesso | lehiʃtovev | לְהִשְׁתּוֹבֵב |
| travesso, traquinas | ʃovav | שׁוֹבָב |

| travessura (f) | ma'ase 'kundes | מַעֲשֵׂה קוּנְדֵס (ז) |
| criança (f) travessa | 'yeled ʃovav | יֶלֶד שׁוֹבָב (ז) |

| obediente | tsaytan | צַיְּתָן |
| desobediente | lo memuʃma | לֹא מְמוּשְׁמָע |

dócil	ka'nu'a	כָּנוּעַ
inteligente	xaxam	חָכָם
menino (m) prodígio	'yeled 'pele	יֶלֶד פֶּלֶא (ז)

57. Casais. Vida de família

beijar (vt)	lenaʃek	לְנַשֵּׁק
beijar-se (vr)	lehitnaʃek	לְהִתְנַשֵּׁק
família (f)	miʃpaχa	מִשְׁפָּחָה (נ)
familiar	miʃpaχti	מִשְׁפַּחְתִּי
casal (m)	zug	זוּג (ז)
matrimónio (m)	nisu'im	נִישׂוּאִים (ז"ר)
lar (m)	aχ, ken	אָח (ז), קֵן (ז)
dinastia (f)	ʃo'ʃelet	שׁוֹשֶׁלֶת (נ)

encontro (m)	deit	דֵּייט (ז)
beijo (m)	neʃika	נְשִׁיקָה (נ)

amor (m)	ahava	אַהֲבָה (נ)
amar (vt)	le'ehov	לֶאֱהוֹב
amado, querido	ahuv	אָהוּב

ternura (f)	roχ	רוֹךְ (ז)
terno, afetuoso	adin, raχ	עָדִין, רַךְ
fidelidade (f)	ne'emanut	נֶאֱמָנוּת (נ)
fiel	masur	מָסוּר
cuidado (m)	de'aga	דְּאָגָה (נ)
carinhoso	do'eg	דּוֹאֵג

recém-casados (m pl)	zug tsaʿir	זוּג צָעִיר (ז)
lua de mel (f)	ya'reaχ dvaʃ	יֶרַח דְּבַשׁ (ז)
casar-se (com um homem)	lehitχaten	לְהִתְחַתֵּן
casar-se (com uma mulher)	lehitχaten	לְהִתְחַתֵּן

boda (f)	χatuna	חֲתוּנָה (נ)
bodas (f pl) de ouro	χatunat hazahav	חֲתוּנַת הַזָּהָב (נ)
aniversário (m)	yom nisu'in	יוֹם נִישׂוּאִין (ז)

amante (m)	me'ahev	מְאַהֵב (ז)
amante (f)	mea'hevet	מְאַהֶבֶת (נ)

adultério (m)	bgida	בְּגִידָה (נ)
cometer adultério	livgod be...	לִבְגּוֹד בְּ...
ciumento	kanai	קַנַּאי
ser ciumento	lekane	לְקַנֵּא
divórcio (m)	geruʃin	גֵּרוּשִׁין (ז"ר)
divorciar-se (vr)	lehitgareʃ mi...	לְהִתְגָּרֵשׁ מֵ...

juntos	be'yaχad	בְּיַחַד
sexo (m)	min	מִין (ז)

felicidade (f)	'oʃer	אוֹשֶׁר (ז)
feliz	me'uʃar	מְאוּשָׁר
infelicidade (f)	ason	אָסוֹן (ז)
infeliz	umlal	אוּמְלָל

Caráter. Sentimentos. Emoções

58. Sentimentos. Emoções

sentimento (m)	'regeʃ	רֶגֶשׁ (ז)
sentimentos (m pl)	regaʃot	רְגָשׁוֹת (ז״ר)
sentir (vt)	lehargiʃ	לְהַרְגִּישׁ

fome (f)	'ra'av	רָעָב (ז)
ter fome	lihyot ra'ev	לִהְיוֹת רָעֵב
sede (f)	tsima'on	צִמָּאוֹן (ז)
ter sede	lihyot tsame	לִהְיוֹת צָמֵא
sonolência (f)	yaʃ'nuniyut	יַשְׁנוּנִיּוּת (נ)
estar sonolento	lirtsot liʃon	לִרְצוֹת לִישׁוֹן

cansaço (m)	ayefut	עֲיֵפוּת (נ)
cansado	ayef	עָיֵף
ficar cansado	lehit'ayef	לְהִתְעַיֵּף

humor (m)	matsav 'ruaχ	מַצָּב רוּחַ (ז)
tédio (m)	ʃi'amum	שִׁעֲמוּם (ז)
aborrecer-se (vr)	lehiʃta'amem	לְהִשְׁתַּעֲמֵם
isolamento (m)	hitbodedut	הִתְבּוֹדְדוּת (נ)
isolar-se	lehitboded	לְהִתְבּוֹדֵד

preocupar (vt)	lehad'ig	לְהַדְאִיג
preocupar-se (vr)	lid'og	לִדְאוֹג
preocupação (f)	de'aga	דְּאָגָה (נ)
ansiedade (f)	χarada	חֲרָדָה (נ)
preocupado	mutrad	מוּטְרָד
estar nervoso	lihyot atsbani	לִהְיוֹת עַצְבָּנִי
entrar em pânico	lehibahel	לְהִיבָּהֵל

esperança (f)	tikva	תִּקְוָה (נ)
esperar (vt)	lekavot	לְקַוּוֹת

certeza (f)	vada'ut	וַדָּאוּת (נ)
certo	vada'i	וַדָּאִי
indecisão (f)	i vada'ut	אִי וַדָּאוּת (נ)
indeciso	lo ba'tuaχ	לֹא בָּטוּחַ

ébrio, bêbado	ʃikor	שִׁיכּוֹר
sóbrio	pi'keaχ	פִּיכֵּחַ
fraco	χalaʃ	חַלָשׁ
feliz	me'uʃar	מְאוּשָׁר
assustar (vt)	lehafχid	לְהַפְחִיד
fúria (f)	teruf	טֵירוּף
ira, raiva (f)	'za'am	זַעַם (ז)
depressão (f)	dika'on	דִּיכָּאוֹן (ז)
desconforto (m)	i noχut	אִי נוֹחוּת (נ)

conforto (m)	noχut	נוֹחוּת (נ)
arrepender-se (vr)	lehitsta'er	לְהִצְטַעֵר
arrependimento (m)	χarata	חֲרָטָה (נ)
azar (m), má sorte (f)	'χoser mazal	חוֹסֶר מַזָּל (ז)
tristeza (f)	'etsev	עֶצֶב (ז)

vergonha (f)	buʃa	בּוּשָׁה (נ)
alegria (f)	simχa	שִׂמְחָה (נ)
entusiasmo (m)	hitlahavut	הִתְלַהֲבוּת (נ)
entusiasta (m)	mitlahev	מִתְלַהֵב
mostrar entusiasmo	lehitlahev	לְהִתְלַהֵב

59. Caráter. Personalidade

caráter (m)	'ofi	אוֹפִי (ז)
falha (f) de caráter	pgam be''ofi	פְּגַם בָּאוֹפִי (ז)
mente (f)	'seχel	שֵׂכֶל (ז)
razão (f)	bina	בִּינָה (נ)

consciência (f)	matspun	מַצְפּוּן (ז)
hábito (m)	hergel	הֶרְגֵּל (ז)
habilidade (f)	ye'χolet	יְכוֹלֶת (נ)
saber (~ nadar, etc.)	la'da‘at	לָדַעַת

paciente	savlan	סַבְלָן
impaciente	χasar savlanut	חֲסַר סַבְלָנוּת
curioso	sakran	סַקְרָן
curiosidade (f)	sakranut	סַקְרָנוּת (נ)

modéstia (f)	tsni‘ut	צְנִיעוּת (נ)
modesto	tsa'nu‘a	צָנוּעַ
imodesto	lo tsa'nu‘a	לֹא צָנוּעַ

preguiça (f)	atslut	עַצְלוּת (נ)
preguiçoso	atsel	עָצֵל
preguiçoso (m)	atslan	עַצְלָן (ז)

astúcia (f)	armumiyut	עַרְמוּמִיּוּת (נ)
astuto	armumi	עַרְמוּמִי
desconfiança (f)	'χoser emun	חוֹסֶר אֵמוּן (ז)
desconfiado	χadʃani	חַדְשָׁנִי

generosidade (f)	nedivut	נְדִיבוּת (נ)
generoso	nadiv	נָדִיב
talentoso	muxʃar	מוּכְשָׁר
talento (m)	kiʃaron	כִּישָׁרוֹן (ז)

corajoso	amits	אַמִּיץ
coragem (f)	'omets	אוֹמֶץ (ז)
honesto	yaʃar	יָשָׁר
honestidade (f)	'yoʃer	יוֹשֶׁר (ז)

| prudente | zahir | זָהִיר |
| valente | amits | אַמִּיץ |

| sério | retsini | רְצִינִי |
| severo | χamur | חָמוּר |

decidido	neχrats	נֶחֱרָץ
indeciso	hasesan	הַסַּסָן
tímido	baiʃan	בַּיְישָׁן
timidez (f)	baiʃanut	בַּיְישָׁנוּת (נ)

confiança (f)	emun	אֵמוּן (ז)
confiar (vt)	leha'amin	לְהַאֲמִין
crédulo	tam	תָּם

sinceramente	beχenut	בְּכֵנוּת
sincero	ken	כֵּן
sinceridade (f)	kenut	כֵּנוּת (נ)
aberto	pa'tuaχ	פָּתוּחַ

calmo	ʃalev	שָׁלֵו
franco	glui lev	גְּלוּי לֵב
ingénuo	na''ivi	נָאִיבִי
distraído	mefuzar	מְפוּזָר
engraçado	matsχik	מַצְחִיק

ganância (f)	ta'avat 'betsa	תַּאֲוַות בֶּצַע (נ)
ganancioso	rodef 'betsa	רוֹדֵף בֶּצַע
avarento	kamtsan	קַמְצָן
mau	raʃa	רָשָׁע
teimoso	akʃan	עַקְשָׁן
desagradável	lo na'im	לֹא נָעִים

egoísta (m)	ego'ist	אֶגּוֹאִיסְט (ז)
egoísta	anoχi	אֲנוֹכִי
cobarde (m)	paχdan	פַּחְדָן (ז)
cobarde	paχdani	פַּחְדָנִי

60. O sono. Sonhos

dormir (vi)	liʃon	לִישׁוֹן
sono (m)	ʃena	שֵׁינָה (נ)
sonho (m)	χalom	חֲלוֹם (ז)
sonhar (vi)	laχalom	לַחֲלוֹם
sonolento	radum	רָדוּם

cama (f)	mita	מִיטָה (נ)
colchão (m)	mizran	מִזְרָן (ז)
cobertor (m)	smiχa	שְׂמִיכָה (נ)
almofada (f)	karit	כָּרִית (נ)
lençol (m)	sadin	סָדִין (ז)

insónia (f)	nedudei ʃena	נְדוּדֵי שֵׁינָה (ז"ר)
insone	χasar ʃena	חֲסַר שֵׁינָה
sonífero (m)	kadur ʃena	כַּדּוּר שֵׁינָה (ז)
tomar um sonífero	la'kaχat kadur ʃena	לָקַחַת כַּדּוּר שֵׁינָה
estar sonolento	lirtsot liʃon	לִרְצוֹת לִישׁוֹן

bocejar (vi)	lefahek	לְפַהֵק
ir para a cama	la'leҳet liʃon	לָלֶכֶת לִישׁוֹן
fazer a cama	leha'tsi'a mita	לְהַצִּיעַ מִיטָה
adormecer (vi)	leheradem	לְהֵירָדֵם

pesadelo (m)	siyut	סִיוּט (ז)
ronco (m)	neҳira	נְחִירָה (נ)
roncar (vi)	linҳor	לִנְחוֹר

despertador (m)	ʃa'on me'orer	שְׁעוֹן מְעוֹרֵר (ז)
acordar, despertar (vt)	leha'ir	לְהָעִיר
acordar (vi)	lehit'orer	לְהִתְעוֹרֵר
levantar-se (vr)	lakum	לָקוּם
lavar-se (vr)	lehitraҳets	לְהִתְרַחֵץ

61. Humor. Riso. Alegria

humor (m)	humor	הוּמוֹר (ז)
sentido (m) de humor	ҳuʃ humor	חוּשׁ הוּמוֹר (ז)
divertir-se (vr)	lehanot	לֵיהָנוֹת
alegre	sa'meaҳ	שָׂמֵחַ
alegria (f)	alitsut	עַלִּיצוּת (נ)

sorriso (m)	ҳiyuҳ	חִיּוּךְ (ז)
sorrir (vi)	leҳayeҳ	לְחַיֵּיךְ
começar a rir	lifrots bitsҳok	לִפְרוֹץ בִּצְחוֹק
rir (vi)	litsҳok	לִצְחוֹק
riso (m)	tsҳok	צְחוֹק (ז)

anedota (f)	anek'dota	אֲנֶקְדּוֹטָה (נ)
engraçado	matsҳik	מַצְחִיק
ridículo	meʃa'a'ʃe'a	מְשַׁעֲשֵׁעַ

brincar, fazer piadas	lehitba'deaҳ	לְהִתְבַּדֵּחַ
piada (f)	bdiҳa	בְּדִיחָה (נ)
alegria (f)	simҳa	שִׂמְחָה (נ)
regozijar-se (vr)	lis'moaҳ	לִשְׂמוֹחַ
alegre	sa'meaҳ	שָׂמֵחַ

62. Discussão, conversação. Parte 1

comunicação (f)	'keʃer	קֶשֶׁר (ז)
comunicar-se (vr)	letakʃer	לְתַקְשֵׁר

conversa (f)	siҳa	שִׂיחָה (נ)
diálogo (m)	du 'siaҳ	דּוּ-שִׂיחַ (ז)
discussão (f)	diyun	דִּיּוּן (ז)
debate (m)	vi'kuaҳ	וִיכּוּחַ (ז)
debater (vt)	lehitva'keaҳ	לְהִתְוַוכֵּחַ

interlocutor (m)	ben 'siaҳ	בֶּן שִׂיחַ (ז)
tema (m)	nose	נוֹשֵׂא (ז)

ponto (m) de vista	nekudat mabat	נְקוּדַת מַבָּט (נ)
opinião (f)	de'a	דֵעָה (נ)
discurso (m)	ne'um	נְאוּם (ז)

discussão (f)	diyun	דִיוּן (ז)
discutir (vt)	ladun	לָדוּן
conversa (f)	siχa	שִׂיחָה (נ)
conversar (vi)	leso'χeaχ	לְשׂוֹחֵחַ
encontro (m)	pgiʃa	פְּגִישָׁה (נ)
encontrar-se (vr)	lehipageʃ	לְהִיפָּגֵשׁ

provérbio (m)	pitgam	פִּתְגָם (ז)
ditado (m)	pitgam	פִּתְגָם (ז)
adivinha (f)	χida	חִידָה (נ)
dizer uma adivinha	laχud χida	לָחוּד חִידָה
senha (f)	sisma	סִיסְמָה (נ)
segredo (m)	sod	סוֹד (ז)

juramento (m)	ʃvu'a	שְׁבוּעָה (נ)
jurar (vi)	lehiʃava	לְהִישָׁבַע
promessa (f)	havtaχa	הַבְטָחָה (נ)
prometer (vt)	lehav'tiaχ	לְהַבְטִיחַ

conselho (m)	etsa	עֵצָה (נ)
aconselhar (vt)	leya'ets	לְייַעֵץ
seguir o conselho	lif'ol lefi ha'etsa	לִפְעוֹל לְפִי הָעֵצָה
escutar (~ os conselhos)	lehiʃama	לְהִישָׁמַע

novidade, notícia (f)	χadaʃot	חֲדָשׁוֹת (נ"ר)
sensação (f)	sen'satsya	סֶנְסַצְיָה (נ)
informação (f)	meida	מֵידָע (ז)
conclusão (f)	maskana	מַסְקָנָה (נ)
voz (f)	kol	קוֹל (ז)
elogio (m)	maχma'a	מַחְמָאָה (נ)
amável	adiv	אָדִיב

palavra (f)	mila	מִילָה (נ)
frase (f)	miʃpat	מִשְׁפָּט (ז)
resposta (f)	tʃuva	תְשׁוּבָה (נ)

| verdade (f) | emet | אֱמֶת (נ) |
| mentira (f) | 'ʃeker | שֶׁקֶר (ז) |

pensamento (m)	maχʃava	מַחְשָׁבָה (נ)
ideia (f)	ra'ayon	רַעְיוֹן (ז)
fantasia (f)	fan'tazya	פַנְטַזְיָה (נ)

63. Discussão, conversação. Parte 2

estimado	meχubad	מְכוּבָּד
respeitar (vt)	leχabed	לְכַבֵּד
respeito (m)	kavod	כָּבוֹד (ז)
Estimado ..., Caro ...	hayakar ...	הַיָקָר ...
apresentar (vt)	la'asot hekerut	לַעֲשׂוֹת הֶיכֵּרוּת

travar conhecimento	lehakir	לְהַכִּיר
intenção (f)	kavana	כַּוָּנָה (נ)
tencionar (vt)	lehitkaven	לְהִתְכַּוֵּון
desejo (m)	iχul	אִיחוּל (ז)
desejar (ex. ~ boa sorte)	le'aχel	לְאַחֵל

surpresa (f)	hafta'a	הַפְתָּעָה (נ)
surpreender (vt)	lehaf'ti'a	לְהַפְתִּיעַ
surpreender-se (vr)	lehitpale	לְהִתְפַּלֵּא

dar (vt)	latet	לָתֵת
pegar (tomar)	la'kaχat	לָקַחַת
devolver (vt)	lehaχzir	לְהַחְזִיר
retornar (vt)	lehaʃiv	לְהָשִׁיב

desculpar-se (vr)	lehitnatsel	לְהִתְנַצֵּל
desculpa (f)	hitnatslut	הִתְנַצְּלוּת (נ)
perdoar (vt)	lis'loaχ	לִסְלוֹחַ

falar (vi)	ledaber	לְדַבֵּר
escutar (vt)	lehakʃiv	לְהַקְשִׁיב
ouvir até o fim	liʃ'mo'a	לִשְׁמוֹעַ
compreender (vt)	lehavin	לְהָבִין

mostrar (vt)	lehar'ot	לְהַרְאוֹת
olhar para ...	lehistakel	לְהִסְתַּכֵּל
chamar (dizer em voz alta o nome)	likro le...	...לִקְרוֹא לְ
distrair (vt)	lehaf'ri'a	לְהַפְרִיעַ
perturbar (vt)	lehaf'ri'a	לְהַפְרִיעַ
entregar (~ em mãos)	limsor	לִמְסוֹר

pedido (m)	bakaʃa	בַּקָּשָׁה (נ)
pedir (ex. ~ ajuda)	levakeʃ	לְבַקֵּשׁ
exigência (f)	driʃa	דְּרִישָׁה (נ)
exigir (vt)	lidroʃ	לִדְרוֹשׁ

chamar nomes (vt)	lehitgarot	לְהִתְגָּרוֹת
zombar (vt)	lil'og	לִלְעוֹג
zombaria (f)	'la'ag	לַעַג (ז)
alcunha (f)	kinui	כִּינּוּי (ז)

insinuação (f)	'remez	רֶמֶז (ז)
insinuar (vt)	lirmoz	לִרְמוֹז
subentender (vt)	lehitkaven le...	...לְהִתְכַּוֵּון לְ

descrição (f)	te'ur	תֵּיאוּר (ז)
descrever (vt)	leta'er	לְתָאֵר
elogio (m)	'ʃevaχ	שֶׁבַח (ז)
elogiar (vt)	leʃa'beaχ	לְשַׁבֵּחַ

desapontamento (m)	aχzava	אַכְזָבָה (נ)
desapontar (vt)	le'aχzev	לְאַכְזֵב
desapontar-se (vr)	lehit'aχzev	לְהִתְאַכְזֵב
suposição (f)	hanaχa	הַנָּחָה (נ)
supor (vt)	leʃa'er	לְשַׁעֵר

| advertência (f) | azhara | אַזהָרָה (נ) |
| advertir (vt) | lehazhir | לְהַזהִיר |

64. Discussão, conversação. Parte 3

| convencer (vt) | leʃaχ'ne'a | לְשַׁכנֵעַ |
| acalmar (vt) | lehar'gi'a | לְהַרגִיעַ |

silêncio (o ~ é de ouro)	ʃtika	שתִיקָה (נ)
ficar em silêncio	liʃtok	לִשתוֹק
sussurrar (vt)	lilχoʃ	לִלחוֹש
sussurro (m)	leχiʃa	לְחִישָׁה (נ)

| francamente | beχenut | בְּכֵנוּת |
| a meu ver ... | leda'ati ... | לְדַעֲתִי ... |

detalhe (~ da história)	prat	פּרָט (ז)
detalhado	meforat	מְפוֹרָט
detalhadamente	bimfurat	בְּמפוֹרָט

| dica (f) | 'remez | רֶמֶז (ז) |
| dar uma dica | lirmoz | לִרמוֹז |

olhar (m)	mabat	מַבָּט (ז)
dar uma vista de olhos	lehabit	לְהַבִּיט
fixo (olhar ~)	kafu	קָפוּא
piscar (vi)	lematsmets	לְמַצמֵץ
pestanejar (vt)	likrots	לִקרוֹץ
acenar (com a cabeça)	lehanhen	לְהַנהֵן

suspiro (m)	anaχa	אֲנָחָה (נ)
suspirar (vi)	lehe'anaχ	לְהֵיאָנַח
estremecer (vi)	lir'od	לִרעוֹד
gesto (m)	meχva	מֶחוָה (נ)
tocar (com as mãos)	la'ga'at be...	לָגַעַת בְּ...
agarrar (~ pelo braço)	litfos	לִתפּוֹס
bater de leve	lit'poaχ	לִטפּוֹחַ

Cuidado!	zehirut!	זְהִירוּת!
A sério?	be'emet?	בֶּאֱמֶת?
Tem certeza?	ata ba'tuaχ?	אַתָה בָּטוּחַ?
Boa sorte!	behatslaχa!	בְּהַצלָחָה!
Compreendi!	muvan!	מוּבָן!
Que pena!	χaval!	חֲבָל!

65. Acordo. Recusa

consentimento (~ mútuo)	haskama	הַסכָּמָה (נ)
consentir (vi)	lehaskim	לְהַסכִּים
aprovação (f)	iʃur	אִישׁוּר (ז)
aprovar (vt)	le'aʃer	לְאַשֵׁר
recusa (f)	siruv	סֵירוּב (ז)

negar-se (vt)	lesarev	לְסָרֵב
Está ótimo!	metsuyan!	מְצֻיָּן!
Muito bem!	tov!	טוֹב!
Está bem! De acordo!	be'seder!	בְּסֵדֶר!

proibido	asur	אָסוּר
é proibido	asur	אָסוּר
é impossível	'bilti efʃari	בִּלְתִּי אֶפְשָׁרִי
incorreto	ʃagui	שָׁגוּי

rejeitar (~ um pedido)	lidχot	לִדְחוֹת
apoiar (vt)	litmoχ be...	לִתְמוֹךְ בְּ...
aceitar (desculpas, etc.)	lekabel	לְקַבֵּל

confirmar (vt)	le'aʃer	לְאַשֵּׁר
confirmação (f)	iʃur	אִישׁוּר (ז)
permissão (f)	reʃut	רְשׁוּת (נ)
permitir (vt)	leharʃot	לְהַרְשׁוֹת
decisão (f)	haχlata	הַחְלָטָה (נ)
não dizer nada	liʃtok	לִשְׁתּוֹק

condição (com uma ~)	tnai	תְּנַאי (ז)
pretexto (m)	teruts	תֵּירוּץ (ז)
elogio (m)	'ʃevaχ	שֶׁבַח (ז)
elogiar (vt)	leʃa'beaχ	לְשַׁבֵּחַ

66. Sucesso. Boa sorte. Insucesso

êxito, sucesso (m)	hatsala	הַצְלָחָה (נ)
com êxito	behatslaχa	בְּהַצְלָחָה
bem sucedido	mutslaχ	מוּצְלָח

sorte (fortuna)	mazal	מַזָּל (ז)
Boa sorte!	behatslaχa!	בְּהַצְלָחָה!
de sorte	mutslaχ	מוּצְלָח
sortudo, felizardo	bar mazal	בַּר מַזָּל

fracasso (m)	kiʃalon	כִּישָׁלוֹן (ז)
pouca sorte (f)	'χoser mazal	חוֹסֶר מַזָּל (ז)
azar (m), má sorte (f)	'χoser mazal	חוֹסֶר מַזָּל (ז)

mal sucedido	lo mutslaχ	לֹא מוּצְלָח
catástrofe (f)	ason	אָסוֹן (ז)

orgulho (m)	ga'ava	גַּאֲוָה (נ)
orgulhoso	ge'e	גֵּאֶה
estar orgulhoso	lehitga'ot	לְהִתְגָּאוֹת

vencedor (m)	zoχe	זוֹכֶה (ז)
vencer (vi)	lena'tseaχ	לְנַצֵּחַ
perder (vt)	lehafsid	לְהַפְסִיד
tentativa (f)	nisayon	נִיסָיוֹן (ז)
tentar (vt)	lenasot	לְנַסּוֹת
chance (m)	hizdamnut	הִזְדַּמְּנוּת (נ)

67. Conflitos. Emoções negativas

grito (m)	tse'aka	צְעָקָה (נ)
gritar (vi)	lits'ok	לִצְעוֹק
começar a gritar	lehatχil lits'ok	לְהַתְחִיל לִצְעוֹק
discussão (f)	riv	רִיב (ז)
discutir (vt)	lariv	לָרִיב
escândalo (m)	riv	רִיב (ז)
criar escândalo	lariv	לָרִיב
conflito (m)	siχsuχ	סִכְסוּךְ (ז)
mal-entendido (m)	i havana	אִי הֲבָנָה (נ)
insulto (m)	elbon	עֶלְבּוֹן (ז)
insultar (vt)	leha'aliv	לְהַעֲלִיב
insultado	ne'elav	נֶעֱלָב
ofensa (f)	tina	טִינָה (נ)
ofender (vt)	lif'go'a	לִפְגּוֹעַ
ofender-se (vr)	lehipaga	לְהִיפָּגַע
indignação (f)	hitmarmerut	הִתְמַרְמְרוּת (נ)
indignar-se (vr)	lehitra'em	לְהִתְרַעֵם
queixa (f)	tluna	תְּלוּנָה (נ)
queixar-se (vr)	lehitlonen	לְהִתְלוֹנֵן
desculpa (f)	hitnatslut	הִתְנַצְּלוּת (נ)
desculpar-se (vr)	lehitnatsel	לְהִתְנַצֵּל
pedir perdão	levakeʃ sliχa	לְבַקֵּשׁ סְלִיחָה
crítica (f)	bi'koret	בִּיקוֹרֶת (נ)
criticar (vt)	levaker	לְבַקֵּר
acusação (f)	ha'aʃama	הַאֲשָׁמָה (נ)
acusar (vt)	leha'aʃim	לְהַאֲשִׁים
vingança (f)	nekama	נְקָמָה (נ)
vingar (vt)	linkom	לִנְקוֹם
vingar-se (vr)	lehaχzir	לְהַחְזִיר
desprezo (m)	zilzul	זִלְזוּל (ז)
desprezar (vt)	lezalzel be...	לְזַלְזֵל בְּ...
ódio (m)	sin'a	שִׂנְאָה (נ)
odiar (vt)	lisno	לִשְׂנוֹא
nervoso	atsbani	עַצְבָּנִי
estar nervoso	lihyot atsbani	לִהְיוֹת עַצְבָּנִי
zangado	ka'us	כָּעוּס
zangar (vt)	lehargiz	לְהַרְגִּיז
humilhação (f)	haʃpala	הַשְׁפָּלָה (נ)
humilhar (vt)	lehaʃpil	לְהַשְׁפִּיל
humilhar-se (vr)	lehaʃpil et atsmo	לְהַשְׁפִּיל אֶת עַצְמוֹ
choque (m)	'helem	הֶלֶם (ז)
chocar (vt)	leza'a'ze'a	לְזַעֲזֵעַ
aborrecimento (m)	tsara	צָרָה (נ)

desagradável	lo na'im	לא נָעִים
medo (m)	'paχad	פַּחַד (ז)
terrível (tempestade, etc.)	nora	נוֹרָא
assustador (ex. história ~a)	mafχid	מַפְחִיד
horror (m)	zva'a	זְוָעָה (נ)
horrível (crime, etc.)	ayom	אָיוֹם

começar a tremer	lehera'ed	לְהֵירָעֵד
chorar (vi)	livkot	לִבְכּוֹת
começar a chorar	lehatχil livkot	לְהַתְחִיל לִבְכּוֹת
lágrima (f)	dim'a	דִּמְעָה (נ)

falta (f)	aʃma	אַשְׁמָה (נ)
culpa (f)	rigʃei aʃam	רִגְשֵׁי אָשָׁם (ז"ר)
desonra (f)	χerpa	חֶרְפָּה (נ)
protesto (m)	meχa'a	מְחָאָה (נ)
stresse (m)	'laχats	לַחַץ (ז)

perturbar (vt)	lehaf'ri'a	לְהַפְרִיעַ
zangar-se com ...	liχ'os	לִכְעוֹס
zangado	zo'em	זוֹעֵם
terminar (vt)	lesayem	לְסַיֵּים
praguejar	lekalel	לְקַלֵּל

assustar-se	lehibahel	לְהִיבָּהֵל
golpear (vt)	lehakot	לְהַכּוֹת
brigar (na rua, etc.)	lehitkotet	לְהִתְקוֹטֵט

resolver (o conflito)	lehasdir	לְהַסְדִּיר
descontente	lo merutse	לא מְרוּצֶה
furioso	metoraf	מְטוֹרָף

| Não está bem! | ze lo tov! | זֶה לא טוֹב! |
| É mau! | ze ra! | זֶה רַע! |

Medicina

68. Doenças

doença (f)	maxala	מַחֲלָה (נ)
estar doente	lihyot xole	לִהְיוֹת חוֹלֶה
saúde (f)	bri'ut	בְּרִיאוּת (נ)
nariz (m) a escorrer	na'zelet	נַזֶּלֶת (נ)
amigdalite (f)	da'leket ʃkedim	דַּלֶּקֶת שְׁקֵדִים (נ)
constipação (f)	hitstanenut	הִצְטַנְּנוּת (נ)
constipar-se (vr)	lehitstanen	לְהִצְטַנֵּן
bronquite (f)	bron'xitis	בְּרוֹנְכִיטִיס (ז)
pneumonia (f)	da'leket re'ot	דַּלֶּקֶת רֵיאוֹת (נ)
gripe (f)	ʃa'pa'at	שַׁפַּעַת (נ)
míope	ktsar re'iya	קְצַר רְאִיָּה
presbita	rexok re'iya	רְחוֹק־רְאִיָּה
estrabismo (m)	pzila	פְּזִילָה (נ)
estrábico	pozel	פּוֹזֵל
catarata (f)	katarakt	קָטָרַקְט (ז)
glaucoma (m)	gla'u'koma	גְּלָאוּקוֹמָה (נ)
AVC (m), apoplexia (f)	ʃavats moxi	שֶׁבֶץ מוֹחִי (ז)
ataque (m) cardíaco	hetkef lev	הֶתְקֵף לֵב (ז)
enfarte (m) do miocárdio	'otem ʃrir halev	אוֹטֶם שְׁרִיר הַלֵּב (ז)
paralisia (f)	ʃituk	שִׁיתוּק (ז)
paralisar (vt)	leʃatek	לְשַׁתֵּק
alergia (f)	a'lergya	אַלֶּרְגְּיָה (נ)
asma (f)	'astma, ka'tseret	אַסְתְּמָה, קַצֶּרֶת (נ)
diabetes (f)	su'keret	סוּכֶּרֶת (נ)
dor (f) de dentes	ke'ev ʃi'nayim	כְּאֵב שִׁנַּיִים (ז)
cárie (f)	a'ʃeʃet	עַשֶּׁשֶׁת (נ)
diarreia (f)	ʃilʃul	שִׁלְשׁוּל (ז)
prisão (f) de ventre	atsirut	עֲצִירוּת (נ)
desarranjo (m) intestinal	kilkul keiva	קִלְקוּל קֵיבָה (ז)
intoxicação (f) alimentar	har'alat mazon	הַרְעָלַת מָזוֹן (נ)
intoxicar-se	laxatof har'alat mazon	לַחֲטוֹף הַרְעָלַת מָזוֹן
artrite (f)	da'leket mifrakim	דַּלֶּקֶת מִפְרָקִים (נ)
raquitismo (m)	ra'kexet	רַכֶּבֶת (נ)
reumatismo (m)	ʃigaron	שִׁיגָּרוֹן (ז)
arteriosclerose (f)	ar'teryo skle'rosis	אַרְטֶרְיוֹ־סְקְלֶרוֹסִיס (ז)
gastrite (f)	da'leket keiva	דַּלֶּקֶת קֵיבָה (נ)
apendicite (f)	da'leket toseftan	דַּלֶּקֶת תּוֹסֶפְתָּן (נ)

colecistite (f)	da'leket kis hamara	דַּלֶּקֶת כִּיס הַמָּרָה (נ)
úlcera (f)	'ulkus, kiv	אוּלְקוּס, כִּיב (ז)

sarampo (m)	χa'tsevet	חַצֶּבֶת (נ)
rubéola (f)	a'demet	אַדֶּמֶת (נ)
iterícia (f)	tsa'hevet	צַהֶבֶת (נ)
hepatite (f)	da'leket kaved	דַּלֶּקֶת כָּבֵד (נ)

esquizofrenia (f)	sχizo'frenya	סְכִיזוֹפְרֶנְיָה (נ)
raiva (f)	ka'levet	כַּלֶּבֶת (נ)
neurose (f)	noi'roza	נוֹירוֹזָה (נ)
comoção (f) cerebral	zaʿa'zuʿa 'moaχ	זַעֲזוּעַ מוֹחַ (ז)

cancro (m)	sartan	סַרְטָן (ז)
esclerose (f)	ta'refet	טָרֶשֶׁת (נ)
esclerose (f) múltipla	ta'refet nefotsa	טָרֶשֶׁת נְפוֹצָה (נ)

alcoolismo (m)	alkoholizm	אַלְכּוֹהוֹלִיזְם (ז)
alcoólico (m)	alkoholist	אַלְכּוֹהוֹלִיסְט (ז)
sífilis (f)	a'gevet	עַגֶּבֶת (נ)
SIDA (f)	eids	אֵיידְס (ז)

tumor (m)	gidul	גִּידוּל (ז)
maligno	mam'ir	מַמְאִיר
benigno	fapir	שַׁפִּיר

febre (f)	ka'daχat	קַדַּחַת (נ)
malária (f)	ma'larya	מָלַרְיָה (נ)
gangrena (f)	gan'grena	נֶּגְּרֶנָה (נ)
enjoo (m)	maχalat yam	מַחֲלַת יָם (נ)
epilepsia (f)	maχalat hanefila	מַחֲלַת הַנְּפִילָה (נ)

epidemia (f)	magefa	מַגֵּיפָה (נ)
tifo (m)	'tifus	טִיפוּס (ז)
tuberculose (f)	fa'χefet	שַׁחֶפֶת (נ)
cólera (f)	ko'lera	כּוֹלֵרָה (נ)
peste (f)	davar	דֶּבֶר (ז)

69. Sintomas. Tratamentos. Parte 1

sintoma (m)	simptom	סִימְפְּטוֹם (ז)
temperatura (f)	χom	חוֹם (ז)
febre (f)	χom ga'voha	חוֹם גָּבוֹהַ (ז)
pulso (m)	'dofek	דּוֹפֶק (ז)

vertigem (f)	sχar'χoret	סְחַרְחוֹרֶת (נ)
quente (testa, etc.)	χam	חַם
calafrio (m)	tsmar'moret	צְמַרְמוֹרֶת (נ)
pálido	χiver	חִיוֵּר

tosse (f)	fiʿul	שִׁיעוּל (ז)
tossir (vi)	lehifta'el	לְהִשְׁתַּעֵל
espirrar (vi)	lehit'atef	לְהִתְעַטֵּשׁ
desmaio (m)	ilafon	עִילָפוֹן (ז)

desmaiar (vi)	lehit'alef	לְהִתעַלֵף
nódoa (f) negra	χabura	חַבּוּרָה (נ)
galo (m)	blita	בְּלִיטָה (נ)
magoar-se (vr)	lekabel maka	לְקַבֵּל מַכָּה
pisadura (f)	maka	מַכָּה (נ)
aleijar-se (vr)	lekabel maka	לְקַבֵּל מַכָּה

coxear (vi)	liʦ'lo'a	לְצְלוֹעַ
deslocação (f)	'neka	נֶקַע (ז)
deslocar (vt)	lin'ko'a	לִנקוֹעַ
fratura (f)	'ʃever	שֶׁבֶר (ז)
fraturar (vt)	liʃbor	לְשׁבּוֹר

corte (m)	χataχ	חָתָך (ז)
cortar-se (vr)	lehiχateχ	לְהֵיחָתֵך
hemorragia (f)	dimum	דִימוּם (ז)

queimadura (f)	kviya	כּוִויָה (נ)
queimar-se (vr)	laχatof kviya	לַחֲטוֹף כּוִויָה

picar (vt)	lidkor	לִדקוֹר
picar-se (vr)	lehidaker	לְהִידָקֵר
lesionar (vt)	lif'ʦo'a	לִפצוֹעַ
lesão (m)	pʦi'a	פּצִיעָה (נ)
ferida (f), ferimento (m)	'peʦa	פֶּצַע (ז)
trauma (m)	'tra'uma	טרָאוּמָה (נ)

delirar (vi)	lahazot	לַהֲזוֹת
gaguejar (vi)	legamgem	לְגַמגֵם
insolação (f)	makat 'ʃemeʃ	מַכַּת שֶׁמֶשׁ (נ)

70. Sintomas. Tratamentos. Parte 2

dor (f)	ke'ev	כְּאֵב (ז)
farpa (no dedo)	koʦ	קוֹץ (ז)

suor (m)	ze'a	זֵיעָה (נ)
suar (vi)	leha'zi'a	לְהַזִיעַ
vómito (m)	haka'a	הֲקָאָה (נ)
convulsões (f pl)	pirkusim	פִּירכּוּסִים (ז"ר)

grávida	hara	הָרָה
nascer (vi)	lehivaled	לְהִיוָולֵד
parto (m)	leda	לֵידָה (נ)
dar à luz	la'ledet	לָלֶדֶת
aborto (m)	hapala	הַפָּלָה (נ)

respiração (f)	neʃima	נְשִׁימָה (נ)
inspiração (f)	ʃe'ifa	שְׁאִיפָה (נ)
expiração (f)	neʃifa	נְשִׁיפָה (נ)
expirar (vi)	linʃof	לִנשׁוֹף
inspirar (vi)	liʃof	לִשׁאוֹף
inválido (m)	naχe	נָכֶה (ז)
aleijado (m)	naχe	נָכֶה (ז)

toxicodependente (m)	narkoman	נַרְקוֹמָן (ז)
surdo	χereʃ	חֵירֵשׁ
mudo	ilem	אִילֵם
surdo-mudo	χereʃ-ilem	חֵירֵשׁ־אִילֵם

louco (adj.)	meʃuga	מְשׁוּגָע
louco (m)	meʃuga	מְשׁוּגָע (ז)
louca (f)	meʃu'ga'at	מְשׁוּגַעַת (נ)
ficar louco	lehiʃta'ge'a	לְהִשְׁתַּגֵּעַ

gene (m)	gen	גֵּן (ז)
imunidade (f)	χasinut	חָסִינוּת (נ)
hereditário	toraʃti	תּוֹרַשְׁתִּי
congénito	mulad	מוּלָד

vírus (m)	'virus	וִירוּס (ז)
micróbio (m)	χaidak	חַיְדָּק (ז)
bactéria (f)	bak'terya	בַּקְטֶרְיָה (נ)
infeção (f)	zihum	זִיהוּם (ז)

71. Sintomas. Tratamentos. Parte 3

| hospital (m) | beit χolim | בֵּית חוֹלִים (ז) |
| paciente (m) | metupal | מְטוּפָּל (ז) |

diagnóstico (m)	avχana	אַבְחָנָה (נ)
cura (f)	ripui	רִיפּוּי (ז)
tratamento (m) médico	tipul refu'i	טִיפּוּל רְפוּאִי (ז)
curar-se (vr)	lekabel tipul	לְקַבֵּל טִיפּוּל
tratar (vt)	letapel be…	לְטַפֵּל בְּ...
cuidar (pessoa)	letapel be…	לְטַפֵּל בְּ...
cuidados (m pl)	tipul	טִיפּוּל (ז)

operação (f)	ni'tuaχ	נִיתוּחַ (ז)
enfaixar (vt)	laχboʃ	לַחְבּוֹשׁ
enfaixamento (m)	χaviʃa	חֲבִישָׁה (נ)

vacinação (f)	χisun	חִיסוּן (ז)
vacinar (vt)	leχasen	לְחַסֵּן
injeção (f)	zrika	זְרִיקָה (נ)
dar uma injeção	lehazrik	לְהַזְרִיק

ataque (~ de asma, etc.)	hetkef	הַתְקֵף (ז)
amputação (f)	kti'a	קְטִיעָה (נ)
amputar (vt)	lik'to'a	לִקְטוֹעַ
coma (f)	tar'demet	תַּרְדֶּמֶת (נ)
estar em coma	lihyot betar'demet	לִהְיוֹת בְּתַרְדֶּמֶת
reanimação (f)	tipul nimraʦ	טִיפּוּל נִמְרָץ (ז)

recuperar-se (vr)	lehaχlim	לְהַחְלִים
estado (~ de saúde)	maʦav	מַצָּב (ז)
consciência (f)	hakara	הַכָּרָה (נ)
memória (f)	zikaron	זִיכָּרוֹן (ז)
tirar (vt)	la'akor	לַעֲקוֹר

| chumbo (m), obturação (f) | stima | סתִימָה (נ) |
| chumbar, obturar (vt) | la'asot stima | לַעֲשׂוֹת סתִימָה |

| hipnose (f) | hip'noza | הִיפנוֹזָה (נ) |
| hipnotizar (vt) | lehapnet | לְהַפנֵט |

72. Médicos

médico (m)	rofe	רוֹפֵא (ז)
enfermeira (f)	aχot	אָחוֹת (נ)
médico (m) pessoal	rofe iʃi	רוֹפֵא אִישִׁי (ז)

dentista (m)	rofe ʃi'nayim	רוֹפֵא שִׁינַיִים (ז)
oculista (m)	rofe ei'nayim	רוֹפֵא עֵינַיִים (ז)
terapeuta (m)	rofe pnimi	רוֹפֵא פּנִימִי (ז)
cirurgião (m)	kirurg	כִּירוּרג (ז)

psiquiatra (m)	psiχi''ater	פּסִיכִיאָטֶר (ז)
pediatra (m)	rofe yeladim	רוֹפֵא יְלָדִים (ז)
psicólogo (m)	psiχolog	פּסִיכוֹלוֹג (ז)
ginecologista (m)	rofe naʃim	רוֹפֵא נָשִׁים (ז)
cardiologista (m)	kardyolog	קַרדִיוֹלוֹג (ז)

73. Medicina. Drogas. Acessórios

medicamento (m)	trufa	תְרוּפָה (נ)
remédio (m)	trufa	תְרוּפָה (נ)
receitar (vt)	lirʃom	לִרשׁוֹם
receita (f)	mirʃam	מִרשָׁם (ז)

comprimido (m)	kadur	כַּדוּר (ז)
pomada (f)	miʃχa	מִשׁחָה (נ)
ampola (f)	'ampula	אַמפּוּלָה (נ)
preparado (m)	ta'a'rovet	תַעֲרוֹבֶת (נ)
xarope (m)	sirop	סִירוֹפּ (ז)
cápsula (f)	gluya	גלוּיָה (נ)
remédio (m) em pó	avka	אַבקָה (נ)

ligadura (f)	taχ'boʃet 'gaza	תַחבּוֹשֶׁת גָאזָה (ז)
algodão (m)	'tsemer 'gefen	צֶמֶר גֶפֶן (ז)
iodo (m)	yod	יוֹד (ז)

penso (m) rápido	'plaster	פּלַסטֶר (ז)
conta-gotas (m)	taf'tefet	טַפטֶפֶת (נ)
termómetro (m)	madχom	מַדחוֹם (ז)
seringa (f)	mazrek	מַזרֵק (ז)

| cadeira (f) de rodas | kise galgalim | כִּיסֵא גַלגַלִים (ז) |
| muletas (f pl) | ka'bayim | קַבַּיִים (ז"ר) |

| analgésico (m) | meʃakeχ ke'evim | מְשַׁכֵּך כְּאֵבִים (ז) |
| laxante (m) | trufa meʃal'ʃelet | תְרוּפָה מְשַׁלשֶׁלֶת (נ) |

álcool (m) etílico	'kohal	פּוֹהֶל (ז)
ervas (f pl) medicinais	isvei marpe	עִשְׂבֵי מַרְפֵּא (ז"ר)
de ervas (chá ~)	ʃel asavim	שֶׁל עֲשָׂבִים

74. Fumar. Produtos tabágicos

tabaco (m)	'tabak	טַבָּק (ז)
cigarro (m)	si'garya	סִיגַרְיָה (נ)
charuto (m)	sigar	סִיגָר (ז)
cachimbo (m)	mik'teret	מִקְטֶרֶת (נ)
maço (~ de cigarros)	χafisa	חֲפִיסָה (נ)

fósforos (m pl)	gafrurim	גַּפְרוּרִים (ז"ר)
caixa (f) de fósforos	kufsat gafrurim	קוּפְסַת גַּפְרוּרִים (נ)
isqueiro (m)	matsit	מַצִּית (ז)
cinzeiro (m)	ma'afera	מַאֲפֵרָה (נ)
cigarreira (f)	nartik lesi'garyot	נַרְתִּיק לְסִיגַרְיּוֹת (ז)

| boquilha (f) | piya | פִּיָּה (נ) |
| filtro (m) | 'filter | פִילְטֶר (ז) |

fumar (vi, vt)	le'aʃen	לְעַשֵּׁן
acender um cigarro	lehadlik si'garya	לְהַדְלִיק סִיגַרְיָה
tabagismo (m)	iʃun	עִישׁוּן (ז)
fumador (m)	me'aʃen	מְעַשֵּׁן (ז)

beata (f)	bdal si'garya	בְּדַל סִיגַרְיָה (ז)
fumo (m)	aʃan	עָשָׁן (ז)
cinza (f)	'efer	אֵפֶר (ז)

HABITAT HUMANO

Cidade

75. Cidade. Vida na cidade

cidade (f)	ir	עִיר (ז)
capital (f)	ir bira	עִיר בִּירָה (ז)
aldeia (f)	kfar	כְּפָר (ז)

mapa (m) da cidade	mapat ha'ir	מַפַּת הָעִיר (נ)
centro (m) da cidade	merkaz ha'ir	מֶרְכַּז הָעִיר (ז)
subúrbio (m)	parvar	פַּרְוָר (ז)
suburbano	parvari	פַּרְוָרִי

periferia (f)	parvar	פַּרְוָר (ז)
arredores (m pl)	svivot	סְבִיבוֹת (נ"ר)
quarteirão (m)	ʃxuna	שְׁכוּנָה (נ)
quarteirão (m) residencial	ʃxunat megurim	שְׁכוּנַת מְגוּרִים (נ)

tráfego (m)	tnu'a	תְּנוּעָה (נ)
semáforo (m)	ramzor	רַמְזוֹר (ז)
transporte (m) público	taxbura tsiburit	תַּחְבּוּרָה צִיבּוּרִית (נ)
cruzamento (m)	'tsomet	צוֹמֶת (ז)

passadeira (f)	ma'avar xatsaya	מַעֲבַר חֲצָיָה (ז)
passagem (f) subterrânea	ma'avar tat karka'i	מַעֲבָר תַּת־קַרְקָעִי (ז)
cruzar, atravessar (vt)	laxatsot	לַחֲצוֹת
peão (m)	holex 'regel	הוֹלֵךְ רֶגֶל (ז)
passeio (m)	midraxa	מִדְרָכָה (נ)

ponte (f)	'geʃer	גֶּשֶׁר (ז)
margem (f) do rio	ta'yelet	טַיֶּלֶת (נ)
fonte (f)	mizraka	מִזְרָקָה (נ)

alameda (f)	sdera	שְׂדֵרָה (נ)
parque (m)	park	פָּארְק (ז)
bulevar (m)	sdera	שְׂדֵרָה (נ)
praça (f)	kikar	כִּיכָּר (נ)
avenida (f)	rexov raʃi	רְחוֹב רָאשִׁי (ז)
rua (f)	rexov	רְחוֹב (ז)
travessa (f)	simta	סִמְטָה (נ)
beco (m) sem saída	mavoi satum	מָבוֹי סָתוּם (ז)

casa (f)	'bayit	בַּיִת (ז)
edifício, prédio (m)	binyan	בִּנְיָן (ז)
arranha-céus (m)	gored ʃxakim	גּוֹרֵד שְׁחָקִים (ז)
fachada (f)	xazit	חָזִית (נ)
telhado (m)	gag	גַּג (ז)

janela (f)	χalon	חַלּוֹן (ז)
arco (m)	'keʃet	קֶשֶׁת (נ)
coluna (f)	amud	עַמּוּד (ז)
esquina (f)	pina	פִּינָה (נ)

montra (f)	χalon ra'ava	חַלּוֹן רַאֲוָה (ז)
letreiro (m)	'ʃelet	שֶׁלֶט (ז)
cartaz (m)	kraza	כְּרָזָה (נ)
cartaz (m) publicitário	'poster	פּוֹסְטֶר (ז)
painel (m) publicitário	'luaχ pirsum	לוּחַ פִּרְסוּם (ז)

lixo (m)	'zevel	זֶבֶל (ז)
cesta (f) do lixo	paχ aʃpa	פַּח אַשְׁפָּה (ז)
jogar lixo na rua	lelaχleχ	לְלַכְלֵךְ
aterro (m) sanitário	mizbala	מִזְבָּלָה (נ)

cabine (f) telefónica	ta 'telefon	תָּא טֶלֶפוֹן (ז)
candeeiro (m) de rua	amud panas	עַמּוּד פָּנָס (ז)
banco (m)	safsal	סַפְסָל (ז)

polícia (m)	ʃoter	שׁוֹטֵר (ז)
polícia (instituição)	miʃtara	מִשְׁטָרָה (נ)
mendigo (m)	kabtsan	קַבְּצָן (ז)
sem-abrigo (m)	χasar 'bayit	חֲסַר בַּיִת (ז)

76. Instituições urbanas

loja (f)	χanut	חֲנוּת (נ)
farmácia (f)	beit mir'kaχat	בֵּית מִרְקַחַת (ז)
ótica (f)	χanut miʃka'fayim	חֲנוּת מִשְׁקָפַיִים (נ)
centro (m) comercial	kanyon	קַנְיוֹן (ז)
supermercado (m)	super'market	סוּפֶּרְמַרְקֶט (ז)

padaria (f)	ma'afiya	מַאֲפִייָה (נ)
padeiro (m)	ofe	אוֹפֶה (ז)
pastelaria (f)	χanut mamtakim	חֲנוּת מַמְתַּקִים (נ)
mercearia (f)	ma'kolet	מַכּוֹלֶת (נ)
talho (m)	itliz	אִטְלִיז (ז)

| loja (f) de legumes | χanut perot viyerakot | חֲנוּת פֵּירוֹת וִירָקוֹת (נ) |
| mercado (m) | ʃuk | שׁוּק (ז) |

café (m)	beit kafe	בֵּית קָפֶה (ז)
restaurante (m)	mis'ada	מִסְעָדָה (נ)
bar (m), cervejaria (f)	pab	פָּאבּ (ז)
pizzaria (f)	pi'tseriya	פִּיצֶרִייָה (נ)

salão (m) de cabeleireiro	mispara	מִסְפָּרָה (נ)
correios (m pl)	'do'ar	דּוֹאַר (ז)
lavandaria (f)	nikui yaveʃ	נִיקוּי יָבֵשׁ (ז)
estúdio (m) fotográfico	'studyo letsilum	סְטוּדִיוֹ לְצִילּוּם (ז)

| sapataria (f) | χanut na'a'layim | חֲנוּת נַעֲלַיִים (נ) |
| livraria (f) | χanut sfarim | חֲנוּת סְפָרִים (נ) |

loja (f) de artigos de desporto	χanut sport	חֲנוּת סְפּוֹרְט (נ)
reparação (f) de roupa	χanut tikun bgadim	חֲנוּת תִּיקּוּן בְּגָדִים (נ)
aluguer (m) de roupa	χanut haskarat bgadim	חֲנוּת הַשְׂכָּרַת בְּגָדִים (נ)
aluguer (m) de filmes	χanut haʃalat sratim	חֲנוּת הַשְׁאָלַת סְרָטִים (נ)

circo (m)	kirkas	קִרְקָס (ז)
jardim (m) zoológico	gan hayot	גַן חַיּוֹת (ז)
cinema (m)	kol'no'a	קוֹלְנוֹעַ (ז)
museu (m)	muze'on	מוּזֵיאוֹן (ז)
biblioteca (f)	sifriya	סְפְרִיָּה (נ)

teatro (m)	te'atron	תִּיאַטְרוֹן (ז)
ópera (f)	beit 'opera	בֵּית אוֹפֵּרָה (ז)
clube (m) noturno	mo'adon 'laila	מוֹעֲדוֹן לַיְלָה (ז)
casino (m)	ka'zino	קָזִינוֹ (ז)

mesquita (f)	misgad	מִסְגָד (ז)
sinagoga (f)	beit 'kneset	בֵּית כְּנֶסֶת (ז)
catedral (f)	kated'rala	קָתֶדְרָלָה (נ)
templo (m)	mikdaʃ	מִקְדָּשׁ (ז)
igreja (f)	knesiya	כְּנֵסִיָּה (נ)

instituto (m)	miχlala	מִכְלָלָה (נ)
universidade (f)	uni'versita	אוּנִיבֶּרְסִיטָה (נ)
escola (f)	beit 'sefer	בֵּית סֵפֶר (ז)

prefeitura (f)	maχoz	מָחוֹז (ז)
câmara (f) municipal	iriya	עִירִיָּה (נ)
hotel (m)	beit malon	בֵּית מָלוֹן (ז)
banco (m)	bank	בַּנְק (ז)

embaixada (f)	ʃagrirut	שַׁגְרִירוּת (נ)
agência (f) de viagens	soχnut nesi'ot	סוֹכְנוּת נְסִיעוֹת (נ)
agência (f) de informações	modi'in	מוֹדִיעִין (ז)
casa (f) de câmbio	misrad hamarat mat'be'a	מִשְׂרַד הֲמָרַת מַטְבֵּעַ (ז)

metro (m)	ra'kevet taχtit	רַכֶּבֶת תַּחְתִּית (נ)
hospital (m)	beit χolim	בֵּית חוֹלִים (ז)

posto (m) de gasolina	taχanat 'delek	תַחֲנַת דֶּלֶק (נ)
parque (m) de estacionamento	migraʃ χanaya	מִגְרַשׁ חֲנָיָה (ז)

77. Transportes urbanos

autocarro (m)	'otobus	אוֹטוֹבּוּס (ז)
elétrico (m)	ra'kevet kala	רַכֶּבֶת קַלָּה (נ)
troleicarro (m)	tro'leibus	טְרוֹלֵיבּוּס (ז)
itinerário (m)	maslul	מַסְלוּל (ז)
número (m)	mispar	מִסְפָּר (ז)

ir de … (carro, etc.)	lin'so'a be…	לִנְסוֹעַ בְּ…
entrar (~ no autocarro)	la'alot	לַעֲלוֹת
descer de …	la'redet mi…	לָרֶדֶת מְ…
paragem (f)	taχana	תַחֲנָה (נ)

próxima paragem (f)	hataxana haba'a	הַתַּחֲנָה הַבָּאָה (נ)
ponto (m) final	hataxana ha'axrona	הַתַּחֲנָה הָאַחֲרוֹנָה (נ)
horário (m)	'luax zmanim	לוּחַ זְמַנִּים (ז)
esperar (vt)	lehamtin	לְהַמְתִּין

| bilhete (m) | kartis | כַּרְטִיס (ז) |
| custo (m) do bilhete | mexir hanesiya | מְחִיר הַנְּסִיעָה (ז) |

bilheteiro (m)	kupai	קוּפַּאי (ז)
controlo (m) dos bilhetes	bi'koret kartisim	בִּיקוֹרֶת כַּרְטִיסִים (נ)
revisor (m)	mevaker	מְבַקֵּר (ז)

atrasar-se (vr)	le'axer	לְאַחֵר
perder (o autocarro, etc.)	lefasfes	לְפַסְפֵס
estar com pressa	lemaher	לְמַהֵר

táxi (m)	monit	מוֹנִית (נ)
taxista (m)	nahag monit	נַהַג מוֹנִית (ז)
de táxi (ir ~)	bemonit	בְּמוֹנִית
praça (f) de táxis	taxanat moniyot	תַּחֲנַת מוֹנִיּוֹת (נ)
chamar um táxi	lehazmin monit	לְהַזְמִין מוֹנִית
apanhar um táxi	la'kaxat monit	לָקַחַת מוֹנִית

tráfego (m)	tnu'a	תְּנוּעָה (נ)
engarrafamento (m)	pkak	פְּקַק (ז)
horas (f pl) de ponta	ʃa'ot 'omes	שְׁעוֹת עוֹמֶס (נ"ר)
estacionar (vi)	laxanot	לַחֲנוֹת
estacionar (vt)	lehaxnot	לְהַחֲנוֹת
parque (m) de estacionamento	xanaya	חֲנָיָה (נ)

metro (m)	ra'kevet taxtit	רַכֶּבֶת תַּחְתִּית (נ)
estação (f)	taxana	תַּחֲנָה (נ)
ir de metro	lln'so'a betaxtit	לִנְסוֹעַ בְּתַחְתִּית
comboio (m)	ra'kevet	רַכֶּבֶת (נ)
estação (f)	taxanat ra'kevet	תַּחֲנַת רַכֶּבֶת (נ)

78. Turismo

monumento (m)	an'darta	אַנְדַּרְטָה (נ)
fortaleza (f)	mivtsar	מִבְצָר (ז)
palácio (m)	armon	אַרְמוֹן (ז)
castelo (m)	tira	טִירָה (נ)
torre (f)	migdal	מִגְדָּל (ז)
mausoléu (m)	ma'uzo'le'um	מָאוֹזוֹלְיָאוֹם (ז)

arquitetura (f)	adrixalut	אַדְרִיכָלוּת (נ)
medieval	benaimi	בֵּינַיימִי
antigo	atik	עַתִּיק
nacional	le'umi	לְאוּמִי
conhecido	mefursam	מְפוֹרְסָם

turista (m)	tayar	תַּיָּיר (ז)
guia (pessoa)	madrix tiyulim	מַדְרִיךְ טִיּוּלִים (ז)
excursão (f)	tiyul	טִיּוּל (ז)

mostrar (vt)	lehar'ot	לְהַרְאוֹת
contar (vt)	lesaper	לְסַפֵּר

encontrar (vt)	limtso	לִמְצוֹא
perder-se (vr)	la'leχet le'ibud	לָלֶכֶת לְאִיבּוּד
mapa (~ do metrô)	mapa	מַפָּה (נ)
mapa (~ da cidade)	tarʃim	תַרְשִׁים (ז)

lembrança (f), presente (m)	maz'keret	מַזְכֶּרֶת (נ)
loja (f) de presentes	χanut matanot	חֲנוּת מַתָנוֹת (נ)
fotografar (vt)	letsalem	לְצַלֵם
fotografar-se	lehitstalem	לְהִצְטַלֵם

79. Compras

comprar (vt)	liknot	לִקְנוֹת
compra (f)	kniya	קְנִייָה (נ)
fazer compras	la'leχet lekniyot	לָלֶכֶת לִקְנִיוֹת
compras (f pl)	ariχat kniyot	עֲרִיכַת קְנִיוֹת (נ)

estar aberta (loja, etc.)	pa'tuaχ	פָּתוּחַ
estar fechada	sagur	סָגוּר

calçado (m)	na'a'layim	נַעֲלָיִים (נ"ר)
roupa (f)	bgadim	בְּגָדִים (ז"ר)
cosméticos (m pl)	tamrukim	תַמְרוּקִים (ז"ר)
alimentos (m pl)	mutsrei mazon	מוּצְרֵי מָזוֹן (ז"ר)
presente (m)	matana	מַתָנָה (נ)

vendedor (m)	moχer	מוֹכֵר (ז)
vendedora (f)	mo'χeret	מוֹכֶרֶת (נ)

caixa (f)	kupa	קוּפָּה (נ)
espelho (m)	mar'a	מַרְאָה (נ)
balcão (m)	duχan	דוּכָן (ז)
cabine (f) de provas	'χeder halbaʃa	חֶדֶר הַלבָּשָׁה (ז)

provar (vt)	limdod	לִמְדוֹד
servir (vi)	lehat'im	לְהַתְאִים
gostar (apreciar)	limtso χen be'ei'nayim	לִמְצוֹא חֵן בְּעֵינַיִים

preço (m)	meχir	מְחִיר (ז)
etiqueta (f) de preço	tag meχir	תַג מְחִיר (ז)
custar (vt)	la'alot	לַעֲלוֹת
Quanto?	'kama?	כַּמָה?
desconto (m)	hanaχa	הֲנָחָה (נ)

não caro	lo yakar	לֹא יָקָר
barato	zol	זוֹל
caro	yakar	יָקָר
É caro	ze yakar	זֶה יָקָר

aluguer (m)	haskara	הַשׂכָּרָה (נ)
alugar (vestidos, etc.)	liskor	לִשׂכּוֹר

| crédito (m) | aʃrai | אַשְׁרַאי (ז) |
| a crédito | beʼaʃrai | בְּאַשְׁרַאי |

80. Dinheiro

dinheiro (m)	'kesef	כֶּסֶף (ז)
câmbio (m)	hamara	הֲמָרָה (נ)
taxa (f) de câmbio	'ʃaʽar χalifin	שַׁעַר חֲלִיפִין (ז)
Caixa Multibanco (m)	kaspomat	כַּסְפּוֹמָט (ז)
moeda (f)	mat'beʽa	מַטְבֵּעַ (ז)

| dólar (m) | 'dolar | דּוֹלָר (ז) |
| euro (m) | 'eiro | אֵירוֹ (ז) |

lira (f)	'lira	לִירָה (נ)
marco (m)	mark germani	מַרְק גֶּרְמָנִי (ז)
franco (m)	frank	פְרַנק (ז)
libra (f) esterlina	'lira 'sterling	לִירָה שְׁטֶרְלִינג (נ)
iene (m)	yen	יֵן (ז)

dívida (f)	χov	חוֹב (ז)
devedor (m)	'baʽal χov	בַּעַל חוֹב (ז)
emprestar (vt)	lehalvot	לְהַלְווֹת
pedir emprestado	lilvot	לִלְווֹת

banco (m)	bank	בַּנק (ז)
conta (f)	χeʃbon	חֶשְׁבּוֹן (ז)
depositar (vt)	lehafkid	לְהַפְקִיד
depositar na conta	lehafkid leχeʃbon	לְהַפְקִיד לְחֶשְׁבּוֹן
levantar (vt)	limʃoχ meχeʃbon	לִמְשׁוֹך מֵחֶשְׁבּוֹן

cartão (m) de crédito	kartis aʃrai	כַּרְטִיס אַשְׁרַאי (ז)
dinheiro (m) vivo	mezuman	מְזוּמָן
cheque (m)	tʃek	צֶ'ק (ז)
passar um cheque	liχtov tʃek	לִכְתּוֹב צֶ'ק
livro (m) de cheques	pinkas 'tʃekim	פִּנְקַס צֶ'קִים (ז)

carteira (f)	arnak	אַרְנָק (ז)
porta-moedas (m)	arnak lematbeʼʼot	אַרְנָק לְמַטְבְּעוֹת (ז)
cofre (m)	ka'sefet	כַּסֶּפֶת (נ)

herdeiro (m)	yoreʃ	יוֹרֵשׁ (ז)
herança (f)	yeruʃa	יְרוּשָׁה (נ)
fortuna (riqueza)	'oʃer	עוֹשֶׁר (ז)

arrendamento (m)	χoze sχirut	חוֹזֶה שְׂכִירוּת (ז)
renda (f) de casa	sχar dira	שְׂכַר דִּירָה (ז)
alugar (vt)	liskor	לִשְׂכּוֹר

preço (m)	meχir	מְחִיר (ז)
custo (m)	alut	עָלוּת (נ)
soma (f)	sχum	סְכוּם (ז)
gastar (vt)	lehotsi	לְהוֹצִיא
gastos (m pl)	hotsa'ot	הוֹצָאוֹת (נ"ר)

| economizar (vi) | laχasoχ | לַחֲסוֹך |
| economico | xesχoni | חָסכוֹנִי |

pagar (vt)	leʃalem	לְשַׁלֵם
pagamento (m)	taʃlum	תַשׁלוּם (ז)
troco (m)	'odef	עוֹדֶף (ז)

imposto (m)	mas	מַס (ז)
multa (f)	knas	קנָס (ז)
multar (vt)	liknos	לִקנוֹס

81. Correios. Serviço postal

correios (m pl)	'do'ar	דוֹאַר (ז)
correio (m)	'do'ar	דוֹאַר (ז)
carteiro (m)	davar	דַוָר (ז)
horário (m)	ʃa'ot avoda	שְׁעוֹת עֲבוֹדָה (נ"ר)

carta (f)	miχtav	מִכתָב (ז)
carta (f) registada	miχtav raʃum	מִכתָב רָשׁוּם (ז)
postal (m)	gluya	גלוּיָה (נ)
telegrama (m)	mivrak	מִברָק (ז)
encomenda (f) postal	χavila	חֲבִילָה (נ)
remessa (f) de dinheiro	ha'avarat ksafim	הַעֲבָרַת כּסָפִים (נ)

receber (vt)	lekabel	לְקַבֵּל
enviar (vt)	liʃ'loaχ	לִשׁלוֹחַ
envio (m)	ʃliχa	שׁלִיחָה (נ)

endereço (m)	'ktovet	כּתוֹבֶת (נ)
código (m) postal	mikud	מִיקוּד (ז)
remetente (m)	ʃo'leaχ	שׁוֹלֵחַ (ז)
destinatário (m)	nim'an	נִמעָן (ז)

| nome (m) | ʃem prati | שֵׁם פּרָטִי (ז) |
| apelido (m) | ʃem miʃpaχa | שֵׁם מִשׁפָּחָה (ז) |

tarifa (f)	ta'arif	תַעֲרִיף (ז)
ordinário	ragil	רָגִיל
económico	xesχoni	חָסכוֹנִי

peso (m)	miʃkal	מִשׁקָל (ז)
pesar (estabelecer o peso)	liʃkol	לִשׁקוֹל
envelope (m)	ma'atafa	מַעֲטָפָה (נ)
selo (m)	bul 'do'ar	בּוּל דוֹאַר (ז)
colar o selo	lehadbik bul	לְהַדבִּיק בּוּל

Moradia. Casa. Lar

82. Casa. Habitação

casa (f)	'bayit	בַּיִת (ז)
em casa	ba'bayit	בַּבַּיִת
pátio (m)	χatser	חָצֵר (ז)
cerca (f)	gader	גָּדֵר (ז)

tijolo (m)	levena	לְבֵנָה (ז)
de tijolos	milevenim	מִלְבֵנִים
pedra (f)	'even	אֶבֶן (ז)
de pedra	me''even	מֵאֶבֶן
betão (m)	beton	בֶּטוֹן (ז)
de betão	mibeton	מִבֶּטוֹן

novo	χadaʃ	חָדָשׁ
velho	yaʃan	יָשָׁן
decrépito	balui	בָּלוּי
moderno	mo'derni	מוֹדֶרְנִי
de muitos andares	rav komot	רַב־קוֹמוֹת
alto	ga'voha	גָּבוֹהַּ

andar (m)	'koma	קוֹמָה (ז)
de um andar	χad komati	חַד־קוֹמָתִי

andar (m) de baixo	komat 'karka	קוֹמַת קַרְקַע (ז)
andar (m) do cima	hakoma ha'elyona	הַקּוֹמָה הָעֶלְיוֹנָה (ז)

telhado (m)	gag	גַּג (ז)
chaminé (f)	aruba	אֲרוּבָּה (ז)

telha (f)	'ra‘af	רַעַף (ז)
de telha	mere‘afim	מֵרְעָפִים
sótão (m)	aliyat gag	עֲלִיַּת גַּג (ז)

janela (f)	χalon	חַלּוֹן (ז)
vidro (m)	zχuχit	זְכוּכִית (ז)

parapeito (m)	'eden χalon	אֶדֶן חַלּוֹן (ז)
portadas (f pl)	trisim	תְּרִיסִים (ז"ר)

parede (f)	kir	קִיר (ז)
varanda (f)	mir'peset	מִרְפֶּסֶת (ז)
tubo (m) de queda	marzev	מַרְזֵב (ז)

em cima	le'mala	לְמַעְלָה
subir (~ as escadas)	la‘alot bemadregot	לַעֲלוֹת בְּמַדְרֵגוֹת
descer (vi)	la'redet bemadregot	לָרֶדֶת בְּמַדְרֵגוֹת
mudar-se (vr)	la'avor	לַעֲבוֹר

83. Casa. Entrada. Elevador

entrada (f)	knisa	כְּנִיסָה (נ)
escada (f)	madregot	מַדְרֵגוֹת (נ"ר)
degraus (m pl)	madregot	מַדְרֵגוֹת (נ"ר)
corrimão (m)	ma'ake	מַעֲקֶה (ז)
hall (m) de entrada	'lobi	לוֹבִּי (ז)

caixa (f) de correio	teivat 'do'ar	תֵּיבַת דּוֹאַר (נ)
caixote (m) do lixo	paχ 'zevel	פַּח זֶבֶל (ז)
conduta (f) do lixo	merik aʃpa	מְרִיק אַשְׁפָּה (ז)

elevador (m)	ma'alit	מַעֲלִית (נ)
elevador (m) de carga	ma'alit masa	מַעֲלִית מַשָׂא (נ)
cabine (f)	ta ma'alit	תָּא מַעֲלִית (ז)
pegar o elevador	lin'so'a bema'alit	לִנְסוֹעַ בְּמַעֲלִית

apartamento (m)	dira	דִּירָה (נ)
moradores (m pl)	dayarim	דַּיָּירִים (ז"ר)
vizinho (m)	ʃaχen	שָׁכֵן (ז)
vizinha (f)	ʃχena	שְׁכֵנָה (נ)
vizinhos (pl)	ʃχenim	שְׁכֵנִים (ז"ר)

84. Casa. Portas. Fechaduras

porta (f)	'delet	דֶּלֶת (נ)
portão (m)	'ʃa'ar	שַׁעַר (ז)
maçaneta (f)	yadit	יָדִית (נ)
destrancar (vt)	lif'toaχ	לִפְתּוֹחַ
abrir (vt)	lif'toaχ	לִפְתּוֹחַ
fechar (vt)	lisgor	לִסְגּוֹר

chave (f)	maf'teaχ	מַפְתֵּחַ (ז)
molho (m)	tsror mafteχot	צְרוֹר מַפְתְּחוֹת (ז)
ranger (vi)	laχarok	לַחֲרוֹק
rangido (m)	χarika	חֲרִיקָה (נ)
dobradiça (f)	tsir	צִיר (ז)
tapete (m) de entrada	ʃtiχon	שְׁטִיחוֹן (ז)

fechadura (f)	man'ul	מַנְעוּל (ז)
buraco (m) da fechadura	χor haman'ul	חוֹר הַמַּנְעוּל (ז)
ferrolho (m)	'briaχ	בְּרִיחַ (ז)
fecho (ferrolho pequeno)	'briaχ	בְּרִיחַ (ז)
cadeado (m)	man'ul	מַנְעוּל (ז)

tocar (vt)	letsaltsel	לְצַלְצֵל
toque (m)	tsiltsul	צִלְצוּל (ז)
campainha (f)	pa'amon	פַּעֲמוֹן (ז)
botão (m)	kaftor	כַּפְתּוֹר (ז)
batida (f)	hakaʃa	הַקָּשָׁה (נ)
bater (vi)	lehakiʃ	לְהַקִּישׁ
código (m)	kod	קוֹד (ז)
fechadura (f) de código	man'ul kod	מַנְעוּל קוֹד (ז)

telefone (m) de porta	'interkom	אִינְטֶרְקוֹם (ז)
número (m)	mispar	מִסְפָּר (ז)
placa (f) de porta	luxit	לוּחִית (נ)
vigia (f), olho (m) mágico	einit	עֵינִית (נ)

85. Casa de campo

| aldeia (f) | kfar | כְּפָר (ז) |
| horta (f) | gan yarak | גַּן יָרָק (ז) |

cerca (f)	gader	גָּדֵר (נ)
paliçada (f)	gader yetedot	גָּדֵר יְתֵדוֹת (נ)
cancela (f) do jardim	piʃpaʃ	פִּשְׁפָּשׁ (ז)

celeiro (m)	asam	אָסָם (ז)
adega (f)	martef	מַרְתֵּף (ז)
galpão, barracão (m)	maxsan	מַחְסָן (ז)
poço (m)	be'er	בְּאֵר (נ)

| fogão (m) | ax | אָח (נ) |
| atiçar o fogo | lehasik et ha'ax | לְהַסִּיק אֶת הָאָח |

| lenha (carvão ou ~) | atsei hasaka | עֲצֵי הַסָּקָה (ז"ר) |
| acha (lenha) | bul ets | בּוּל עֵץ (ז) |

varanda (f)	mir'peset mekora	מִרְפֶּסֶת מְקוֹרָה (נ)
alpendre (m)	mir'peset	מִרְפֶּסֶת (נ)
degraus (m pl) de entrada	madregot ba'petax 'bayit	מַדְרֵגוֹת בְּפֶתַח בַּיִת (נ"ר)
balouço (m)	nadneda	נַדְנֵדָה (נ)

86. Castelo. Palácio

castelo (m)	tira	טִירָה (נ)
palácio (m)	armon	אַרְמוֹן (ז)
fortaleza (f)	mivtsar	מִבְצָר (ז)

muralha (f)	xoma	חוֹמָה (נ)
torre (f)	migdal	מִגְדָּל (ז)
calabouço (m)	migdal merkazi	מִגְדָּל מֶרְכָּזִי (ז)

grade (f) levadiça	'ʃa'ar anaxi	שַׁעַר אֲנָכִי (ז)
passagem (f) subterrânea	ma'avar tat karka'i	מַעֲבָר תַּת־קַרְקָעִי (ז)
fosso (m)	xafir	חָפִיר (ז)

| corrente, cadeia (f) | ʃal'ʃelet | שַׁלְשֶׁלֶת (נ) |
| seteira (f) | eʃnav 'yeri | אֶשְׁנָב יֶרִי (ז) |

| magnífico | mefo'ar | מְפוֹאָר |
| majestoso | malxuti | מַלְכוּתִי |

| inexpugnável | 'bilti xadir | בִּלְתִּי חָדִיר |
| medieval | benaimi | בֵּינַיְמִי |

87. Apartamento

apartamento (m)	dira	דִּירָה (נ)
quarto (m)	'xeder	חֶדֶר (ז)
quarto (m) de dormir	xadar ʃena	חֲדַר שֵׁינָה (ז)
sala (f) de jantar	pinat 'oxel	פִּינַת אוֹכֶל (נ)
sala (f) de estar	salon	סָלוֹן (ז)
escritório (m)	xadar avoda	חֲדַר עֲבוֹדָה (ז)

antessala (f)	prozdor	פְּרוֹזְדוֹר (ז)
quarto (m) de banho	xadar am'batya	חֲדַר אַמְבַּטְיָה (ז)
toilette (lavabo)	ʃerutim	שֵׁירוּתִים (ז"ר)

teto (m)	tikra	תִּקְרָה (נ)
chão, soalho (m)	ritspa	רִצְפָּה (נ)
canto (m)	pina	פִּינָה (נ)

88. Apartamento. Limpeza

arrumar, limpar (vt)	lenakot	לְנַקּוֹת
guardar (no armário, etc.)	lefanot	לְפַנּוֹת
pó (m)	avak	אָבָק (ז)
empoeirado	me'ubak	מְאוּבָּק
limpar o pó	lenakot avak	לְנַקּוֹת אָבָק
aspirador (m)	ʃo'ev avak	שׁוֹאֵב אָבָק (ז)
aspirar (vt)	liʃov avak	לִשְׁאוֹב אָבָק

varrer (vt)	letate	לְטַאטֵא
sujeira (f)	'psolet ti'tu	פְּסוֹלֶת טָאטוּא (נ)
arrumação (f), ordem (f)	'seder	סֵדֶר (ז)
desordem (f)	i 'seder	אִי סֵדֶר (ז)

esfregão (m)	magev im smartut	מַגֵּב עִם סְמַרְטוּט (ז)
pano (m), trapo (m)	smartut avak	סְמַרְטוּט אָבָק (ז)
vassoura (f)	mat'ate katan	מַטְאֲטֵא קָטָן (ז)
pá (f) de lixo	ya'e	יָעֶה (ז)

89. Mobiliário. Interior

mobiliário (m)	rehitim	רָהִיטִים (ז"ר)
mesa (f)	ʃulxan	שׁוּלְחָן (ז)
cadeira (f)	kise	כִּסֵּא (ז)
cama (f)	mita	מִיטָה (נ)
divã (m)	sapa	סַפָּה (נ)
cadeirão (m)	kursa	כּוּרְסָה (נ)

estante (f)	aron sfarim	אֲרוֹן סְפָרִים (ז)
prateleira (f)	madaf	מַדָּף (ז)

guarda-vestidos (m)	aron bgadim	אֲרוֹן בְּגָדִים (ז)
cabide (m) de parede	mitle	מִתְלֶה (ז)

cabide (m) de pé	mitle	מִתְלֶה (ז)
cómoda (f)	ʃida	שִׁידָה (נ)
mesinha (f) de centro	ʃulχan itonim	שׁוּלְחָן עִיתּוֹנִים (ז)

espelho (m)	mar'a	מַרְאָה (נ)
tapete (m)	ʃa'tiaχ	שָׁטִיחַ (ז)
tapete (m) pequeno	ʃa'tiaχ	שָׁטִיחַ (ז)

lareira (f)	aχ	אָח (נ)
vela (f)	ner	נֵר (ז)
castiçal (m)	pamot	פָּמוֹט (ז)

cortinas (f pl)	vilonot	וִילוֹנוֹת (ז"ר)
papel (m) de parede	tapet	טַפֶּט (ז)
estores (f pl)	trisim	תְּרִיסִים (ז"ר)

candeeiro (m) de mesa	menorat ʃulχan	מְנוֹרַת שׁוּלְחָן (נ)
candeeiro (m) de parede	menorat kir	מְנוֹרַת קִיר (נ)
candeeiro (m) de pé	menora o'medet	מְנוֹרָה עוֹמֶדֶת (נ)
lustre (m)	niv'reʃet	נִבְרֶשֶׁת (נ)

pé (de mesa, etc.)	'regel	רֶגֶל (נ)
braço (m)	miʃ'enet yad	מִשְׁעֶנֶת יָד (נ)
costas (f pl)	miʃ'enet	מִשְׁעֶנֶת (נ)
gaveta (f)	megera	מְגֵירָה (נ)

90. Quarto de dormir

roupa (f) de cama	matsa'im	מַצָּעִים (ז"ר)
almofada (f)	karit	כָּרִית (נ)
fronha (f)	tsipit	צִיפִּית (נ)
cobertor (m)	smiχa	שְׂמִיכָה (נ)
lençol (m)	sadin	סָדִין (ז)
colcha (f)	kisui mita	כִּיסּוּי מִיטָה (ז)

91. Cozinha

cozinha (f)	mitbaχ	מִטְבָּח (ז)
gás (m)	gaz	גָּז (ז)
fogão (m) a gás	tanur gaz	תַּנּוּר גָּז (ז)
fogão (m) elétrico	tanur χaʃmali	תַּנּוּר חַשְׁמַלִי (ז)
forno (m)	tanur afiya	תַּנּוּר אֲפִייָה (ז)
forno (m) de micro-ondas	mikrogal	מִיקְרוֹגַל (ז)

frigorífico (m)	mekarer	מְקָרֵר (ז)
congelador (m)	makpi	מַקְפִּיא (ז)
máquina (f) de lavar louça	me'diaχ kelim	מֵדִיחַ כֵּלִים (ז)

moedor (m) de carne	matχenat basar	מַטְחֲנַת בָּשָׂר (נ)
espremedor (m)	masχeta	מַסְחֵטָה (נ)
torradeira (f)	'toster	טוֹסְטֶר (ז)
batedeira (f)	'mikser	מִיקְסֶר (ז)

máquina (f) de café	meχonat kafe	מְכוֹנַת קָפֶה (נ)
cafeteira (f)	findʒan	פִינְגַ'אן (ז)
moinho (m) de café	matχenat kafe	מַטְחֲנַת קָפֶה (נ)

chaleira (f)	kumkum	קוּמְקוּם (ז)
bule (m)	kumkum	קוּמְקוּם (ז)
tampa (f)	miχse	מִכְסֶה (ז)
coador (m) de chá	mis'nenet te	מְסַנֶּנֶת תֶּה (נ)

colher (f)	kaf	כַּף (נ)
colher (f) de chá	kapit	כַּפִּית (נ)
colher (f) de sopa	kaf	כַּף (נ)
garfo (m)	mazleg	מַזְלֵג (ז)
faca (f)	sakin	סַכִּין (ז, נ)

louça (f)	kelim	כֵּלִים (ז"ר)
prato (m)	tsa'laχat	צַלַּחַת (נ)
pires (m)	taχtit	תַּחְתִּית (נ)

cálice (m)	kosit	כּוֹסִית (נ)
copo (m)	kos	כּוֹס (נ)
chávena (f)	'sefel	סֵפֶל (ז)

açucareiro (m)	mis'keret	מִסְכֶּרֶת (נ)
saleiro (m)	milχiya	מִלְחִיָּה (נ)
pimenteiro (m)	pilpeliya	פִּלְפְּלִיָּה (נ)
manteigueira (f)	maχame'a	מַחְמֵאָה (ז)

panela, caçarola (f)	sir	סִיר (ז)
frigideira (f)	maχvat	מַחְבַת (נ)
concha (f)	tarvad	תַּרְוָד (ז)
passador (m)	mis'nenet	מְסַנֶּנֶת (נ)
bandeja (f)	magaʃ	מַגָּשׁ (ז)

garrafa (f)	bakbuk	בַּקְבּוּק (ז)
boião (m) de vidro	tsin'tsenet	צִנְצֶנֶת (נ)
lata (f)	paχit	פַּחִית (נ)

abre-garrafas (m)	potχan bakbukim	פּוֹתְחָן בַּקְבּוּקִים (ז)
abre-latas (m)	potχan kufsa'ot	פּוֹתְחָן קוּפְסָאוֹת (ז)
saca-rolhas (m)	maχlets	מַחְלֵץ (ז)
filtro (m)	'filter	פִילְטֵר (ז)
filtrar (vt)	lesanen	לְסַנֵּן

lixo (m)	'zevel	זֶבֶל (ז)
balde (m) do lixo	paχ 'zevel	פַּח זֶבֶל (ז)

92. Casa de banho

quarto (m) de banho	χadar am'batya	חֲדַר אַמְבַּטְיָה (ז)
água (f)	'mayim	מַיִם (ז"ר)
torneira (f)	'berez	בֶּרֶז (ז)
água (f) quente	'mayim χamim	מַיִם חַמִּים (ז"ר)
água (f) fria	'mayim karim	מַיִם קָרִים (ז"ר)

pasta (f) de dentes	miʃχat ʃi'nayim	מִשְׁחַת שִׁנַּיִים (ג)
escovar os dentes	letsaχ'tseaχ ʃi'nayim	לְצַחְצֵחַ שִׁנַּיִים
escova (f) de dentes	miv'reʃet ʃi'nayim	מִבְרֶשֶׁת שִׁנַּיִים (ג)

barbear-se (vr)	lehitga'leaχ	לְהִתְגַּלֵּחַ
espuma (f) de barbear	'ketsef gi'luaχ	קֶצֶף גִּילּוּחַ (ז)
máquina (f) de barbear	'ta‘ar	תַּעַר (ז)

lavar (vt)	liʃtof	לִשְׁטוֹף
lavar-se (vr)	lehitraχets	לְהִתְרַחֵץ
duche (m)	mik'laχat	מִקְלַחַת (ג)
tomar um duche	lehitka'leaχ	לְהִתְקַלֵּחַ

banheira (f)	am'batya	אַמְבַּטְיָה (ג)
sanita (f)	asla	אַסְלָה (ג)
lavatório (m)	kiyor	כִּיּוֹר (ז)

| sabonete (m) | sabon | סַבּוֹן (ז) |
| saboneteira (f) | saboniya | סַבּוֹנִיָּיה (ג) |

esponja (f)	sfog 'lifa	סְפוֹג לִיפָה (ז)
champô (m)	ʃampu	שַׁמְפּוּ (ז)
toalha (f)	ma'gevet	מַגֶּבֶת (ג)
roupão (m) de banho	χaluk raχatsa	חָלוּק רַחְצָה (ז)

lavagem (f)	kvisa	כְּבִיסָה (ג)
máquina (f) de lavar	meχonat kvisa	מְכוֹנַת כְּבִיסָה (ג)
lavar a roupa	leχabes	לְכַבֵּס
detergente (m)	avkat kvisa	אַבְקַת כְּבִיסָה (ג)

93. Eletrodomésticos

televisor (m)	tele'vizya	טֶלֶוִויזְיָה (ג)
gravador (m)	teip	טֵייפּ (ז)
videogravador (m)	maχʃir 'vide'o	מַכְשִׁיר וִידֵאוֹ (ז)
rádio (m)	'radyo	רַדְיוֹ (ז)
leitor (m)	nagan	נַגָּן (ז)

projetor (m)	makren	מַקְרֵן (ז)
cinema (m) em casa	kol'no‘a beiti	קוֹלְנוֹעַ בֵּיתִי (ז)
leitor (m) de DVD	nagan dividi	נַגָּן DVD (ז)
amplificador (m)	magber	מַגְבֵּר (ז)
console (f) de jogos	maχʃir plei'steiʃen	מַכְשִׁיר פְּלֵייסְטֵיישֶׁן (ז)

câmara (f) de vídeo	matslemat 'vide'o	מַצְלֵמַת וִידֵאוֹ (ג)
máquina (f) fotográfica	matslema	מַצְלֵמָה (ג)
câmara (f) digital	matslema digi'talit	מַצְלֵמָה דִּיגִיטָלִית (ג)

aspirador (m)	ʃo'ev avak	שׁוֹאֵב אָבָק (ז)
ferro (m) de engomar	maghets	מַגְהֵץ (ז)
tábua (f) de engomar	'kereʃ gihuts	קֶרֶשׁ גִּיהוּץ (ז)

| telefone (m) | 'telefon | טֶלֶפוֹן (ז) |
| telemóvel (m) | 'telefon nayad | טֶלֶפוֹן נַיָּיד (ז) |

máquina (f) de escrever	meχonat ktiva	מְכוֹנַת כְּתִיבָה (נ)
máquina (f) de costura	meχonat tfira	מְכוֹנַת תְּפִירָה (נ)
microfone (m)	mikrofon	מִיקְרוֹפוֹן (ז)
auscultadores (m pl)	ozniyot	אוֹזְנִיוֹת (נ"ר)
controlo remoto (m)	'ʃelet	שֶׁלֶט (ז)
CD (m)	taklitor	תַּקְלִיטוֹר (ז)
cassete (f)	ka'letet	קַלֶּטֶת (נ)
disco (m) de vinil	taklit	תַּקְלִיט (ז)

94. Reparações. Renovação

renovação (f)	ʃiputs	שִׁיפּוּץ (ז)
renovar (vt), fazer obras	leʃapets	לְשַׁפֵּץ
reparar (vt)	letaken	לְתַקֵּן
consertar (vt)	lesader	לְסַדֵּר
refazer (vt)	laʿasot meχadaʃ	לַעֲשׂוֹת מֵחָדָשׁ
tinta (f)	'tseva	צֶבַע (ז)
pintar (vt)	lits'bo'a	לִצְבּוֹעַ
pintor (m)	tsaba'i	צַבָּעִי (ז)
pincel (m)	mikχol	מִכְחוֹל (ז)
cal (f)	sid	סִיד (ז)
caiar (vt)	lesayed	לְסַיֵּד
papel (m) de parede	tapet	טַפֵּט (ז)
colocar papel de parede	lehadbik ta'petim	לְהַדְבִּיק טַפֵּטִים
verniz (m)	'laka	לַכָּה (נ)
envernizar (vt)	lim'roaχ 'laka	לִמְרוֹחַ לַכָּה

95. Canalizações

água (f)	'mayim	מַיִם (ז"ר)
água (f) quente	'mayim χamim	מַיִם חָמִים (ז"ר)
água (f) fria	'mayim karim	מַיִם קָרִים (ז"ר)
torneira (f)	'berez	בֶּרֶז (ז)
gota (f)	tipa	טִיפָּה (נ)
gotejar (vi)	letaftef	לְטַפְטֵף
vazar (vt)	lidlof	לִדְלוֹף
vazamento (m)	dlifa	דְּלִיפָה (נ)
poça (f)	ʃlulit	שְׁלוּלִית (נ)
tubo (m)	tsinor	צִינוֹר (ז)
válvula (f)	'berez	בֶּרֶז (ז)
entupir-se (vr)	lehisatem	לְהִיסָתֵם
ferramentas (f pl)	klei avoda	כְּלֵי עֲבוֹדָה (ז"ר)
chave (f) inglesa	maf'teaχ mitkavnen	מַפְתֵּחַ מִתְכַּוֵּונֵן (ז)
desenroscar (vt)	lif'toaχ	לִפְתוֹחַ

enroscar (vt)	lehavrig	לְהַבְרִיג
desentupir (vt)	lif'toaχ et hastima	לִפְתּוֹחַ אֶת הַסְּתִימָה
canalizador (m)	ʃravrav	שַׁרְבְרַב (ז)
cave (f)	martef	מַרְתֵּף (ז)
sistema (m) de esgotos	biyuv	בִּיוּב (ז)

96. Fogo. Deflagração

incêndio (m)	srefa	שְׂרֵיפָה (נ)
chama (f)	lehava	לֶהָבָה (נ)
faísca (f)	nitsots	נִיצוֹץ (ז)
fumo (m)	aʃan	עָשָׁן (ז)
tocha (f)	lapid	לַפִּיד (ז)
fogueira (f)	medura	מְדוּרָה (נ)

gasolina (f)	'delek	דֶּלֶק (ז)
querosene (m)	kerosin	קֵרוֹסִין (ז)
inflamável	dalik	דָּלִיק
explosivo	nafits	נָפִיץ
PROIBIDO FUMAR!	asur le'aʃen!	אָסוּר לְעַשֵׁן!

segurança (f)	betiχut	בְּטִיחוּת (נ)
perigo (m)	sakana	סַכָּנָה (נ)
perigoso	mesukan	מְסוּכָּן

incendiar-se (vr)	lehidalek	לְהִידָלֵק
explosão (f)	pitsuts	פִּיצוּץ (ז)
incendiar (vt)	lehatsit	לְהַצִּית
incendiário (m)	matsit	מַצִּית (ז)
incêndio (m) criminoso	hatsata	הַצָּתָה (נ)

arder (vi)	liv'or	לִבְעוֹר
queimar (vi)	la'alot be'eʃ	לַעֲלוֹת בָּאֵשׁ
queimar tudo (vi)	lehisaref	לְהִישָׂרֵף

chamar os bombeiros	lehazmin meχabei eʃ	לְהַזְמִין מְכַבֵּי אֵשׁ
bombeiro (m)	kabai	כַּבַּאי (ז)
carro (m) de bombeiros	'reχev kibui	רֶכֶב כִּיבּוּי (ז)
corpo (m) de bombeiros	meχabei eʃ	מְכַבֵּי אֵשׁ (ז"ר)
escada (f) extensível	sulam kaba'im	סוּלַם כַּבָּאִים (ז)

mangueira (f)	zarnuk	זַרְנוּק (ז)
extintor (m)	mataf	מַטָּף (ז)
capacete (m)	kasda	קַסְדָּה (נ)
sirene (f)	tsofar	צוֹפָר (ז)

gritar (vi)	lits'ok	לִצְעוֹק
chamar por socorro	likro le'ezra	לִקְרוֹא לְעֶזְרָה
salvador (m)	matsil	מַצִּיל (ז)
salvar, resgatar (vt)	lehatsil	לְהַצִּיל

chegar (vi)	leha'gi'a	לְהַגִּיעַ
apagar (vt)	leχabot	לְכַבּוֹת
água (f)	'mayim	מַיִם (ז"ר)

areia (f)	χol	חוֹל (ז)
ruínas (f pl)	χoravot	חוֹרָבוֹת (נ"ר)
ruir (vi)	likros	לִקְרוֹס
desmoronar (vi)	likros	לִקְרוֹס
desabar (vi)	lehitmotet	לְהִתְמוֹטֵט
fragmento (m)	pisat χoravot	פִּיסַת חוֹרָבוֹת (נ)
cinza (f)	'efer	אֵפֶר (ז)
sufocar (vi)	lehiχanek	לְהֵיחָנֵק
perecer (vi)	lehihareg	לְהֵיהָרֵג

ATIVIDADES HUMANAS

Emprego. Negócios. Parte 1

97. Banca

| banco (m) | bank | בַּנק (ז) |
| sucursal, balcão (f) | snif | סָנִיף (ז) |

| consultor (m) | yo'ets | יוֹעֵץ (ז) |
| gerente (m) | menahel | מְנַהֵל (ז) |

conta (f)	xeʃbon	חֶשׁבּוֹן (ז)
número (m) da conta	mispar xeʃbon	מִסְפַּר חֶשׁבּוֹן (ז)
conta (f) corrente	xeʃbon over vaʃav	חֶשׁבּוֹן עוֹבֵר וָשָׁב (ז)
conta (f) poupança	xeʃbon xisaxon	חֶשׁבּוֹן חִסָּכוֹן (ז)

abrir uma conta	lif'toax xeʃbon	לִפְתּוֹחַ חֶשׁבּוֹן
fechar uma conta	lisgor xeʃbon	לִסְגּוֹר חֶשׁבּוֹן
depositar na conta	lehafkid lexeʃbon	לְהַפְקִיד לְחֶשׁבּוֹן
levantar (vt)	limʃox mexeʃbon	לִמְשׁוֹךְ מֵחֶשׁבּוֹן

depósito (m)	pikadon	פִּיקָדוֹן (ז)
fazer um depósito	lehafkid	לְהַפְקִיד
transferência (f) bancária	ha'avara banka'it	הַעֲבָרָה בַּנְקָאִית (נ)
transferir (vt)	leha'avir 'kesef	לְהַעֲבִיר כֶּסֶף

| soma (f) | sxum | סְכוּם (ז) |
| Quanto? | 'kama? | כַּמָה? |

| assinatura (f) | xatima | חֲתִימָה (נ) |
| assinar (vt) | laxtom | לַחְתּוֹם |

| cartão (m) de crédito | kartis aʃrai | כַּרְטִיס אַשְׁרַאי (ז) |
| código (m) | kod | קוֹד (ז) |

| número (m) do cartão de crédito | mispar kartis aʃrai | מִסְפַּר כַּרְטִיס אַשְׁרַאי (ז) |
| Caixa Multibanco (m) | kaspomat | כַּסְפּוֹמָט (ז) |

cheque (m)	tʃek	צֶ'ק (ז)
passar um cheque	lixtov tʃek	לִכְתּוֹב צֶ'ק
livro (m) de cheques	pinkas 'tʃekim	פִּנְקַס צֶ'קִים (ז)

empréstimo (m)	halva'a	הַלְוָאָה (נ)
pedir um empréstimo	levakeʃ halva'a	לְבַקֵשׁ הַלְוָאָה
obter um empréstimo	lekabel halva'a	לְקַבֵּל הַלְוָאָה
conceder um empréstimo	lehalvot	לְהַלְווֹת
garantia (f)	arvut	עַרְבוּת (נ)

98. Telefone. Conversação telefónica

telefone (m)	'telefon	טֶלֶפוֹן (ז)
telemóvel (m)	'telefon nayad	טֶלֶפוֹן נַיָּיד (ז)
secretária (f) electrónica	meʃivon	מְשִׁיבוֹן (ז)
fazer uma chamada	letsaltsel	לְצַלְצֵל
chamada (f)	siχat 'telefon	שִׂיחַת טֶלֶפוֹן (נ)
marcar um número	leχayeg mispar	לְחַיֵּג מִסְפָּר
Alô!	'halo!	הָלוֹ!
perguntar (vt)	liʃ'ol	לִשְׁאוֹל
responder (vt)	la'anot	לַעֲנוֹת
ouvir (vt)	liʃ'mo'a	לִשְׁמוֹעַ
bem	tov	טוֹב
mal	lo tov	לֹא טוֹב
ruído (m)	hafra'ot	הַפְרָעוֹת (נ"ר)
auscultador (m)	ʃfo'feret	שְׁפוֹפֶרֶת (נ)
pegar o telefone	leharim ʃfo'feret	לְהָרִים שְׁפוֹפֶרֶת
desligar (vi)	leha'niaχ ʃfo'feret	לְהָנִיחַ שְׁפוֹפֶרֶת
ocupado	tafus	תָּפוּס
tocar (vi)	letsaltsel	לְצַלְצֵל
lista (f) telefónica	'sefer tele'fonim	סֵפֶר טֶלֶפוֹנִים (ז)
local	mekomi	מְקוֹמִי
chamada (f) local	siχa mekomit	שִׂיחָה מְקוֹמִית (נ)
de longa distância	bein ironi	בֵּין עִירוֹנִי
chamada (f) de longa distância	siχa bein ironit	שִׂיחָה בֵּין עִירוֹנִית (נ)
internacional	benle'umi	בֵּינְלְאוּמִי
chamada (f) internacional	siχa benle'umit	שִׂיחָה בֵּינְלְאוּמִית (נ)

99. Telefone móvel

telemóvel (m)	'telefon nayad	טֶלֶפוֹן נַיָּיד (ז)
ecrã (m)	masaχ	מָסָךְ (ז)
botão (m)	kaftor	כַּפְתּוֹר (ז)
cartão SIM (m)	kartis sim	כַּרְטִיס סִים (ז)
bateria (f)	solela	סוֹלְלָה (נ)
descarregar-se	lehitroken	לְהִתְרוֹקֵן
carregador (m)	mit'an	מִטְעָן (ז)
menu (m)	tafrit	תַּפְרִיט (ז)
definições (f pl)	hagdarot	הַגְדָּרוֹת (נ"ר)
melodia (f)	mangina	מַנְגִּינָה (נ)
escolher (vt)	livχor	לִבְחוֹר
calculadora (f)	maχʃevon	מַחְשְׁבוֹן (ז)
correio (m) de voz	ta koli	תָּא קוֹלִי (ז)

| despertador (m) | ʃa'on me'orer | שָׁעוֹן מְעוֹרֵר (ז) |
| contatos (m pl) | anʃei 'keʃer | אַנְשֵׁי קֶשֶׁר (ז"ר) |

| mensagem (f) de texto | misron | מִסְרוֹן (ז) |
| assinante (m) | manui | מָנוּי (ז) |

100. Estacionário

| caneta (f) | et kaduri | עֵט כַּדּוּרִי (ז) |
| caneta (f) tinteiro | et no've'a | עֵט נוֹבֵעַ (ז) |

lápis (m)	iparon	עִפָּרוֹן (ז)
marcador (m)	'marker	מַרְקֵר (ז)
caneta (f) de feltro	tuʃ	טוּשׁ (ז)

| bloco (m) de notas | pinkas | פִּנְקָס (ז) |
| agenda (f) | yoman | יוֹמָן (ז) |

régua (f)	sargel	סַרְגֵּל (ז)
calculadora (f)	maxʃevon	מַחְשְׁבוֹן (ז)
borracha (f)	'maxak	מַחַק (ז)
pionés (m)	'na'ats	נַעַץ (ז)
clipe (m)	mehadek	מְהַדֵּק (ז)

cola (f)	'devek	דֶּבֶק (ז)
agrafador (m)	ʃadxan	שַׁדְכָן (ז)
furador (m)	menakev	מְנַקֵּב (ז)
afia-lápis (m)	maxded	מַחְדֵּד (ז)

Emprego. Negócios. Parte 2

101. Media

jornal (m)	iton	עִיתוֹן (ז)
revista (f)	ʒurnal	זׁ'וּרְנָל (ז)
imprensa (f)	itonut	עִיתוֹנוּת (נ)
rádio (m)	'radyo	רָדִיוֹ (ז)
estação (f) de rádio	taχanat 'radyo	תַחֲנַת רָדִיוֹ (נ)
televisão (f)	tele'vizya	טֶלֶוִוִיזְיָה (נ)
apresentador (m)	manχe	מַנְחֶה (ז)
locutor (m)	karyan	קַרְיָן (ז)
comentador (m)	parʃan	פַּרְשָׁן (ז)
jornalista (m)	itonai	עִיתוֹנָאי (ז)
correspondente (m)	katav	כַּתָּב (ז)
repórter (m) fotográfico	tsalam itonut	צַלָם עִיתוֹנוּת (ז)
repórter (m)	katav	כַּתָּב (ז)
redator (m)	oreχ	עוֹרֵך (ז)
redator-chefe (m)	oreχ raʃi	עוֹרֵךְ רָאשִׁי (ז)
assinar a ...	lehasdir manui	לְהַסְדִּיר מָנוּי
assinatura (f)	minui	מָנוּי (ז)
assinante (m)	manui	מָנוּי (ז)
ler (vt)	likro	לִקְרוֹא
leitor (m)	kore	קוֹרֵא (ז)
tiragem (f)	tfutsa	תְּפוּצָה (נ)
mensal	χodʃi	חוֹדְשִׁי
semanal	ʃvu'i	שְׁבוּעִי
número (jornal, revista)	gilayon	גִּילָיוֹן (ז)
recente	tari	טָרִי
manchete (f)	ko'teret	כּוֹתֶרֶת (נ)
pequeno artigo (m)	katava ktsara	כַּתָּבָה קְצָרָה (נ)
coluna (~ semanal)	tur	טוּר (ז)
artigo (m)	ma'amar	מַאֲמָר (ז)
página (f)	amud	עַמוּד (ז)
reportagem (f)	katava	כַּתָּבָה (נ)
evento (m)	ei'ru'a	אֵירוּעַ (ז)
sensação (f)	sen'satsya	סֶנְסַצְיָה (נ)
escândalo (m)	ʃa'aruriya	שַׁעֲרוּרִיָּה (נ)
escandaloso	meviʃ	מֵבִישׁ
grande	gadol	גָּדוֹל
programa (m) de TV	toχnit	תוֹכְנִית (נ)
entrevista (f)	ra'ayon	רַאֲיוֹן (ז)

| transmissão (f) em direto | ʃidur χai | שִׁידוּר חַי (ז) |
| canal (m) | aruts | עָרוּץ (ז) |

102. Agricultura

agricultura (f)	χakla'ut	חַקְלָאוּת (נ)
camponês (m)	ikar	אִיכָּר (ז)
camponesa (f)	χakla'ut	חַקְלָאִית (נ)
agricultor (m)	χavai	חַוַּאי (ז)

| trator (m) | 'traktor | טְרַקְטוֹר (ז) |
| ceifeira-debulhadora (f) | kombain | קוֹמְבַּיְין (ז) |

arado (m)	maχreʃa	מַחֲרֵשָׁה (נ)
arar (vt)	laχaroʃ	לַחֲרוֹשׁ
campo (m) lavrado	sade χaruʃ	שָׂדֶה חָרוּשׁ (ז)
rego (m)	'telem	תֶּלֶם (ז)

semear (vt)	liz'ro'a	לִזְרוֹעַ
semeadora (f)	mazre'a	מַזְרֵעָה (נ)
semeadura (f)	zri'a	זְרִיעָה (נ)

| gadanha (f) | χermeʃ | חֶרְמֵשׁ (ז) |
| gadanhar (vt) | liktsor | לִקְצוֹר |

| pá (f) | et | אֵת (ז) |
| cavar (vt) | leta'teaχ | לְתַתֵּחַ |

enxada (f)	ma'ader	מַעְדֵּר (ז)
carpir (vt)	lenakeʃ	לְנַכֵּשׁ
erva (f) daninha	'esev ʃote	עֵשֶׂב שׁוֹטֶה (ז)

regador (m)	maʃpeχ	מַשְׁפֵּךְ (ז)
regar (vt)	lehaʃkot	לְהַשְׁקוֹת
rega (f)	haʃkaya	הַשְׁקָיָה (נ)

| forquilha (f) | kilʃon | קִלְשׁוֹן (ז) |
| ancinho (m) | magrefa | מַגְרֵפָה (נ) |

fertilizante (m)	'deʃen	דֶּשֶׁן (ז)
fertilizar (vt)	ledaʃen	לְדַשֵּׁן
estrume (m)	'zevel	זֶבֶל (ז)

campo (m)	sade	שָׂדֶה (ז)
prado (m)	aχu	אָחוּ (ז)
horta (f)	gan yarak	גַּן יָרָק (ז)
pomar (m)	bustan	בּוּסְתָּן (ז)

pastar (vt)	lir'ot	לִרְעוֹת
pastor (m)	ro'e tson	רוֹעֵה צֹאן (ז)
pastagem (f)	mir'e	מִרְעֶה (ז)

| pecuária (f) | gidul bakar | גִּידּוּל בָּקָר (ז) |
| criação (f) de ovelhas | gidul kvasim | גִּידּוּל כְּבָשִׂים (ז) |

plantação (f)	mata	מַטָּע (ז)
canteiro (m)	aruga	עֲרוּגָה (נ)
invernadouro (m)	χamama	חֲמָמָה (נ)

| seca (f) | ba'tsoret | בַּצֹּרֶת (נ) |
| seco (verão ~) | yaveʃ | יָבֵשׁ |

cereal (m)	tvu'a	תְּבוּאָה (נ)
cereais (m pl)	gidulei dagan	גִּידוּלֵי דָּגָן (ז"ר)
colher (vt)	liktof	לִקְטוֹף

moleiro (m)	toχen	טוֹחֵן (ז)
moinho (m)	taχanat 'kemaχ	טַחֲנַת קֶמַח (נ)
moer (vt)	litχon	לִטְחוֹן
farinha (f)	'kemaχ	קֶמַח (ז)
palha (f)	kaʃ	קַשׁ (ז)

103. Construção. Processo de construção

canteiro (m) de obras	atar bniya	אֲתַר בְּנִיָּה (ז)
construir (vt)	livnot	לִבְנוֹת
construtor (m)	banai	בַּנַּאי (ז)

projeto (m)	proyekt	פְּרוֹיֶיקְט (ז)
arquiteto (m)	adriχal	אַדְרִיכָל (ז)
operário (m)	po'el	פּוֹעֵל (ז)

fundação (f)	yesodot	יְסוֹדוֹת (ז"ר)
telhado (m)	gag	גַּג (ז)
estaca (f)	amud yesod	עַמּוּד יְסוֹד (ז)
parede (f)	kir	קִיר (ז)

| varões (m pl) para betão | mot χizuk | מוֹט חִיזּוּק (ז) |
| andaime (m) | pigumim | פִּיגוּמִים (ז"ר) |

betão (m)	beton	בֵּטוֹן (ז)
granito (m)	granit	גְּרָנִיט (ז)
pedra (f)	'even	אֶבֶן (נ)
tijolo (m)	levena	לְבֵנָה (נ)

areia (f)	χol	חוֹל (ז)
cimento (m)	'melet	מֶלֶט (ז)
emboço (m)	'tiaχ	טִיחַ (ז)
emboçar (vt)	leta'yeaχ	לְטַיֵּיחַ
tinta (f)	'tseva	צֶבַע (ז)
pintar (vt)	lits'bo'a	לִצְבּוֹעַ
barril (m)	χavit	חָבִית (נ)

grua (f), guindaste (m)	aguran	עֲגוּרָן (ז)
erguer (vt)	lehanif	לְהָנִיף
baixar (vt)	lehorid	לְהוֹרִיד

| buldózer (m) | daχpor | דַּחְפּוֹר (ז) |
| escavadora (f) | maχper | מַחְפֵּר (ז) |

caçamba (f)	ʃa'ov	שָׁאוֹב (ז)
escavar (vt)	laχpor	לַחְפּוֹר
capacete (m) de proteção	kasda	קַסְדָּה (נ)

Profissões e ocupações

104. Procura de emprego. Demissão

trabalho (m)	avoda	עֲבוֹדָה (נ)
equipa (f)	'segel	סֶגֶל (ז)
pessoal (m)	'segel	סֶגֶל (ז)
carreira (f)	kar'yera	קָרְיֶרָה (נ)
perspetivas (f pl)	efʃaruyot	אֶפְשָׁרוּיוֹת (נ"ר)
mestria (f)	meyumanut	מְיוּמָנוּת (נ)
seleção (f)	sinun	סִינוּן (ז)
agência (f) de emprego	soχnut 'koaχ adam	סוֹכְנוּת כּוֹחַ אָדָם (נ)
CV, currículo (m)	korot χayim	קוֹרוֹת חַיִים (ז"ר)
entrevista (f) de emprego	ra'ayon avoda	רַאֲיוֹן עֲבוֹדָה (ז)
vaga (f)	misra pnuya	מִשְׂרָה פְּנוּיָה (נ)
salário (m)	mas'koret	מַשְׂכּוֹרֶת (נ)
salário (m) fixo	mas'koret kvu'a	מַשְׂכּוֹרֶת קְבוּעָה (נ)
pagamento (m)	taʃlum	תַשְׁלוּם (ז)
posto (m)	tafkid	תַפְקִיד (ז)
dever (do empregado)	χova	חוֹבָה (נ)
gama (f) de deveres	tχum aχrayut	תְחוּם אַחְרָיוּת (ז)
ocupado	asuk	עָסוּק
despedir, demitir (vt)	lefater	לְפַטֵר
demissão (f)	pitur	פִּיטוּר (ז)
desemprego (m)	avtala	אַבְטָלָה (נ)
desempregado (m)	muvtal	מוּבְטָל (ז)
reforma (f)	'pensya	פֶּנְסְיָה (נ)
reformar-se	latset legimla'ot	לָצֵאת לְגִימְלָאוֹת

105. Gente de negócios

diretor (m)	menahel	מְנַהֵל (ז)
gerente (m)	menahel	מְנַהֵל (ז)
patrão, chefe (m)	bos	בּוֹס (ז)
superior (m)	memune	מְמוּנֶה (ז)
superiores (m pl)	memunim	מְמוּנִים (ז"ר)
presidente (m)	nasi	נָשִׂיא (ז)
presidente (m) de direção	yoʃev roʃ	יוֹשֵׁב רֹאשׁ (ז)
substituto (m)	sgan	סְגָן (ז)
assistente (m)	ozer	עוֹזֵר (ז)

secretário (m)	mazkir	מַזְכִּיר (ז)
secretário (m) pessoal	mazkir iʃi	מַזְכִּיר אִישִׁי (ז)

homem (m) de negócios	iʃ asakim	אִישׁ עֲסָקִים (ז)
empresário (m)	yazam	יָזָם (ז)
fundador (m)	meyased	מְיַסֵּד (ז)
fundar (vt)	leyased	לְיַסֵּד

fundador, sócio (m)	meχonen	מְכוֹנֵן (ז)
parceiro, sócio (m)	ʃutaf	שׁוּתָף (ז)
acionista (m)	'ba'al menayot	בַּעַל מְנָיוֹת (ז)

milionário (m)	milyoner	מִילְיוֹנֵר (ז)
bilionário (m)	milyarder	מִילְיַארְדֵּר (ז)
proprietário (m)	be'alim	בְּעָלִים (ז)
proprietário (m) de terras	'ba'al adamot	בַּעַל אֲדָמוֹת (ז)

cliente (m)	la'koaχ	לָקוֹחַ (ז)
cliente (m) habitual	la'koaχ ka'vu'a	לָקוֹחַ קָבוּעַ (ז)
comprador (m)	kone	קוֹנֶה (ז)
visitante (m)	mevaker	מְבַקֵּר (ז)

profissional (m)	miktso'an	מִקְצוֹעָן (ז)
perito (m)	mumχe	מוּמְחֶה (ז)
especialista (m)	mumχe	מוּמְחֶה (ז)

banqueiro (m)	bankai	בַּנְקַאי (ז)
corretor (m)	soχen	סוֹכֵן (ז)

caixa (m, f)	kupai	קוּפַּאי (ז)
contabilista (m)	menahel χeʃbonot	מְנַהֵל חֶשְׁבּוֹנוֹת (ז)
guarda (m)	ʃomer	שׁוֹמֵר (ז)

investidor (m)	maʃki'a	מַשְׁקִיע (ז)
devedor (m)	'ba'al χov	בַּעַל חוֹב (ז)
credor (m)	malve	מַלְוֶה (ז)
mutuário (m)	love	לוֹוֶה (ז)

importador (m)	yevu'an	יְבוּאָן (ז)
exportador (m)	yetsu'an	יְצוּאָן (ז)

produtor (m)	yatsran	יַצְרָן (ז)
distribuidor (m)	mefits	מֵפִיץ (ז)
intermediário (m)	metaveχ	מְתַוֵּוךְ (ז)

consultor (m)	yo'ets	יוֹעֵץ (ז)
representante (m)	natsig meχirot	נָצִיג מְכִירוֹת (ז)
agente (m)	soχen	סוֹכֵן (ז)
agente (m) de seguros	soχen bi'tuaχ	סוֹכֵן בִּיטוּחַ (ז)

106. Profissões de serviços

cozinheiro (m)	tabaχ	טַבָּח (ז)
cozinheiro chefe (m)	ʃef	שֵׁף (ז)

padeiro (m)	ofe	אוֹפֶה (ז)
barman (m)	'barmen	בַּרְמֶן (ז)
empregado (m) de mesa	meltsar	מֶלְצָר (ז)
empregada (f) de mesa	meltsarit	מֶלְצָרִית (נ)
advogado (m)	oreχ din	עוֹרֵךְ דִין (ז)
jurista (m)	oreχ din	עוֹרֵךְ דִין (ז)
notário (m)	notaryon	נוֹטַרְיוֹן (ז)
eletricista (m)	χaʃmalai	חַשְׁמַלַאי (ז)
canalizador (m)	ʃravrav	שְׁרַבְרָב (ז)
carpinteiro (m)	nagar	נַגָר (ז)
massagista (m)	ma'ase	מְעַסֶה (ז)
massagista (f)	masa'ʒistit	מַסָז'יסְטִית (נ)
médico (m)	rofe	רוֹפֵא (ז)
taxista (m)	nahag monit	נֶהַג מוֹנִית (ז)
condutor (automobilista)	nahag	נֶהָג (ז)
entregador (m)	ʃa'liaχ	שָׁלִיחַ (ז)
camareira (f)	χadranit	חַדְרָנִית (נ)
guarda (m)	ʃomer	שׁוֹמֵר (ז)
hospedeira (f) de bordo	da'yelet	דַיֶילֶת (נ)
professor (m)	more	מוֹרֶה (ז)
bibliotecário (m)	safran	סַפְרָן (ז)
tradutor (m)	metargem	מְתַרְגֵם (ז)
intérprete (m)	meturgeman	מְתוּרְגְמָן (ז)
guia (pessoa)	madriχ tiyulim	מַדְרִיךְ טִיוּלִים (ז)
cabeleireiro (m)	sapar	סַפָּר (ז)
carteiro (m)	davar	דַוָור (ז)
vendedor (m)	moχer	מוֹכֵר (ז)
jardineiro (m)	ganan	גַנָן (ז)
criado (m)	meʃaret	מְשָׁרֵת (ז)
criada (f)	meʃa'retet	מְשָׁרֶתֶת (נ)
empregada (f) de limpeza	menaka	מְנַקָה (נ)

107. Profissões militares e postos

soldado (m) raso	turai	טוּרַאי (ז)
sargento (m)	samal	סַמָל (ז)
tenente (m)	'segen	סֶגֶן (ז)
capitão (m)	'seren	סֶרֶן (ז)
major (m)	rav 'seren	רַב־סֶרֶן (ז)
coronel (m)	aluf miʃne	אַלוּף מִשְׁנֶה (ז)
general (m)	aluf	אַלוּף (ז)
marechal (m)	'marʃal	מַרְשָׁל (ז)
almirante (m)	admiral	אַדְמִירָל (ז)
militar (m)	iʃ tsava	אִישׁ צָבָא (ז)
soldado (m)	χayal	חַיָיל (ז)

oficial (m)	katsin	קָצִין (ז)
comandante (m)	mefaked	מְפַקֵּד (ז)

guarda (m) fronteiriço	ʃomer gvul	שׁוֹמֵר גְּבוּל (ז)
operador (m) de rádio	alχutai	אַלחוּטַאי (ז)
explorador (m)	iʃ modi'in kravi	אִישׁ מוֹדִיעִין קְרָבִי (ז)
sapador (m)	χablan	חַבְּלָן (ז)
atirador (m)	tsalaf	צַלָּף (ז)
navegador (m)	navat	נַוָּט (ז)

108. Oficiais. Padres

rei (m)	'meleχ	מֶלֶך (ז)
rainha (f)	malka	מַלְכָּה (נ)

príncipe (m)	nasiχ	נָסִיך (ז)
princesa (f)	nesiχa	נְסִיכָה (נ)

czar (m)	tsar	צָאר (ז)
czarina (f)	tsa'rina	צָארִינָה (נ)

presidente (m)	nasi	נָשִׂיא (ז)
ministro (m)	sar	שַׂר (ז)
primeiro-ministro (m)	roʃ memʃala	רֹאשׁ מֶמְשָׁלָה (ז)
senador (m)	se'nator	סֶנָאטוֹר (ז)

diplomata (m)	diplomat	דִּיפְּלוֹמָט (ז)
cônsul (m)	'konsul	קוֹנְסוּל (ז)
embaixador (m)	ʃagrir	שַׁגְרִיר (ז)
conselheiro (m)	yo'ots	יוֹעֵץ (ז)

funcionário (m)	pakid	פָּקִיד (ז)
prefeito (m)	prefekt	פְּרֶפֶקְט (ז)
Presidente (m) da Câmara	roʃ ha'ir	רֹאשׁ הָעִיר (ז)

juiz (m)	ʃofet	שׁוֹפֵט (ז)
procurador (m)	to've'a	תּוֹבֵעַ (ז)

missionário (m)	misyoner	מִיסְיוֹנֶר (ז)
monge (m)	nazir	נָזִיר (ז)
abade (m)	roʃ minzar ka'toli	רֹאשׁ מִנְזָר קָתוֹלִי (ז)
rabino (m)	rav	רַב (ז)

vizir (m)	vazir	וָזִיר (ז)
xá (m)	ʃaχ	שָׁאח (ז)
xeque (m)	ʃeiχ	שֵׁיח (ז)

109. Profissões agrícolas

apicultor (m)	kavran	כַּוְרָן (ז)
pastor (m)	ro'e tson	רוֹעֵה צֹאן (ז)
agrónomo (m)	agronom	אַגְרוֹנוֹם (ז)

| criador (m) de gado | megadel bakar | מְגַדֵל בָּקָר (ז) |
| veterinário (m) | veterinar | וֶטֵרִינָר (ז) |

agricultor (m)	χavai	חַוַּאי (ז)
vinicultor (m)	yeinan	יֵינָן (ז)
zoólogo (m)	zo'olog	זוֹאוֹלוֹג (ז)
cowboy (m)	'ka'uboi	קָאוּבּוֹי (ז)

110. Profissões artísticas

| ator (m) | saχkan | שַׂחְקָן (ז) |
| atriz (f) | saχkanit | שַׂחְקָנִית (נ) |

| cantor (m) | zamar | זַמָּר (ז) |
| cantora (f) | za'meret | זַמֶּרֶת (נ) |

| bailarino (m) | rakdan | רַקְדָן (ז) |
| bailarina (f) | rakdanit | רַקְדָנִית (נ) |

| artista (m) | saχkan | שַׂחְקָן (ז) |
| artista (f) | saχkanit | שַׂחְקָנִית (נ) |

músico (m)	muzikai	מוּזִיקַאי (ז)
pianista (m)	psantran	פְּסַנְתְּרָן (ז)
guitarrista (m)	nagan gi'tara	נַגָּן גִּיטָרָה (ז)

maestro (m)	mena'tseaχ	מְנַצֵּחַ (ז)
compositor (m)	malχin	מַלְחִין (ז)
empresário (m)	amargan	אַמַרְגָּן (ז)

realizador (m)	bamai	בַּמַאי (ז)
produtor (m)	mefik	מֵפִיק (ז)
argumentista (m)	tasritai	תַסְרִיטַאי (ז)
crítico (m)	mevaker	מְבַקֵּר (ז)

escritor (m)	sofer	סוֹפֵר (ז)
poeta (m)	meʃorer	מְשׁוֹרֵר (ז)
escultor (m)	pasal	פַּסָּל (ז)
pintor (m)	tsayar	צַיָּיר (ז)

malabarista (m)	lahatutan	לַהֲטוּטָן (ז)
palhaço (m)	leitsan	לֵיצָן (ז)
acrobata (m)	akrobat	אַקְרוֹבָּט (ז)
mágico (m)	kosem	קוֹסֵם (ז)

111. Várias profissões

médico (m)	rofe	רוֹפֵא (ז)
enfermeira (f)	aχot	אָחוֹת (נ)
psiquiatra (m)	psiχi''ater	פְּסִיכִיאָטֵר (ז)
estomatologista (m)	rofe ʃi'nayim	רוֹפֵא שִׁינַיִים (ז)
cirurgião (m)	kirurg	כִּירוּרג (ז)

astronauta (m)	astro'na'ut	אַסטרוֹנאוט (ז)
astrónomo (m)	astronom	אַסטרוֹנוֹם (ז)
piloto (m)	tayas	טַיָּס (ז)

motorista (m)	nahag	נָהָג (ז)
maquinista (m)	nahag ra'kevet	נָהָג כַּבֶּבֶת (ז)
mecânico (m)	meχonai	מְכוֹנַאי (ז)

mineiro (m)	kore	פּוֹרֶה (ז)
operário (m)	po'el	פּוֹעֵל (ז)
serralheiro (m)	misgad	מַסְגֵּד (ז)
marceneiro (m)	nagar	נַגָּר (ז)
torneiro (m)	χarat	חָרָט (ז)
construtor (m)	banai	בַּנַּאי (ז)
soldador (m)	rataχ	רַתָּךְ (ז)

professor (m) catedrático	pro'fesor	פְּרוֹפֶסוֹר (ז)
arquiteto (m)	adriχal	אַדְרִיכָל (ז)
historiador (m)	historyon	הִיסטוֹרְיוֹן (ז)
cientista (m)	mad'an	מַדְעָן (ז)
físico (m)	fizikai	פִיזִיקַאי (ז)
químico (m)	χimai	כִימַאי (ז)

arqueólogo (m)	arχe'olog	אַרְכֵיאוֹלוֹג (ז)
geólogo (m)	ge'olog	גֵיאוֹלוֹג (ז)
pesquisador (cientista)	χoker	חוֹקֵר (ז)

babysitter (f)	ʃmartaf	שְׁמַרְטַף (ז)
professor (m)	more, meχaneχ	מוֹרֶה, מְחַנֵּךְ (ז)

redator (m)	oreχ	עוֹרֵךְ (ז)
redator-chefe (m)	oreχ raʃi	עוֹרֵךְ רָאשִׁי (ז)
correspondente (m)	katav	כַּתָּב (ז)
datilógrafa (f)	kaldanit	קַלְדָּנִית (נ)

designer (m)	me'atsev	מְעַצֵּב (ז)
especialista (m) em informática	mumχe maχʃevim	מוּמְחֶה מַחְשְׁבִים (ז)
programador (m)	metaχnet	מְתַכְנֵת (ז)
engenheiro (m)	mehandes	מְהַנְדֵּס (ז)

marujo (m)	yamai	יַמַּאי (ז)
marinheiro (m)	malaχ	מַלָּח (ז)
salvador (m)	matsil	מַצִּיל (ז)

bombeiro (m)	kabai	כַּבַּאי (ז)
polícia (m)	ʃoter	שׁוֹטֵר (ז)
guarda-noturno (m)	ʃomer	שׁוֹמֵר (ז)
detetive (m)	balaʃ	בַּלָּשׁ (ז)

funcionário (m) da alfândega	pakid 'meχes	פָּקִיד מֶכֶס (ז)
guarda-costas (m)	ʃomer roʃ	שׁוֹמֵר רֹאשׁ (ז)
guarda (m) prisional	soher	סוֹהֵר (ז)
inspotor (m)	mefa'keaχ	מְפַקֵּחַ (ז)
desportista (m)	sportai	סְפוֹרְטַאי (ז)
treinador (m)	me'amen	מְאַמֵּן (ז)

talhante (m)	katsav	קַצָּב (ז)
sapateiro (m)	sandlar	סַנְדְּלָר (ז)
comerciante (m)	soxer	סוֹחֵר (ז)
carregador (m)	sabal	סַבָּל (ז)

estilista (m)	me'atsev ofna	מְעַצֵּב אוֹפְנָה (ז)
modelo (f)	dugmanit	דּוּגְמָנִית (נ)

112. Ocupações. Estatuto social

aluno, escolar (m)	talmid	תַּלְמִיד (ז)
estudante (~ universitária)	student	סְטוּדֶנְט (ז)

filósofo (m)	filosof	פִילוֹסוֹף (ז)
economista (m)	kalkelan	כַּלְכְּלָן (ז)
inventor (m)	mamtsi	מַמְצִיא (ז)

desempregado (m)	muvtal	מוּבְטָל (ז)
reformado (m)	pensyoner	פֶּנְסִיוֹנֵר (ז)
espião (m)	meragel	מְרַגֵּל (ז)

preso (m)	asir	אָסִיר (ז)
grevista (m)	ʃovet	שׁוֹבֵת (ז)
burocrata (m)	birokrat	בִּירוֹקְרָט (ז)
viajante (m)	metayel	מְטַיֵּל (ז)

homossexual (m)	'lesbit, 'homo	לֶסְבִּית (נ), הוֹמוֹ (ז)
hacker (m)	'haker	הָאקֵר (ז)
hippie	'hipi	הִיפִּי (ז)

bandido (m)	ʃoded	שׁוֹדֵד (ז)
assassino (m) a soldo	ro'tseax saxir	רוֹצֵחַ שָׂכִיר (ז)
toxicodependente (m)	narkoman	נַרְקוֹמָן (ז)
traficante (m)	soxer samim	סוֹחֵר סַמִּים (ז)
prostituta (f)	zona	זוֹנָה (נ)
chulo (m)	sarsur	סַרְסוּר (ז)

bruxo (m)	mexaʃef	מְכַשֵּׁף (ז)
bruxa (f)	maxʃefa	מַכְשֵׁפָה (נ)
pirata (m)	ʃoded yam	שׁוֹדֵד יָם (ז)
escravo (m)	ʃifxa, 'eved	שִׁפְחָה (נ), עֶבֶד (ז)
samurai (m)	samurai	סָמוּרַאי (ז)
selvagem (m)	'pere adam	פֶּרֶא אָדָם (ז)

Desportos

113. Tipos de desportos. Desportistas

desportista (m)	sportai	סְפּוֹרְטַאי (ז)
tipo (m) de desporto	anaf sport	עָנָף סְפּוֹרְט (ז)
basquetebol (m)	kadursal	כַּדּוּרְסַל (ז)
jogador (m) de basquetebol	kadursalan	כַּדּוּרְסַלָן (ז)
beisebol (m)	'beisbol	בֵּייסְבּוֹל (ז)
jogador (m) de beisebol	saχkan 'beisbol	שַׂחְקָן בֵּייסְבּוֹל (ז)
futebol (m)	kadu'regel	כַּדּוּרֶגֶל (ז)
futebolista (m)	kaduraglan	כַּדּוּרַגְלָן (ז)
guarda-redes (m)	ʃo'er	שׁוֹעֵר (ז)
hóquei (m)	'hoki	הוֹקִי (ז)
jogador (m) de hóquei	saχkan 'hoki	שַׂחְקָן הוֹקִי (ז)
voleibol (m)	kadur'af	כַּדּוּרְעָף (ז)
jogador (m) de voleibol	saχkan kadur'af	שַׂחְקָן כַּדּוּרְעָף (ז)
boxe (m)	igruf	אִיגְרוּף (ז)
boxeador, pugilista (m)	mit'agref	מִתְאַגְרֵף (ז)
luta (f)	he'avkut	הֵיאָבְקוּת (נ)
lutador (m)	mit'abek	מִתְאַבֵּק (ז)
karaté (m)	karate	קָרָטֶה (ז)
karateca (m)	karatist	קָרָטִיסְט (ז)
judo (m)	'dʒudo	גִ׳ודוֹ (ז)
judoca (m)	dʒudai	גִ׳ודָאי (ז)
ténis (m)	'tenis	טֶנִיס (ז)
tenista (m)	tenisai	טֶנִיסַאי (ז)
natação (f)	sχiya	שְׂחִייָה (נ)
nadador (m)	saχyan	שַׂחְייָן (ז)
esgrima (f)	'sayif	סַיִף (ז)
esgrimista (m)	sayaf	סַייָף (ז)
xadrez (m)	'ʃaχmat	שַׁחְמָט (ז)
xadrezista (m)	ʃaχmetai	שַׁחְמְטַאי (ז)
alpinismo (m)	tipus harim	טִיפּוּס הָרִים (ז)
alpinista (m)	metapes harim	מְטַפֵּס הָרִים (ז)
corrida (f)	ritsa	רִיצָה (נ)

corredor (m)	atsan	אָצָן (ז)
atletismo (m)	at'letika kala	אַתְלֵטִיקָה קַלָּה (נ)
atleta (m)	atlet	אַתְלֵט (ז)

| hipismo (m) | reχiva al sus | רְכִיבָה עַל סוּס (נ) |
| cavaleiro (m) | paraʃ | פָּרָשׁ (ז) |

patinagem (f) artística	haχlaka omanutit	הַחְלָקָה אוֹמָנוּתִית (נ)
patinador (m)	maχlik amanuti	מַחְלִיק אָמָנוּתִי (ז)
patinadora (f)	maχlika amanutit	מַחְלִיקָה אָמָנוּתִית (נ)

| halterofilismo (m) | haramat miʃkolot | הֲרָמַת מִשְׁקוֹלוֹת (נ) |
| halterofilista (m) | miʃkolan | מִשְׁקוֹלָן (ז) |

| corrida (f) de carros | merots meχoniyot | מֵירוֹץ מְכוֹנִיּוֹת (ז) |
| piloto (m) | nahag merotsim | נַהַג מֵרוֹצִים (ז) |

| ciclismo (m) | reχiva al ofa'nayim | רְכִיבָה עַל אוֹפַנַּיִים (נ) |
| ciclista (m) | roχev ofa'nayim | רוֹכֵב אוֹפַנַּיִים (ז) |

salto (m) em comprimento	kfitsa la'roχav	קְפִיצָה לָרוֹחַק (נ)
salto (m) à vara	kfitsa bemot	קְפִיצָה בְּמוֹט (נ)
atleta (m) de saltos	kofets	קוֹפֵץ (ז)

114. Tipos de desportos. Diversos

futebol (m) americano	'futbol	פוּטְבּוֹל (ז)
badminton (m)	notsit	נוֹצִית (ז)
biatlo (m)	bi'atlon	בִּיאַתְלוֹן (ז)
bilhar (m)	bilyard	בִּילְיַארד (ז)

bobsled (m)	miz'χelet	מִזְחֶלֶת (נ)
musculação (f)	pi'tuaχ guf	פִּיתוּחַ גוּף (ז)
polo (m) aquático	polo 'mayim	פּוֹלוֹ מַיִם (ז)
andebol (m)	kadur yad	כַּדּוּר-יָד (ז)
golfe (m)	golf	גּוֹלְף (ז)

remo (m)	χatira	חֲתִירָה (נ)
mergulho (m)	tslila	צְלִילָה (נ)
corrida (f) de esqui	ski bemiʃor	סְקִי בַּמִּישׁוֹר (ז)
ténis (m) de mesa	'tenis ʃulχan	טֶנִיס שׁוּלְחָן (ז)

vela (f)	'ʃayit	שַׁיִט (ז)
rali (m)	'rali	רָאלִי (ז)
râguebi (m)	'rogbi	רוֹגְבִּי (ז)
snowboard (m)	gliʃat 'ʃeleg	גלִישַׁת שֶׁלֶג (נ)
tiro (m) com arco	kaʃatut	קַשָּׁתוּת (נ)

115. Ginásio

| barra (f) | miʃ'kolet | מִשְׁקוֹלָת (נ) |
| halteres (m pl) | miʃkolot | מִשְׁקוֹלוֹת (נ"ר) |

aparelho (m) de musculaçao	maxʃir 'koʃer	מַכְשִׁיר כּוֹשֶׁר (ז)
bicicleta (f) ergométrica	ofanei 'koʃer	אוֹפַנֵּי כּוֹשֶׁר (ז"ר)
passadeira (f) de corrida	halixon	הֲלִיכוֹן (ז)
barra (f) fixa	'metax	מְתַח (ז)
barras (f) paralelas	makbilim	מַקְבִּילִים (ז"ר)
cavalo (m)	sus	סוּס (ז)
tapete (m) de ginástica	mizron	מִזְרוֹן (ז)
corda (f) de saltar	dalgit	דַּלְגִית (נ)
aeróbica (f)	ei'robika	אֵירוֹבִּיקָה (נ)
ioga (f)	'yoga	יוֹגָה (נ)

116. Desportos. Diversos

Jogos (m pl) Olímpicos	hamisxakim ha'o'limpiyim	הַמִשְׂחָקִים הָאוֹלִימְפִּיִּים (ז"ר)
vencedor (m)	mena'tseax	מְנַצֵּחַ (ז)
vencer (vi)	lena'tseax	לְנַצֵּחַ
vencer, ganhar (vi)	lena'tseax	לְנַצֵּחַ
líder (m)	manhig	מַנְהִיג (ז)
liderar (vt)	lehovil	לְהוֹבִיל
primeiro lugar (m)	makom riʃon	מָקוֹם רִאשׁוֹן (ז)
segundo lugar (m)	makom ʃeni	מָקוֹם שֵׁנִי (ז)
terceiro lugar (m)	makom ʃliʃi	מָקוֹם שְׁלִישִׁי (ז)
medalha (f)	me'dalya	מֶדַלְיָה (נ)
troféu (m)	pras	פְּרָס (ז)
taça (f)	ga'vi'a nitsaxon	גְּבִיעַ נִצָּחוֹן (ז)
prémio (m)	pras	פְּרָס (ז)
prémio (m) principal	pras riʃon	פְּרָס רִאשׁוֹן (ז)
recorde (m)	si	שִׂיא (ז)
estabelecer um recorde	lik'bo'a si	לִקְבּוֹעַ שִׂיא
final (m)	gmar	גְּמָר (ז)
final	ʃel hagmar	שֶׁל הַגְּמָר
campeão (m)	aluf	אַלּוּף (ז)
campeonato (m)	alifut	אַלִּיפוּת (נ)
estádio (m)	itstadyon	אִצְטַדְיוֹן (ז)
bancadas (f pl)	bama	בָּמָה (נ)
fã, adepto (m)	ohed	אוֹהֵד (ז)
adversário (m)	yariv	יָרִיב (ז)
partida (f)	kav zinuk	קַו זִינוּק (ז)
chegada, meta (f)	kav hagmar	קַו הַגְּמָר (ז)
derrota (f)	tvusa	תְּבוּסָה (נ)
perder (vt)	lehafsid	לְהַפְסִיד
árbitro (m)	ʃofet	שׁוֹפֵט (ז)
júri (m)	xaver ʃoftim	חָבֵר שׁוֹפְטִים (ז)

resultado (m)	totsa'a	תּוֹצָאָה (נ)
empate (m)	'teku	תֵּיקוּ (ז)
empatar (vi)	lesayem be'teku	לְסַיֵּים בְּתֵיקוּ
ponto (m)	nekuda	נְקוּדָה (נ)
resultado (m) final	totsa'a	תּוֹצָאָה (נ)

tempo, período (m)	sivuv	סִיבוּב (ז)
intervalo (m)	hafsaka	הַפְסָקָה (נ)
doping (m)	sam	סַם (ז)
penalizar (vt)	leha'aniʃ	לְהַעֲנִיש
desqualificar (vt)	lefsol	לְפְסוֹל

aparelho (m)	maxʃir	מַכְשִׁיר (ז)
dardo (m)	kidon	כִּידוֹן (ז)
peso (m)	kadur barzel	כַּדּוּר בַּרְזֶל (ז)
bola (f)	kadur	כַּדּוּר (ז)

alvo, objetivo (m)	matara	מַטָּרָה (נ)
alvo (~ de papel)	matara	מַטָּרָה (נ)
atirar, disparar (vi)	lirot	לִירוֹת
preciso (tiro ~)	meduyak	מְדוּיָּק

treinador (m)	me'amen	מְאַמֵּן (ז)
treinar (vt)	le'amen	לְאַמֵּן
treinar-se (vr)	lehit'amen	לְהִתְאַמֵּן
treino (m)	imun	אִימוּן (ז)

ginásio (m)	'xeder 'koʃer	חֶדֶר כּוֹשֶׁר (ז)
exercício (m)	imun	אִימוּן (ז)
aquecimento (m)	ximum	חִימוּם (ז)

Educação

117. Escola

escola (f)	beit 'sefer	בֵּית סֵפֶר (ז)
diretor (m) de escola	menahel beit 'sefer	מְנַהֵל בֵּית סֵפֶר (ז)
aluno (m)	talmid	תַּלְמִיד (ז)
aluna (f)	talmida	תַּלְמִידָה (נ)
escolar (m)	talmid	תַּלְמִיד (ז)
escolar (f)	talmida	תַּלְמִידָה (נ)
ensinar (vt)	lelamed	לְלַמֵּד
aprender (vt)	lilmod	לִלְמוֹד
aprender de cor	lilmod be'al pe	לִלְמוֹד בְּעַל פֶּה
estudar (vi)	lilmod	לִלְמוֹד
andar na escola	lilmod	לִלְמוֹד
ir à escola	la'leχet le'beit 'sefer	לָלֶכֶת לְבֵית סֵפֶר
alfabeto (m)	alefbeit	אָלֶפבֵּית (ז)
disciplina (f)	mik'tso'a	מִקְצוֹעַ (ז)
sala (f) de aula	kita	כִּיתָה (נ)
lição (f)	ʃi'ur	שִׁיעוּר (ז)
recreio (m)	hafsaka	הַפְסָקָה (נ)
toque (m)	pa'amon	פַּעֲמוֹן (ז)
carteira (f)	ʃulχan limudim	שׁוּלְחָן לִימוּדִים (ז)
quadro (m) negro	'luaχ	לוּחַ (ז)
nota (f)	tsiyun	צִיּוּן (ז)
boa nota (f)	tsiyun tov	צִיּוּן טוֹב (ז)
nota (f) baixa	tsiyun ga'ru'a	צִיּוּן גָּרוּעַ (ז)
dar uma nota	latet tsiyun	לָתֵת צִיּוּן
erro (m)	ta'ut	טָעוּת (נ)
fazer erros	la'asot ta'uyot	לַעֲשׂוֹת טָעוּיוֹת
corrigir (vt)	letaken	לְתַקֵּן
cábula (f)	ʃif	שְׁלִיף (ז)
dever (m) de casa	ʃi'urei 'bayit	שִׁיעוּרֵי בַּיִת (ז"ר)
exercício (m)	targil	תַּרְגִּיל (ז)
estar presente	lihyot no'χeaχ	לִהְיוֹת נוֹכֵחַ
estar ausente	lehe'ader	לְהֵיעָדֵר
faltar às aulas	lehaχsir	לְהַחְסִיר
punir (vt)	leha'aniʃ	לְהַעֲנִישׁ
punição (f)	'oneʃ	עוֹנֶשׁ (ז)
comportamento (m)	hitnahagut	הִתְנַהֲגוּת (נ)

boletim (m) escolar	yoman beit 'sefer	יוֹמָן בֵּית סֵפֶר (ז)
lápis (m)	iparon	עִיפָּרוֹן (ז)
borracha (f)	'maχak	מַחַק (ז)
giz (m)	gir	גִּיר (ז)
estojo (m)	kalmar	קַלְמָר (ז)

pasta (f) escolar	yalkut	יַלְקוּט (ז)
caneta (f)	et	עֵט (ז)
caderno (m)	maχ'beret	מַחְבֶּרֶת (נ)
manual (m) escolar	'sefer limud	סֵפֶר לִימוּד (ז)
compasso (m)	meχuga	מְחוּגָה (נ)

| traçar (vt) | lesartet | לְשַׂרְטֵט |
| desenho (m) técnico | sirtut | שִׂרְטוּט (ז) |

poesia (f)	ʃir	שִׁיר (ז)
de cor	be'al pe	בְּעַל פֶּה
aprender de cor	lilmod be'al pe	לִלְמוֹד בְּעַל פֶּה

férias (f pl)	χufʃa	חוּפְשָׁה (נ)
estar de férias	lihyot beχufʃa	לִהְיוֹת בְּחוּפְשָׁה
passar as férias	leha'avir 'χofeʃ	לְהַעֲבִיר חוֹפֶשׁ

teste (m)	mivχan	מִבְחָן (ז)
composição, redação (f)	χibur	חִיבּוּר (ז)
ditado (m)	haχtava	הַכְתָּבָה (נ)
exame (m)	bχina	בְּחִינָה (נ)
fazer exame	lehibaχen	לְהִיבָּחֵן
experiência (~ química)	nisui	נִיסוּי (ז)

118. Colégio. Universidade

academia (f)	aka'demya	אָקָדֶמְיָה (נ)
universidade (f)	uni'versita	אוּנִיבֶּרְסִיטָה (נ)
faculdade (f)	fa'kulta	פָקוּלְטָה (נ)

estudante (m)	student	סְטוּדֶנְט (ז)
estudante (f)	stu'dentit	סְטוּדֶנְטִית (נ)
professor (m)	martse	מַרְצֶה (ז)

| sala (f) de palestras | ulam hartsa'ot | אוּלָם הַרְצָאוֹת (ז) |
| graduado (m) | boger | בּוֹגֵר (ז) |

| diploma (m) | di'ploma | דִיפְלוֹמָה (נ) |
| tese (f) | diser'tatsya | דִיסֶרְטַצְיָה (נ) |

| estudo (obra) | meχkar | מֶחְקָר (ז) |
| laboratório (m) | ma'abada | מַעֲבָּדָה (נ) |

| palestra (f) | hartsa'a | הַרְצָאָה (נ) |
| colega (m) de curso | χaver lelimudim | חָבֵר לְלִימוּדִים (ז) |

| bolsa (f) de estudos | milga | מִלְגָה (נ) |
| grau (m) académico | 'to'ar aka'demi | תּוֹאַר אָקָדֶמִי (ז) |

119. Ciências. Disciplinas

matemática (f)	mate'matika	מָתֶמָטִיקָה (נ)
álgebra (f)	'algebra	אַלְגֶּבְּרָה (נ)
geometria (f)	ge'o'metriya	גֵּיאוֹמֶטְרְיָה (נ)

astronomia (f)	astro'nomya	אַסְטְרוֹנוֹמְיָה (נ)
biologia (f)	bio'logya	בִּיוֹלוֹגְיָה (נ)
geografia (f)	ge'o'grafya	גֵּיאוֹגְרַפְיָה (נ)
geologia (f)	ge'o'logya	גֵּיאוֹלוֹגְיָה (נ)
história (f)	his'torya	הִיסְטוֹרְיָה (נ)

medicina (f)	refu'a	רְפוּאָה (נ)
pedagogia (f)	χinuχ	חִינוּךְ (ז)
direito (m)	miʃpatim	מִשְׁפָּטִים (ז"ר)

física (f)	'fizika	פִיזִיקָה (נ)
química (f)	'χimya	כִימְיָה (נ)
filosofia (f)	filo'sofya	פִילוֹסוֹפְיָה (נ)
psicologia (f)	psiχo'logya	פְּסִיכוֹלוֹגְיָה (נ)

120. Sistema de escrita. Ortografia

gramática (f)	dikduk	דִּקְדּוּק (ז)
vocabulário (m)	oˆsar milim	אוֹצַר מִילִים (ז)
fonética (f)	torat ha'hege	תּוֹרַת הַהֶגֶה (נ)

substantivo (m)	ʃem 'eˆsem	שֵׁם עֶצֶם (ז)
adjetivo (m)	ʃem 'to'ar	שֵׁם תּוֹאַר (ז)
verbo (m)	po'el	פּוֹעַל (ז)
advérbio (m)	'to'ar 'po'al	תּוֹאַר פּוֹעַל (ז)

pronome (m)	ʃem guf	שֵׁם גּוּף (ז)
interjeição (f)	milat kri'a	מִילַת קְרִיאָה (נ)
preposição (f)	milat 'yaχas	מִילַת יַחַס (נ)

raiz (f) da palavra	'ʃoreʃ	שׁוֹרֶשׁ (ז)
terminação (f)	si'yomet	סִיוֹמֶת (נ)
prefixo (m)	tχilit	תְחִילִית (נ)
sílaba (f)	havara	הֲבָרָה (נ)
sufixo (m)	si'yomet	סִיוֹמֶת (נ)

acento (m)	'ta'am	טַעַם (ז)
apóstrofo (m)	'gereʃ	גֶּרֶשׁ (ז)

ponto (m)	nekuda	נְקוּדָה (נ)
vírgula (f)	psik	פְּסִיק (ז)
ponto e vírgula (m)	nekuda ufsik	נְקוּדָה וּפְסִיק (נ)
dois pontos (m pl)	nekudo'tayim	נְקוּדוֹתַיִם (נ"ר)
reticências (f pl)	ʃaloʃ nekudot	שָׁלוֹשׁ נְקוּדוֹת (נ"ר)

ponto (m) de interrogação	siman ʃe'ela	סִימָן שְׁאֵלָה (ז)
ponto (m) de exclamação	siman kri'a	סִימָן קְרִיאָה (ז)

aspas (f pl)	merχa'ot	מֶרְכָאוֹת (ז"ר)
entre aspas	bemerχa'ot	בְּמֶרְכָאוֹת
parênteses (m pl)	sog'rayim	סוֹגְרַיִים (ז"ר)
entre parênteses	besog'rayim	בְּסוֹגְרַיִים

hífen (m)	makaf	מַקָּף (ז)
travessão (m)	kav mafrid	קַו מַפְרִיד (ז)
espaço (m)	'revaχ	רֶווַח (ז)

letra (f)	ot	אוֹת (נ)
letra (f) maiúscula	ot gdola	אוֹת גְּדוֹלָה (נ)

vogal (f)	tnu'a	תְּנוּעָה (נ)
consoante (f)	itsur	עִיצוּר (ז)

frase (f)	miʃpat	מִשְׁפָּט (ז)
sujeito (m)	nose	נוֹשֵׂא (ז)
predicado (m)	nasu	נָשׂוּא (ז)

linha (f)	ʃura	שׁוּרָה (נ)
em uma nova linha	beʃura χadaʃa	בְּשׁוּרָה חֲדָשָׁה
parágrafo (m)	piska	פִּסְקָה (נ)

palavra (f)	mila	מִילָה (נ)
grupo (m) de palavras	tsiruf milim	צֵירוּף מִילִים (ז)
expressão (f)	bitui	בִּיטוּי (ז)
sinónimo (m)	mila nir'defet	מִילָה נִרְדֶּפֶת (נ)
antónimo (m)	'hefeχ	הֶפֶךְ (ז)

regra (f)	klal	כְּלָל (ז)
exceção (f)	yotse min haklal	יוֹצֵא מִן הַכְּלָל (ז)
correto	naχon	נָכוֹן

conjugação (f)	hataya	הַטָּיָה (נ)
declinação (f)	hataya	הַטָּיָה (נ)
caso (m)	yaχasa	יַחֲסָה (נ)
pergunta (f)	ʃe'ela	שְׁאֵלָה (נ)
sublinhar (vt)	lehadgiʃ	לְהַדְגִּישׁ
linha (f) pontilhada	kav nakud	קַו נָקוּד (ז)

121. Línguas estrangeiras

língua (f)	safa	שָׂפָה (נ)
estrangeiro	zar	זָר
língua (f) estrangeira	safa zara	שָׂפָה זָרָה (נ)
estudar (vt)	lilmod	לִלְמוֹד
aprender (vt)	lilmod	לִלְמוֹד

ler (vt)	likro	לִקְרוֹא
falar (vi)	ledaber	לְדַבֵּר
compreender (vt)	lehavin	לְהָבִין
escrever (vt)	liχtov	לִכְתּוֹב
rapidamente	maher	מַהֵר
devagar	le'at	לְאַט

fluentemente	χofʃi	חוֹפְשִׁי
regras (f pl)	klalim	כְּלָלִים (ז״ר)
gramática (f)	dikduk	דִּקְדּוּק (ז)
vocabulário (m)	otsar milim	אוֹצַר מִילִים (ז)
fonética (f)	torat ha'hege	תּוֹרַת הַהֶגֶה (נ)

manual (m) escolar	'sefer limud	סֵפֶר לִימּוּד (ז)
dicionário (m)	milon	מִילוֹן (ז)
manual (m) de autoaprendizagem	'sefer lelimud atsmi	סֵפֶר לְלִימּוּד עַצְמִי (ז)
guia (m) de conversação	siχon	שִׂיחוֹן (ז)

cassete (f)	ka'letet	קַלֶּטֶת (נ)
vídeo cassete (m)	ka'letet 'vide'o	קַלֶּטֶת וִידֵיאוֹ (נ)
CD (m)	taklitor	תַּקְלִיטוֹר (ז)
DVD (m)	di vi di	דִּי. וִי. דִּי. (ז)

alfabeto (m)	alefbeit	אָלֶפְבֵּית (ז)
soletrar (vt)	le'ayet	לְאַיֵּית
pronúncia (f)	hagiya	הֲגִיָּיה (נ)

sotaque (m)	mivta	מִבְטָא (ז)
com sotaque	im mivta	עִם מִבְטָא
sem sotaque	bli mivta	בְּלִי מִבְטָא

palavra (f)	mila	מִילָה (נ)
sentido (m)	maʃma'ut	מַשְׁמָעוּת (נ)

cursos (m pl)	kurs	קוּרְס (ז)
inscrever-se (vr)	leheraʃem lekurs	לְהֵירָשֵׁם לְקוּרְס
professor (m)	more	מוֹרֶה (ז)

tradução (processo)	tirgum	תִּרְגּוּם (ז)
tradução (texto)	tirgum	תִּרְגּוּם (ז)
tradutor (m)	metargem	מְתַרְגֵּם (ז)
intérprete (m)	meturgeman	מְתוּרְגְּמָן (ז)

poliglota (m)	poliglot	פּוֹלִיגְלוֹט (ז)
memória (f)	zikaron	זִיכָּרוֹן (ז)

122. Personagens de contos de fadas

Pai (m) Natal	'santa 'kla'us	סַנְטָה קְלָאוּס (ז)
Cinderela (f)	sinde'rela	סִינְדָּרֶלָה
sereia (f)	bat yam, betulat hayam	בַּת יָם, בְּתוּלַת הַיָּם (נ)
Neptuno (m)	neptun	נֶפְטוּן (ז)

mago (m)	kosem	קוֹסֵם (ז)
fada (f)	'feya	פֵיָּה (נ)
mágico	kasum	קָסוּם
varinha (f) mágica	ʃarvit 'kesem	שַׁרְבִיט קֶסֶם (ז)

conto (m) de fadas	agada	אַגָּדָה (נ)
milagre (m)	nes	נֵס (ז)

anão (m)	gamad	נַמָד (ז)
transformar-se em ...	lahafox le...	...לַהֲפוֹךְ לְ
fantasma (m)	'ruax refa''im	רוּחַ רְפָאִים (ג)
espetro (m)	'ruax refa''im	רוּחַ רְפָאִים (ג)
monstro (m)	mif'letset	מִפְלֶצֶת (ג)
dragão (m)	drakon	דְרָקוֹן (ז)
gigante (m)	anak	עֲנָק (ז)

123. Signos do Zodíaco

Carneiro	tale	טָלֶה (ז)
Touro	ʃor	שׁוֹר (ז)
Gémeos	te'omim	תְאוֹמִים (ז"ר)
Caranguejo	sartan	סַרְטָן (ז)
Leão	arye	אַרְיֵה (ז)
Virgem (f)	betula	בְּתוּלָה (ג)
Balança	moz'nayim	מאׁזְנַיִם (ז"ר)
Escorpião	akrav	עַקְרָב (ז)
Sagitário	kaʃat	קַשָׁת (ז)
Capricórnio	gdi	גְדִי (ז)
Aquário	dli	דְלִי (ז)
Peixes	dagim	דָגִים (ז"ר)
caráter (m)	'ofi	אוֹפִי (ז)
traços (m pl) do caráter	txunot 'ofi	תְבוּנוֹת אוֹפִי (נ"ר)
comportamento (m)	hitnahagut	הִתְנַהֲגוּת (ג)
predizer (vt)	lenabe et ha'atid	לְנַבֵּא אֶת הֶעָתִיד
adivinha (f)	ma'gedet atidot	מַגֶדֶת עֲתִידוֹת (ג)
horóscopo (m)	horoskop	הוֹרוֹסְקוֹפ (ז)

Artes

124. Teatro

teatro (m)	te'atron	תִּיאַטְרוֹן (ז)
ópera (f)	'opera	אוֹפֶּרָה (נ)
opereta (f)	ope'reta	אוֹפֶּרֶטָה (נ)
balé (m)	balet	בָּלֶט (ז)
cartaz (m)	kraza	כְּרָזָה (נ)
companhia (f) teatral	lahaka	לַהֲקָה (נ)
turné (digressão)	masa hofa'ot	מַסַּע הוֹפָעוֹת (ז)
estar em turné	latset lemasa hofa'ot	לָצֵאת לְמַסַּע הוֹפָעוֹת
ensaiar (vt)	la'aroχ χazara	לַעֲרוֹךְ חֲזָרָה
ensaio (m)	χazara	חֲזָרָה (נ)
repertório (m)	repertu'ar	רֶפֶּרְטוּאָר (ז)
apresentação (f)	hofa'a	הוֹפָעָה (נ)
espetáculo (m)	hatsaga	הַצָּגָה (נ)
peça (f)	maχaze	מַחֲזֶה (ז)
bilhete (m)	kartis	כַּרְטִיס (ז)
bilheteira (f)	kupa	קוּפָּה (נ)
hall (m)	'lobi	לוֹבִּי (ז)
guarda-roupa (m)	meltaχa	מֶלְתָּחָה (נ)
senha (f) numerada	mispar meltaχa	מִסְפַּר מֶלְתָּחָה (ז)
binóculo (m)	mif'kefet	מִשְׁקֶפֶת (נ)
lanterninha (m)	sadran	סַדְרָן (ז)
plateia (f)	parter	פַּרְטֶר (ז)
balcão (m)	mir'peset	מִרְפֶּסֶת (נ)
primeiro balcão (m)	ya'tsi'a	יָצִיעַ (ז)
camarote (m)	ta	תָּא (ז)
fila (f)	ʃura	שׁוּרָה (נ)
assento (m)	moʃav	מוֹשָׁב (ז)
público (m)	'kahal	קָהָל (ז)
espetador (m)	tsofe	צוֹפֶה (ז)
aplaudir (vt)	limχo ka'payim	לִמְחוֹא כַּפַּיִים
aplausos (m pl)	meχi'ot ka'payim	מְחִיאוֹת כַּפַּיִים (נ"ר)
ovação (f)	tʃu'ot	תְּשׁוּאוֹת (נ"ר)
palco (m)	bama	בָּמָה (נ)
pano (m) de boca	masaχ	מָסָךְ (ז)
cenário (m)	taf'ura	תַּפְאוּרָה (נ)
bastidores (m pl)	klayim	קְלָעִים
cena (f)	'stsena	סְצֵינָה (נ)
ato (m)	ma'araχa	מַעֲרָכָה (נ)
entreato (m)	hafsaka	הַפְסָקָה (נ)

125. Cinema

Português	Transliteração	עברית
ator (m)	saxkan	שַׂחְקָן (ז)
atriz (f)	saxkanit	שַׂחְקָנִית (נ)
cinema (m)	kol'no'a	קוֹלְנוֹעַ (ז)
filme (m)	'seret	סֶרֶט (ז)
episódio (m)	epi'zoda	אֶפִּיזוֹדָה (נ)
filme (m) policial	'seret balaʃi	סֶרֶט בַּלָשִׁי (ז)
filme (m) de ação	maʿarvon	מַעֲרָבוֹן (ז)
filme (m) de aventuras	'seret harpatka'ot	סֶרֶט הַרְפַּתְקָאוֹת (ז)
filme (m) de ficção científica	'seret mada bidyoni	סֶרֶט מַדָע בְּדִיוֹנִי (ז)
filme (m) de terror	'seret eima	סֶרֶט אֵימָה (ז)
comédia (f)	ko'medya	קוֹמֶדְיָה (נ)
melodrama (m)	melo'drama	מֶלוֹדְרָמָה (נ)
drama (m)	'drama	דְרָמָה (נ)
filme (m) ficcional	'seret alilati	סֶרֶט עֲלִילָתִי (ז)
documentário (m)	'seret ti'udi	סֶרֶט תִיעוּדִי (ז)
desenho (m) animado	'seret ani'matsya	סֶרֶט אֲנִימַצְיָה (ז)
cinema (m) mudo	sratim ilmim	סְרָטִים אִילְמִים (ז"ר)
papel (m)	tafkid	תַפְקִיד (ז)
papel (m) principal	tafkid raʃi	תַפְקִיד רָאשִׁי (ז)
representar (vt)	lesaxek	לְשַׂחֵק
estrela (f) de cinema	koxav kol'no'a	כּוֹכַב קוֹלְנוֹעַ (ז)
conhecido	mefursam	מְפוּרְסָם
famoso	mefursam	מְפוּרְסָם
popular	popu'lari	פּוֹפּוּלָרִי
argumento (m)	tasrit	תַסְרִיט (ז)
argumentista (m)	tasritai	תַסְרִיטַאי (ז)
realizador (m)	bamai	בַּמָאי (ז)
produtor (m)	mefik	מֵפִיק (ז)
assistente (m)	ozer	עוֹזֵר (ז)
diretor (m) de fotografia	tsalam	צַלָם (ז)
duplo (m)	paʿalulan	פַּעֲלוּלָן (ז)
duplo (m) de corpo	saxkan maxlif	שַׂחְקָן מַחֲלִיף (ז)
filmar (vt)	letsalem 'seret	לְצַלֵם סֶרֶט
audição (f)	mivdak	מִבְדָק (ז)
filmagem (f)	hasrata	הַסְרָטָה (נ)
equipe (f) de filmagem	'tsevet ha'seret	צֶוֶת הַסֶרֶט (ז)
set (m) de filmagem	atar hatsilum	אֲתַר הַצִילוּם (ז)
câmara (f)	matslema	מַצְלֵמָה (נ)
cinema (m)	beit kol'no'a	בֵּית קוֹלְנוֹעַ (ז)
ecrã (m), tela (f)	masax	מָסָך (ז)
exibir um filme	lehar'ot 'seret	לְהַרְאוֹת סֶרֶט
pista (f) sonora	paskol	פַּסְקוֹל (ז)
efeitos (m pl) especiais	e'fektim meyuxadim	אֶפֶקְטִים מְיוּחָדִים (ז"ר)

legendas (f pl)	ktuviyot	כְּתוּבִיּוֹת (נ"ר)
crédito (m)	ktuviyot	כְּתוּבִיּוֹת (נ"ר)
tradução (f)	tirgum	תַּרְגּוּם (ז)

126. Pintura

arte (f)	amanut	אָמְנוּת (נ)
belas-artes (f pl)	omanuyot yafot	אוֹמָנוּיּוֹת יָפוֹת (נ"ר)
galeria (f) de arte	ga'lerya le'amanut	גָּלֶרְיָה לְאָמְנוּת (נ)
exposição (f) de arte	ta'aruxat amanut	תַּעֲרוּכַת אָמְנוּת (נ)

pintura (f)	tsiyur	צִיּוּר (ז)
arte (f) gráfica	'grafika	גְּרָפִיקָה (נ)
arte (f) abstrata	amanut muf'fetet	אָמְנוּת מוּפְשֶׁטֶת (נ)
impressionismo (m)	impresyonizm	אִימְפְּרֶסְיוֹנִיזְם (ז)

pintura (f), quadro (m)	tmuna	תְּמוּנָה (נ)
desenho (m)	tsiyur	צִיּוּר (ז)
cartaz, póster (m)	'poster	פּוֹסְטֶר (ז)

ilustração (f)	iyur	אִיּוּר (ז)
miniatura (f)	minya'tura	מִינְיָאטוּרָה (נ)
cópia (f)	he'etek	הֶעְתֵּק (ז)
reprodução (f)	ʃi'atuk	שִׁיחְתּוּק (ז)

mosaico (m)	psefas	פְּסֵיפָס (ז)
vitral (m)	vitraʒ	וִיטְרָאז' (ז)
fresco (m)	fresko	פְרֶסְקוֹ (ז)
gravura (f)	taxrit	תַּחֲרִיט (ז)

busto (m)	pro'toma	פְּרוֹטוֹמָה (נ)
escultura (f)	'pesel	פֶּסֶל (ז)
estátua (f)	'pesel	פֶּסֶל (ז)
gesso (m)	'geves	גֶּבֶס (ז)
em gesso	mi'geves	מִגֶּבֶס

retrato (m)	dyukan	דְּיוֹקָן (ז)
autorretrato (m)	dyukan atsmi	דְּיוֹקָן עַצְמִי (ז)
paisagem (f)	tsiyur nof	צִיּוּר נוֹף (ז)
natureza (f) morta	'teva domem	טֶבַע דּוֹמֵם (ז)
caricatura (f)	karika'tura	קָרִיקָטוּרָה (נ)
esboço (m)	tarʃim	תַּרְשִׁים (ז)

tinta (f)	'tseva	צֶבַע (ז)
aguarela (f)	'tseva 'mayim	צֶבַע מַיִם (ז)
óleo (m)	'ʃemen	שֶׁמֶן (ז)
lápis (m)	iparon	עִיפָּרוֹן (ז)
tinta da China (f)	tuʃ	טוּשׁ (ז)
carvão (m)	pexam	פֶּחָם (ז)

desenhar (vt)	letsayer	לְצַיֵּר
pintar (vt)	letsayer	לְצַיֵּר
posar (vi)	ledagmen	לְדַגְמֵן
modelo (m)	dugman eirom	דּוּגְמָן עֵירוֹם (ז)

modelo (f)	dugmanit erom	דוּגְמָנִית עֵירֹם (נ)
pintor (m)	tsayar	צַיָּר (ז)
obra (f)	yetsirat amanut	יְצִירַת אָמָנוּת (נ)
obra-prima (f)	yetsirat mofet	יְצִירַת מוֹפֵת (נ)
estúdio (m)	'studyo	סְטוּדְיוֹ (ז)

tela (f)	bad piʃtan	בַּד פִּשְׁתָּן (ז)
cavalete (m)	kan tsiyur	כַּן צִיּוּר (ז)
paleta (f)	'plata	פָּלֶטָה (נ)

moldura (f)	mis'geret	מִסְגֶּרֶת (נ)
restauração (f)	ʃiχzur	שִׁחְזוּר (ז)
restaurar (vt)	leʃaχzer	לְשַׁחְזֵר

127. Literatura & Poesia

literatura (f)	sifrut	סִפְרוּת (נ)
autor (m)	sofer	סוֹפֵר (ז)
pseudónimo (m)	ʃem badui	שֵׁם בָּדוּי (ז)

livro (m)	'sefer	סֵפֶר (ז)
volume (m)	'kereχ	כֶּרֶךְ (ז)
índice (m)	'toχen inyanim	תּוֹכֶן עִנְיָנִים (ז)
página (f)	amud	עָמוּד (ז)
protagonista (m)	hagibor haraʃi	הַגִּבּוֹר הָרָאשִׁי (ז)
autógrafo (m)	χatima	חֲתִימָה (נ)

conto (m)	sipur katsar	סִיפּוּר קָצָר (ז)
novela (f)	sipur	סִיפּוּר (ז)
romance (m)	roman	רוֹמָן (ז)
obra (f)	χibur	חִיבּוּר (ז)
fábula (m)	maʃal	מָשָׁל (ז)
romance (m) policial	roman balaʃi	רוֹמָן בַּלָּשִׁי (ז)

poesia (obra)	ʃir	שִׁיר (ז)
poesia (arte)	ʃira	שִׁירָה (נ)
poema (m)	po''ema	פּוֹאֵמָה (נ)
poeta (m)	meʃorer	מְשׁוֹרֵר (ז)

ficção (f)	sifrut yafa	סִפְרוּת יָפָה (נ)
ficção (f) científica	mada bidyoni	מַדָּע בִּדְיוֹנִי (ז)
aventuras (f pl)	harpatka'ot	הַרְפַּתְקָאוֹת (נ"ר)
literatura (f) didática	sifrut limudit	סִפְרוּת לִימּוּדִית (נ)
literatura (f) infantil	sifrut yeladim	סִפְרוּת יְלָדִים (נ)

128. Circo

circo (m)	kirkas	קִרְקָס (ז)
circo (m) ambulante	kirkas nayad	קִרְקָס נַיָּיד (ז)
programa (m)	toχnit	תּוֹכְנִית (נ)
apresentação (f)	hofa'a	הוֹפָעָה (נ)
número (m)	hofa'a	הוֹפָעָה (נ)

arena (f)	zira	זִירָה (נ)
pantomima (f)	panto'mima	פַּנְטוֹמִימָה (נ)
palhaço (m)	leitsan	לֵיצָן (ז)

acrobata (m)	akrobat	אַקְרוֹבָּט (ז)
acrobacia (f)	akro'batika	אַקְרוֹבָּטִיקָה (נ)
ginasta (m)	mit'amel	מִתְעַמֵּל (ז)
ginástica (f)	hit'amlut	הִתְעַמְּלוּת (נ)
salto (m) mortal	'salta	סַלְטָה (נ)

homem forte (m)	atlet	אַתְלֵט (ז)
domador (m)	me'alef	מְאַלֵּף (ז)
assistente (m)	ozer	עוֹזֵר (ז)

truque (m)	pa'alul	פַּעֲלוּל (ז)
truque (m) de mágica	'kesem	קֶסֶם (ז)
mágico (m)	kosem	קוֹסֵם (ז)

malabarista (m)	lahatutan	לַהֲטוּטָן (ז)
fazer malabarismos	lelahtet	לְלַהֲטֵט
domador (m)	me'alef hayot	מְאַלֵּף חַיּוֹת (ז)
adestramento (m)	iluf xayot	אִילּוּף חַיּוֹת (ז)
adestrar (vt)	le'alef	לְאַלֵּף

129. Música. Música popular

música (f)	'muzika	מוּזִיקָה (נ)
músico (m)	muzikai	מוּזִיקַאי (ז)
instrumento (m) musical	kli negina	כְּלִי נְגִינָה (ז)
tocar ...	lenagen be...	לְנַגֵּן בְּ...

guitarra (f)	gi'tara	גִּיטָרָה (נ)
violino (m)	kinor	כִּינּוֹר (ז)
violoncelo (m)	'tʃelo	צֶ'לוֹ (ז)
contrabaixo (m)	kontrabas	קוֹנְטְרַבָּס (ז)
harpa (f)	'nevel	נֵבֶל (ז)

piano (m)	psanter	פְּסַנְתֵּר (ז)
piano (m) de cauda	psanter kanaf	פְּסַנְתֵּר כָּנָף (ז)
órgão (m)	ugav	עוּגָב (ז)

instrumentos (m pl) de sopro	klei neʃifa	כְּלֵי נְשִׁיפָה (ז"ר)
oboé (m)	abuv	אַבּוּב (ז)
saxofone (m)	saksofon	סַקְסוֹפוֹן (ז)
clarinete (m)	klarinet	קְלָרִינֶט (ז)
flauta (f)	xalil	חָלִיל (ז)
trompete (m)	xatsotsra	חֲצוֹצְרָה (נ)

| acordeão (m) | akordyon | אָקוֹרְדְיוֹן (ז) |
| tambor (m) | tof | תּוֹף (ז) |

duo, dueto (m)	'du'o	דּוּאוֹ (ז)
trio (m)	ʃliʃiya	שְׁלִישִׁיָּה (נ)
quarteto (m)	revi'iya	רְבִיעִיָּה (נ)

| coro (m) | makhela | מַקְהֵלָה (נ) |
| orquestra (f) | tiz'moret | תִּזְמֹרֶת (נ) |

música (f) pop	'muzikat pop	מוּזִיקַת פּוֹפ (נ)
música (f) rock	'muzikat rok	מוּזִיקַת רוֹק (נ)
grupo (m) de rock	lehakat rok	לַהֲקַת רוֹק (נ)
jazz (m)	dʒez	גַ'ז (ז)

| ídolo (m) | koχav | כּוֹכָב (ז) |
| fã, admirador (m) | ohed | אוֹהֵד (ז) |

concerto (m)	kontsert	קוֹנצֶרט (ז)
sinfonia (f)	si'fonya	סִימפוֹנְיָה (נ)
composição (f)	yetsira	יְצִירָה (נ)
compor (vt)	leχaber	לְחַבֵּר

canto (m)	ʃira	שִׁירָה (נ)
canção (f)	ʃir	שִׁיר (ז)
melodia (f)	mangina	מַנגִינָה (נ)
ritmo (m)	'ketsev	קֶצֶב (ז)
blues (m)	bluz	בּלוּז (ז)

notas (f pl)	tavim	תָּוִים (ז"ר)
batuta (f)	ʃarvit ni'tsuaχ	שַׁרבִיט נִיצוּחַ (ז)
arco (m)	'keʃet	קֶשֶׁת (נ)
corda (f)	meitar	מֵיתָר (ז)
estojo (m)	nartik	נַרתִּיק (ז)

Descanso. Entretenimento. Viagens

130. Viagens

turismo (m)	tayarut	תַּיָּירוּת (נ)
turista (m)	tayar	תַּיָּיר (ז)
viagem (f)	tiyul	טִיּוּל (ז)
aventura (f)	harpatka	הַרְפַּתְקָה (נ)
viagem (f)	nesi'a	נְסִיעָה (נ)
férias (f pl)	χuffa	חוּפְשָׁה (נ)
estar de férias	lihyot beχuffa	לִהְיוֹת בְּחוּפְשָׁה
descanso (m)	menuχa	מְנוּחָה (נ)
comboio (m)	ra'kevet	רַכֶּבֶת (נ)
de comboio (chegar ~)	bera'kevet	בְּרַכֶּבֶת
avião (m)	matos	מָטוֹס (ז)
de avião	bematos	בְּמָטוֹס
de carro	bemeχonit	בִּמְכוֹנִית
de navio	be'oniya	בָּאוֹנִיָּיה
bagagem (f)	mit'an	מִטְעָן (ז)
mala (f)	mizvada	מִזְווָדָה (נ)
carrinho (m)	eglat mit'an	עֶגְלַת מִטְעָן (נ)
passaporte (m)	darkon	דַּרְכּוֹן (ו)
visto (m)	'viza, aʃra	וִיזָה, אַשְׁרָה (נ)
bilhete (m)	kartis	כַּרְטִיס (ז)
bilhete (m) de avião	kartis tisa	כַּרְטִיס טִיסָה (ז)
guia (m) de viagem	madriχ	מַדְרִיךְ (ז)
mapa (m)	mapa	מַפָּה (נ)
local (m), area (f)	ezor	אֵזוֹר (ז)
lugar, sítio (m)	makom	מָקוֹם (ז)
exotismo (m)	ek'zotika	אֶקְזוֹטִיקָה (נ)
exótico	ek'zoti	אֶקְזוֹטִי
surpreendente	nifla	נִפְלָא
grupo (m)	kvuʦa	קְבוּצָה (נ)
excursão (f)	tiyul	טִיּוּל (ז)
guia (m)	madriχ tiyulim	מַדְרִיךְ טִיּוּלִים (ז)

131. Hotel

hotel (m)	malon	מָלוֹן (ז)
motel (m)	motel	מוֹטֶל (ז)
três estrelas	ʃloʃa koχavim	שְׁלוֹשָׁה כּוֹכָבִים

| cinco estrelas | χamiʃa koχavim | חֲמִישָׁה כּוֹכָבִים |
| ficar (~ num hotel) | lehit'aχsen | לְהִתְאַכְסֵן |

quarto (m)	'χeder	חֶדֶר (ז)
quarto (m) individual	'χeder yaχid	חֶדֶר יָחִיד (ז)
quarto (m) duplo	'χeder zugi	חֶדֶר זוּגִי (ז)
reservar um quarto	lehazmin 'χeder	לְהַזְמִין חֶדֶר

| meia pensão (f) | χatsi pensiyon | חֲצִי פֶּנְסִיוֹן (ז) |
| pensão (f) completa | pensyon male | פֶּנְסִיוֹן מָלֵא (ז) |

com banheira	im am'batya	עִם אַמְבַּטְיָה
com duche	im mik'laχat	עִם מִקְלַחַת
televisão (m) satélite	tele'vizya bekvalim	טֶלֶוִוִיזְיָה בְּכְבָלִים (נ)
ar (m) condicionado	mazgan	מַזְגָן (ז)
toalha (f)	ma'gevet	מַגֶּבֶת (נ)
chave (f)	maf'teaχ	מַפְתֵחַ (ז)

administrador (m)	amarkal	אֲמַרְכָּל (ז)
camareira (f)	χadranit	חַדְרָנִית (נ)
bagageiro (m)	sabal	סַבָּל (ז)
porteiro (m)	pakid kabala	פְקִיד קַבָּלָה (ז)

restaurante (m)	mis'ada	מִסְעָדָה (נ)
bar (m)	bar	בָּר (ז)
pequeno-almoço (m)	aruχat 'boker	אֲרוּחַת בּוֹקֶר (נ)
jantar (m)	aruχat 'erev	אֲרוּחַת עֶרֶב (נ)
buffet (m)	miznon	מִזְנוֹן (ז)

| hall (m) de entrada | 'lobi | לוֹבִּי (ז) |
| elevador (m) | ma'alit | מַעֲלִית (נ) |

| NÃO PERTURBE | lo lehaf'ri'a | לֹא לְהַפְרִיעַ |
| PROIBIDO FUMAR! | asur le'aʃen! | אָסוּר לְעַשֵׁן! |

132. Livros. Leitura

livro (m)	'sefer	סֵפֶר (ז)
autor (m)	sofer	סוֹפֵר (ז)
escritor (m)	sofer	סוֹפֵר (ז)
escrever (vt)	liχtov	לִכְתוֹב

leitor (m)	kore	קוֹרֵא (ז)
ler (vt)	likro	לִקְרוֹא
leitura (f)	kri'a	קְרִיאָה (נ)

| para si | belev, be'ʃeket | בְּלֵב, בְּשֶׁקֶט |
| em voz alta | bekol ram | בְּקוֹל רָם |

publicar (vt)	lehotsi la'or	לְהוֹצִיא לָאוֹר
publicação (f)	hotsa'a la'or	הוֹצָאָה לָאוֹר (נ)
editor (m)	motsi le'or	מוֹצִיא לָאוֹר (ז)
editora (f)	hotsa'a la'or	הוֹצָאָה לָאוֹר (נ)
sair (vi)	latset le'or	לָצֵאת לָאוֹר

lançamento (m)	hafatsa	הֲפָצָה (נ)
tiragem (f)	tfutsa	תְּפוּצָה (נ)
livraria (f)	xanut sfarim	חֲנוּת סְפָרִים (נ)
biblioteca (f)	sifriya	סִפְרִיָּה (נ)
novela (f)	sipur	סִיפּוּר (ז)
conto (m)	sipur katsar	סִיפּוּר קָצָר (ז)
romance (m)	roman	רוֹמָן (ז)
romance (m) policial	roman balaʃi	רוֹמָן בַּלָּשִׁי (ז)
memórias (f pl)	zixronot	זִיכְרוֹנוֹת (ז"ר)
lenda (f)	agada	אַגָּדָה (נ)
mito (m)	'mitos	מִיתוֹס (ז)
poesia (f)	ʃirim	שִׁירִים (ז"ר)
autobiografia (f)	otobio'grafya	אוֹטוֹבִּיוֹגְרַפְיָה (נ)
obras (f pl) escolhidas	mivxar ktavim	מִבְחָר כְּתָבִים (ז)
ficção (f) científica	mada bidyoni	מַדָּע בִּדְיוֹנִי (ז)
título (m)	kotar	כּוֹתָר (ז)
introdução (f)	mavo	מָבוֹא (ז)
folha (f) de rosto	amud ha'ʃaʿar	עַמּוּד הַשַּׁעַר (ז)
capítulo (m)	'perek	פֶּרֶק (ז)
excerto (m)	'keta	קֶטַע (ז)
episódio (m)	epi'zoda	אֶפִּיזוֹדָה (נ)
tema (m)	alila	עֲלִילָה (נ)
conteúdo (m)	'toxen	תּוֹכֶן (ז)
índice (m)	'toxen inyanim	תּוֹכֶן עִנְיָנִים (ז)
protagonista (m)	hagibor haraʃi	הַגִּיבּוֹר הָרָאשִׁי (ז)
tomo, volume (m)	'kerex	כֶּרֶךְ (ז)
capa (f)	krixa	כְּרִיכָה (נ)
encadernação (f)	krixa	כְּרִיכָה (נ)
marcador (m) de livro	simaniya	סִימָנִיָּה (נ)
página (f)	amud	עַמּוּד (ז)
folhear (vt)	ledafdef	לְדַפְדֵּף
margem (f)	ʃu'layim	שׁוּלַיִם (ז"ר)
anotação (f)	he'ara	הֶעָרָה (נ)
nota (f) de rodapé	he'arat ʃu'layim	הֶעָרַת שׁוּלַיִם (נ)
texto (m)	tekst	טֶקְסְט (ז)
fonte (f)	gufan	גּוּפָן (ז)
gralha (f)	ta'ut dfus	טָעוּת דְּפוּס (נ)
tradução (f)	tirgum	תִּרְגּוּם (ז)
traduzir (vt)	letargem	לְתַרְגֵּם
original (m)	makor	מָקוֹר (ז)
famoso	mefursam	מְפוּרְסָם
desconhecido	lo ya'du'a	לֹא יָדוּעַ
interessante	me'anyen	מְעַנְיֵן
best-seller (m)	rav 'mexer	רַב-מֶכֶר (ז)

dicionário (m)	milon	מִילוֹן (ז)
manual (m) escolar	'sefer limud	סֵפֶר לִימוּד (ז)
enciclopédia (f)	entsiklo'pedya	אֶנצִיקלוֹפֶּדיָה (נ)

133. Caça. Pesca

caça (f)	'tsayid	צַיִד (ז)
caçar (vi)	latsud	לָצוּד
caçador (m)	tsayad	צַיָד (ז)

atirar (vi)	lirot	לִירוֹת
caçadeira (f)	rove	רוֹבֶה (ז)
cartucho (m)	kadur	כַּדוּר (ז)
chumbo (m) de caça	kaduriyot	כַּדוּרִיוֹת (נ"ר)

armadilha (f)	mal'kodet	מַלכּוֹדֶת (נ)
armadilha (com corda)	mal'kodet	מַלכּוֹדֶת (נ)
cair na armadilha	lehilaxed bemal'kodet	לְהִילָכֵד בְּמַלכּוֹדֶת
pôr a armadilha	leha'niax mal'kodet	לְהָנִיחַ מַלכּוֹדֶת

caçador (m) furtivo	tsayad lelo reʃut	צַיָד לְלֹא רְשוּת (ז)
caça (f)	xayot bar	חַיוֹת בַּר (נ"ר)
cão (m) de caça	'kelev 'tsayid	כֶּלֶב צַיִד (ז)
safári (m)	sa'fari	סָפָארִי (ז)
animal (m) empalhado	puxlats	פּוּחלָץ (ז)

pescador (m)	dayag	דַיָיג (ז)
pesca (f)	'dayig	דַיִג (ז)
pescar (vt)	ladug	לָדוּג

cana (f) de pesca	xaka	חַכָּה (נ)
linha (f) de pesca	xut haxaka	חוּט הַחַכָּה (ז)
anzol (m)	'keres	קֶרֶס (ז)

| boia (f) | matsof | מָצוֹף (ז) |
| isca (f) | pitayon | פִּיתָיוֹן (ז) |

| lançar a linha | lizrok et haxaka | לִזרוֹק אֶת הַחַכָּה |
| morder (vt) | liv'lo'a pitayon | לִבלוֹעַ פִּיתָיוֹן |

| pesca (f) | ʃlal 'dayig | שלַל דַיִג (ז) |
| buraco (m) no gelo | mivka 'kerax | מִבקַע קֶרַח (ז) |

| rede (f) | 'reʃet dayagim | רֶשֶת דַיָיגִים (נ) |
| barco (m) | sira | סִירָה (נ) |

pescar com rede	ladug be'reʃet	לָדוּג בְּרֶשֶת
lançar a rede	lizrok 'reʃet	לִזרוֹק רֶשֶת
puxar a rede	ligror 'reʃet	לִגרוֹר רֶשֶת
cair nas malhas	lehilaxed be'reʃet	לְהִילָכֵד בְּרֶשֶת

baleeiro (m)	tsayad livyatanim	צַיָד לִווייָתָנִים (ז)
baleeira (f)	sfinat tseid livyetanim	סְפִינַת צֵיד לִווייָתָנִית (נ)
arpão (m)	tsiltsal	צִלצָל (ז)

134. Jogos. Bilhar

bilhar (m)	bilyard	בִּילְיַארְד (ז)
sala (f) de bilhar	'xeder bilyard	חֲדַר בִּילְיַארְד (ז)
bola (f) de bilhar	kadur bilyard	כַּדּוּר בִּילְיַארְד (ז)
embolsar uma bola	lehaxnis kadur lekis	לְהַכְנִיס כַּדּוּר לְכִּיס
taco (m)	makel bilyard	מַקֵּל בִּילְיַארְד (ז)
caçapa (f)	kis	כִּיס (ז)

135. Jogos. Jogar cartas

ouros (m pl)	yahalom	יַהֲלוֹם (ז)
espadas (f pl)	ale	עָלֶה (ז)
copas (f pl)	lev	לֵב (ז)
paus (m pl)	tiltan	תִּלְתָּן (ז)
ás (m)	as	אָס (ז)
rei (m)	'melex	מֶלֶךְ (ז)
dama (f)	malka	מַלְכָּה (נ)
valete (m)	nasix	נָסִיךְ (ז)
carta (f) de jogar	klaf	קְלָף (ז)
cartas (f pl)	klafim	קְלָפִים (ז"ר)
trunfo (m)	klaf nitsaxon	קְלָף נִיצָחוֹן (ז)
baralho (m)	xafisat klafim	חֲפִיסַת קְלָפִים (נ)
ponto (m)	nekuda	נְקוּדָה (נ)
dar, distribuir (vt)	lexalek klafim	לְחַלֵּק קְלָפִים
embaralhar (vt)	litrof	לִטְרוֹף
vez, jogada (f)	tor	תּוֹר (ז)
batoteiro (m)	noxel klafim	נוֹכֵל קְלָפִים (ז)

136. Descanso. Jogos. Diversos

passear (vi)	letayel ba'regel	לְטַיֵּל בָּרֶגֶל
passeio (m)	tiyul ragli	טִיּוּל רַגְלִי (ז)
viagem (f) de carro	nesi'a bamexonit	נְסִיעָה בָּמְכוֹנִית (נ)
aventura (f)	harpatka	הַרְפַּתְקָה (נ)
piquenique (m)	'piknik	פִּיקְנִיק (ז)
jogo (m)	misxak	מִשְׂחָק (ז)
jogador (m)	saxkan	שַׂחְקָן (ז)
partida (f)	misxak	מִשְׂחָק (ז)
colecionador (m)	asfan	אַסְפָן (ז)
colecionar (vt)	le'esof	לֶאֱסוֹף
coleção (f)	'osef	אוֹסֶף (ז)
palavras (f pl) cruzadas	taʃbets	תַשְׁבֵּץ (ז)
hipódromo (m)	hipodrom	הִיפּוֹדְרוֹם (ז)

discoteca (f)	diskotek	דִיסְקוֹטֶק (ז)
sauna (f)	'sa'una	סָאוּנָה (נ)
lotaria (f)	'loto	לוֹטוֹ (ז)

campismo (m)	tiyul maxana'ut	טִיוּל מַחֲנָאוּת (ז)
acampamento (m)	maxane	מַחֲנֶה (ז)
tenda (f)	'ohel	אוֹהֶל (ז)
bússola (f)	matspen	מַצְפֵּן (ז)
campista (m)	maxnai	מַחֲנַאי (ז)

ver (vt), assistir à …	lir'ot	לִרְאוֹת
telespectador (m)	tsofe	צוֹפֶה (ז)
programa (m) de TV	toxnit tele'vizya	תּוֹכְנִית טֶלֶוִוִיזְיָה (נ)

137. Fotografia

| máquina (f) fotográfica | matslema | מַצְלֵמָה (נ) |
| foto, fotografia (f) | tmuna | תְּמוּנָה (נ) |

fotógrafo (m)	tsalam	צַלָּם (ז)
estúdio (m) fotográfico	'studyo letsilum	סְטוּדְיוֹ לְצִילוּם (ז)
álbum (m) de fotografias	albom tmunot	אַלְבּוֹם תְּמוּנוֹת (ז)

objetiva (f)	adaʃa	עֲדָשָׁה (נ)
teleobjetiva (f)	a'deʃet teleskop	עֲדָשֶׁת טֶלֶסְקוֹפ (נ)
filtro (m)	masnen	מַסְנֵן (ז)
lente (f)	adaʃa	עֲדָשָׁה (נ)

ótica (f)	'optika	אוֹפְּטִיקָה (נ)
abertura (f)	tsamtsam	צַמְצָם (ז)
exposição (f)	zman hahe'ara	זְמַן הַהֶאָרָה (ז)
visor (m)	einit	עֵינִית (נ)

câmara (f) digital	matslema digi'talit	מַצְלֵמָה דִיגִיטָלִית (נ)
tripé (m)	xatsuva	חֲצוּבָה (נ)
flash (m)	mavzek	מַבְזֵק (ז)

fotografar (vt)	letsalem	לְצַלֵּם
tirar fotos	letsalem	לְצַלֵּם
fotografar-se	lehitstalem	לְהִצְטַלֵּם

foco (m)	moked	מוֹקֵד (ז)
focar (vt)	lemaked	לְמַקֵּד
nítido	xad, memukad	חַד, מְמוּקָד
nitidez (f)	xadut	חַדוּת (נ)

| contraste (m) | nigud | נִיגוּד (ז) |
| contrastante | menugad | מְנוּגָד |

retrato (m)	tmuna	תְּמוּנָה (נ)
negativo (m)	taʃlil	תַּשְׁלִיל (ז)
filme (m)	'seret	סֶרֶט (ז)
fotograma (m)	freim	פְרֵיים (ז)
imprimir (vt)	lehadpis	לְהַדְפִּיס

138. Praia. Natação

praia (f)	χof yam	חוֹף יָם (ז)
areia (f)	χol	חוֹל (ז)
deserto	ʃomem	שׁוֹמֵם

bronzeado (m)	ʃizuf	שִׁיזוּף (ז)
bronzear-se (vr)	lehiʃtazef	לְהִשְׁתַּזֵּף
bronzeado	ʃazuf	שָׁזוּף
protetor (m) solar	krem hagana	קְרֶם הֲגָנָה (ז)

biquíni (m)	bi'kini	בִּיקִינִי (ז)
fato (m) de banho	'beged yam	בֶּגֶד יָם (ז)
calção (m) de banho	'beged yam	בֶּגֶד יָם (ז)

piscina (f)	breχa	בְּרֵיכָה (נ)
nadar (vi)	lisχot	לִשְׂחוֹת
duche (m)	mik'laχat	מִקְלַחַת (נ)
mudar de roupa	lehaχlif bgadim	לְהַחֲלִיף בְּגָדִים
toalha (f)	ma'gevet	מַגֶּבֶת (נ)

barco (m)	sira	סִירָה (נ)
lancha (f)	sirat ma'no'a	סִירַת מָנוֹעַ (נ)
esqui (m) aquático	ski 'mayim	סְקִי מַיִם (ז)
barco (m) de pedais	sirat pe'dalim	סִירַת פֶּדָלִים (נ)
surf (m)	gliʃat galim	גְּלִישַׁת גַּלִים
surfista (m)	goleʃ	גּוֹלֵשׁ (ז)

equipamento (m) de mergulho	'skuba	סְקוּבָּה (נ)
barbatanas (f pl)	snapirim	סְנַפִּירִים (ז"ר)
máscara (f)	maseχa	מַסֵּכָה (נ)
mergulhador (m)	tsolelan	צוֹלְלָן (ז)
mergulhar (vi)	litslol	לִצְלוֹל
debaixo d'água	mi'taχat lifnei ha'mayim	מִתַּחַת לִפְנֵי הַמַּיִם

guarda-sol (m)	ʃimʃiya	שִׁמְשִׁיָּה (נ)
espreguiçadeira (f)	kise 'noaχ	כִּסֵּא נוֹחַ (ז)
óculos (m pl) de sol	miʃkefei 'ʃemeʃ	מִשְׁקְפֵי שֶׁמֶשׁ (ז"ר)
colchão (m) de ar	mizron mitna'peaχ	מִזְרוֹן מִתְנַפֵּחַ (ז)

| brincar (vi) | lesaχek | לְשַׂחֵק |
| ir nadar | lehitraχets | לְהִתְרַחֵץ |

bola (f) de praia	kadur yam	כַּדּוּר יָם (ז)
encher (vt)	lena'peaχ	לְנַפֵּחַ
inflável, de ar	menupaχ	מְנוּפָּח

onda (f)	gal	גַּל (ז)
boia (f)	matsof	מָצוֹף (ז)
afogar-se (pessoa)	lit'bo'a	לִטְבּוֹעַ

salvar (vt)	lehatsil	לְהַצִּיל
colete (m) salva-vidas	χagorat hatsala	חֲגוֹרַת הַצָּלָה (נ)
observar (vt)	litspot, lehaʃkif	לִצְפּוֹת, לְהַשְׁקִיף
nadador-salvador (m)	matsil	מַצִּיל (ז)

EQUIPAMENTO TÉCNICO. TRANSPORTES

Equipamento técnico. Transportes

139. Computador

computador (m)	maχʃev	מַחְשֵׁב (ז)
portátil (m)	maχʃev nayad	מַחְשֵׁב נַיָּד (ז)
ligar (vt)	lehadlik	לְהַדְלִיק
desligar (vt)	leχabot	לְכַבּוֹת
teclado (m)	mik'ledet	מִקְלֶדֶת (נ)
tecla (f)	makaʃ	מַקָּשׁ (ז)
rato (m)	aχbar	עַכְבָּר (ז)
tapete (m) de rato	ʃa'tiaχ le'aχbar	שְׁטִיחַ לְעַכְבָּר (ז)
botão (m)	kaftor	כַּפְתּוֹר (ז)
cursor (m)	saman	סַמָּן (ז)
monitor (m)	masaχ	מָסָךְ (ז)
ecrã (m)	tsag	צַג (ז)
disco (m) rígido	disk ka'ʃiaχ	דִיסְק קָשִׁיחַ (ז)
capacidade (f) do disco rígido	'nefaχ disk ka'ʃiaχ	נֶפַח דִיסְק קָשִׁיחַ (ז)
memória (f)	zikaron	זִיכָּרוֹן (ז)
memória RAM (f)	zikaron giʃa akra'it	זִיכָּרוֹן גִישָׁה אַקְרָאִית (ז)
ficheiro (m)	'kovets	קוֹבֶץ (ז)
pasta (f)	tikiya	תִּיקִייָה (נ)
abrir (vt)	lif'toaχ	לִפְתּוֹחַ
fechar (vt)	lisgor	לִסְגוֹר
guardar (vt)	liʃmor	לִשְׁמוֹר
apagar, eliminar (vt)	limχok	לִמְחוֹק
copiar (vt)	leha'atik	לְהַעֲתִיק
ordenar (vt)	lemayen	לְמַיֵן
copiar (vt)	leha'avir	לְהַעֲבִיר
programa (m)	toχna	תּוֹכְנָה (נ)
software (m)	toχna	תּוֹכְנָה (נ)
programador (m)	metaχnet	מְתַכְנֵת (ז)
programar (vt)	letaχnet	לְתַכְנֵת
hacker (m)	'haker	הָאקֶר (ז)
senha (f)	sisma	סִיסְמָה (נ)
vírus (m)	'virus	וִירוּס (ז)
detetar (vt)	limtso, le'ater	לִמְצוֹא, לְאַתֵּר
byte (m)	bait	בַּייט (ז)

megabyte (m)	megabait	מֶגָבַּייט (ז)
dados (m pl)	netunim	נְתוּנִים (ז"ר)
base (f) de dados	bsis netunim	בְּסִיס נְתוּנִים (ז)

cabo (m)	'kevel	כֶּבֶל (ז)
desconectar (vt)	lenatek	לְנַתֵּק
conetar (vt)	leχaber	לְחַבֵּר

140. Internet. E-mail

internet (f)	'internet	אִינְטֶרְנֶט (ז)
browser (m)	dafdefan	דַּפְדְּפָן (ז)
motor (m) de busca	ma'no'a χipus	מָנוֹעַ חִיפּוּשׂ (ז)
provedor (m)	sapak	סַפָּק (ז)

webmaster (m)	menahel ha'atar	מְנַהֵל הָאֲתָר (ז)
website, sítio web (m)	atar	אֲתָר (ז)
página (f) web	daf 'internet	דַּף אִינְטֶרְנֶט (ז)

| endereço (m) | 'ktovet | כְּתוֹבֶת (נ) |
| livro (m) de endereços | 'sefer ktovot | סֵפֶר כְּתוֹבוֹת (ז) |

caixa (f) de correio	teivat 'do'ar	תֵּיבַת דּוֹאַר (נ)
correio (m)	'do'ar, 'do'al	דּוֹאַר (ז), דּוֹא"ל (ז)
cheia (caixa de correio)	gaduʃ	גָּדוּשׁ

mensagem (f)	hoda'a	הוֹדָעָה (נ)
mensagens (f pl) recebidas	hoda'ot niχnasot	הוֹדָעוֹת נִכְנָסוֹת (נ"ר)
mensagens (f pl) enviadas	hoda'ot yots'ot	הוֹדָעוֹת יוֹצְאוֹת (נ"ר)
remetente (m)	ʃo'leaχ	שׁוֹלֵחַ (ז)
enviar (vt)	liʃluaχ	לִשְׁלוֹחַ
envio (m)	ʃliχa	שְׁלִיחָה (נ)
destinatário (m)	nim'an	נִמְעָן (ז)
receber (vt)	lekabel	לְקַבֵּל

| correspondência (f) | hitkatvut | הִתְכַּתְּבוּת (נ) |
| corresponder-se (vr) | lehitkatev | לְהִתְכַּתֵּב |

ficheiro (m)	'kovets	קוֹבֶץ (ז)
fazer download, baixar	lehorid	לְהוֹרִיד
criar (vt)	litsor	לִיצוֹר
apagar, eliminar (vt)	limχok	לִמְחוֹק
eliminado	maχuk	מָחוּק

conexão (f)	χibur	חִיבּוּר (ז)
velocidade (f)	mehirut	מְהִירוּת (נ)
modem (m)	'modem	מוֹדֶם (ז)
acesso (m)	giʃa	גִּישָׁה (נ)
porta (f)	port	פּוֹרְט (ז)

conexão (f)	χibur	חִיבּוּר (ז)
conetar (vi)	lehitχaber	לְהִתְחַבֵּר
escolher (vt)	livχor	לִבְחוֹר
buscar (vt)	leχapes	לְחַפֵּשׂ

Transportes

141. Avião

avião (m)	matos	מָטוֹס (ז)
bilhete (m) de avião	kartis tisa	פַּרְטִיס טִיסָה (ז)
companhia (f) aérea	xevrat te'ufa	חֶבְרַת תְּעוּפָה (נ)
aeroporto (m)	nemal te'ufa	נְמַל תְּעוּפָה (ז)
supersónico	al koli	עַל קוֹלִי

comandante (m) do avião	kabarnit	קַבַּרְנִיט (ז)
tripulação (f)	'tsevet	צֶוֶת (ז)
piloto (m)	tayas	טַיָּס (ז)
hospedeira (f) de bordo	da'yelet	דַּיֶּלֶת (נ)
copiloto (m)	navat	נַוָּט (ז)

asas (f pl)	kna'fayim	כְּנָפַיִם (נ"ר)
cauda (f)	zanav	זָנָב (ז)
cabine (f) de pilotagem	'kokpit	קוֹקְפִּיט (ז)
motor (m)	ma'no'a	מָנוֹעַ (ז)
trem (m) de aterragem	kan nesi'a	כַּן נְסִיעָה (ז)
turbina (f)	tur'bina	טוּרבִּינָה (נ)

hélice (f)	madxef	מַדחֵף (ז)
caixa-preta (f)	kufsa ʃxora	קוּפְסָה שְׁחוֹרָה (נ)
coluna (f) de controlo	'hege	הֶגֶה (ז)
combustível (m)	'delek	דֶּלֶק (ז)

instruções (f pl) de segurança	hora'ot betixut	הוֹרָאוֹת בְּטִיחוּת (נ"ר)
máscara (f) de oxigénio	masexat xamtsan	מַסֵּיכַת חַמצָן (נ)
uniforme (m)	madim	מַדִּים (ז"ר)

colete (m) salva-vidas	xagorat hatsala	חֲגוֹרַת הַצָּלָה (נ)
paraquedas (m)	mitsnax	מִצנָח (ז)

descolagem (f)	hamra'a	הַמרָאָה (נ)
descolar (vi)	lehamri	לְהַמרִיא
pista (f) de descolagem	maslul hamra'a	מַסלוּל הַמרָאָה (ז)

visibilidade (f)	re'ut	רְאוּת (נ)
voo (m)	tisa	טִיסָה (נ)

altura (f)	'gova	גּוֹבַהּ (ז)
poço (m) de ar	kis avir	כִּיס אֲוִויר (ז)

assento (m)	moʃav	מוֹשָׁב (ז)
auscultadores (m pl)	ozniyot	אֹזנִיּוֹת (נ"ר)
mesa (f) rebatível	magaʃ mitkapel	מַגָשׁ מִתקַפֵּל (ז)
vigia (f)	tsohar	צֹוהַר (ז)
passagem (f)	ma'avar	מַעֲבָר (ז)

142. Comboio

comboio (m)	ra'kevet	רַכֶּבֶת (נ)
comboio (m) suburbano	ra'kevet parvarim	רַכֶּבֶת פַּרְבָרִים (נ)
comboio (m) rápido	ra'kevet mehira	רַכֶּבֶת מְהִירָה (נ)
locomotiva (f) diesel	katar 'dizel	קַטָר דִיזֶל (ז)
locomotiva (f) a vapor	katar	קַטָר (ז)

carruagem (f)	karon	קָרוֹן (ז)
carruagem restaurante (f)	kron mis'ada	קָרוֹן מִסְעָדָה (ז)

carris (m pl)	mesilot	מְסִילוֹת (נ"ר)
caminho de ferro (m)	mesilat barzel	מְסִילַת בַּרְזֶל (נ)
travessa (f)	'eden	אֶדֶן (ז)

plataforma (f)	ratsif	רָצִיף (ז)
linha (f)	mesila	מְסִילָה (נ)
semáforo (m)	ramzor	רַמְזוֹר (ז)
estação (f)	taxana	תַחֲנָה (נ)

maquinista (m)	nahag ra'kevet	נֶהָג רַכֶּבֶת (ז)
bagageiro (m)	sabal	סַבָּל (ז)
hospedeiro, -a (da carruagem)	sadran ra'kevet	סַדְרָן רַכֶּבֶת (ז)
passageiro (m)	no'se‘a	נוֹסֵעַ (ז)
revisor (m)	bodek	בּוֹדֵק (ז)

corredor (m)	prozdor	פְּרוֹזְדּוֹר (ז)
freio (m) de emergência	ma‘atsar xirum	מַעֲצָר חֵירוּם (ז)

compartimento (m)	ta	תָא (ז)
cama (f)	dargaʃ	דַרְגָשׁ (ז)
cama (f) de cima	dargaʃ elyon	דַרְגָשׁ עֶלְיוֹן (ז)
cama (f) de baixo	dargaʃ taxton	דַרְגָשׁ תַחְתּוֹן (ז)
roupa (f) de cama	matsa‘im	מַצָעִים (ז"ר)

bilhete (m)	kartis	כַּרְטִיס (ז)
horário (m)	'luax zmanim	לוּחַ זְמַנִים (ז)
painel (m) de informação	'ʃelet meida	שֶׁלֶט מֵידָע (ז)

partir (vt)	latset	לָצֵאת
partida (f)	yetsi’a	יְצִיאָה (נ)
chegar (vi)	leha'gi‘a	לְהַגִיעַ
chegada (f)	haga‘a	הַגָעָה (נ)

chegar de comboio	leha'gi‘a bera'kevet	לְהַגִיעַ בְּרַכֶּבֶת
apanhar o comboio	la‘alot lera'kevet	לַעֲלוֹת לְרַכֶּבֶת
sair do comboio	la'redet meha'kevet	לָרֶדֶת מֵהָרַכֶּבֶת

acidente (m) ferroviário	hitraskut	הִתְרַסְקוּת (נ)
descarrilar (vi)	la'redet mipasei ra'kevet	לָרֶדֶת מִפַּסֵי רַכֶּבֶת
locomotiva (f) a vapor	katar	קַטָר (ז)
fogueiro (m)	masik	מַסִיק (ז)
fornalha (f)	kivʃan	כִּבְשָׁן (ז)
carvão (m)	pexam	פֶּחָם (ז)

143. Barco

Português	Transliteração	עברית
navio (m)	sfina	סְפִינָה (נ)
embarcação (f)	sfina	סְפִינָה (נ)
vapor (m)	oniyat kitor	אוֹנִיַּית קִיטוֹר (נ)
navio (m)	sfinat nahar	סְפִינַת נָהָר (נ)
transatlântico (m)	oniyat ta'anugot	אוֹנִיַּית תַּעֲנוּגוֹת (נ)
cruzador (m)	sa'yeret	סַיֶּרֶת (נ)
iate (m)	'yaχta	יַכטָה (נ)
rebocador (m)	go'reret	גוֹרֶרֶת (נ)
barcaça (f)	arba	אַרבָּה (נ)
ferry (m)	ma'a'boret	מַעֲבּוֹרֶת (נ)
veleiro (m)	sfinat mifras	סְפִינַת מִפּרָשׂ (נ)
bergantim (m)	briganit	בְּרִיגָנִית (נ)
quebra-gelo (m)	ʃo'veret 'keraχ	שׁוֹבֶרֶת קֶרַח (נ)
submarino (m)	tso'lelet	צוֹלֶלֶת (נ)
bote, barco (m)	sira	סִירָה (נ)
bote, dingue (m)	sira	סִירָה (נ)
bote (m) salva-vidas	sirat hatsala	סִירַת הַצָּלָה (נ)
lancha (f)	sirat ma'no'a	סִירַת מָנוֹעַ (נ)
capitão (m)	rav χovel	רַב־חוֹבֵל (ז)
marinheiro (m)	malaχ	מַלָּח (ז)
marujo (m)	yamai	יַמַּאי (ז)
tripulação (f)	'tsevet	צֶוֶת (ז)
contramestre (m)	rav malaχim	רַב־מַלָּחִים (ז)
grumete (m)	'na'ar sipun	נַעַר סִיפּוּן (ז)
cozinheiro (m) de bordo	tabaχ	טַבָּח (ז)
médico (m) de bordo	rofe ha'oniya	רוֹפֵא הָאוֹנִיָּיה (ז)
convés (m)	sipun	סִיפּוּן (ז)
mastro (m)	'toren	תּוֹרֶן (ז)
vela (f)	mifras	מִפּרָשׂ (ז)
porão (m)	'beten oniya	בֶּטֶן אוֹנִיָּיה (נ)
proa (f)	χartom	חַרטוֹם (ז)
popa (f)	yarketei hasfina	יַרכְּתֵי הַסְּפִינָה (ז"ר)
remo (m)	maʃot	מָשׁוֹט (ז)
hélice (f)	madχef	מַדחֵף (ז)
camarote (m)	ta	תָּא (ז)
sala (f) dos oficiais	mo'adon ktsinim	מוֹעֲדוֹן קְצִינִים (ז)
sala (f) das máquinas	χadar meχonot	חֲדַר מְכוֹנוֹת (ז)
ponte (m) de comando	'geʃer hapikud	גֶּשֶׁר הַפִּיקוּד (ז)
sala (f) de comunicações	ta alχutan	תָּא אַלחוּטָן (ז)
onda (f) de rádio	'teder	תֶּדֶר (ז)
diário (m) de bordo	yoman ha'oniya	יוֹמַן הָאוֹנִיָּיה (ז)
luneta (f)	miʃ'kefet	מִשׁקֶפֶת (נ)
sino (m)	pa'amon	פַּעֲמוֹן (ז)

bandeira (f)	'degel	דֶּגֶל (ז)
cabo (m)	avot ha'oniya	עֲבוֹת הָאוֹנִיָּה (נ)
nó (m)	'keʃer	קֶשֶׁר (ז)

corrimão (m)	ma'ake hasipun	מַעֲקֶה הַסִּיפּוּן (ז)
prancha (f) de embarque	'keveʃ	כֶּבֶשׁ (ז)

âncora (f)	'ogen	עוֹגֶן (ז)
recolher a âncora	leharim 'ogen	לְהָרִים עוֹגֶן
lançar a âncora	la'agon	לַעֲגוֹן
amarra (f)	ʃar'ʃeret ha'ogen	שַׁרְשֶׁרֶת הָעוֹגֶן (נ)

porto (m)	namal	נָמֵל (ז)
cais, amarradouro (m)	'mezaχ	מֶזַח (ז)
atracar (vi)	la'agon	לַעֲגוֹן
desatracar (vi)	lehaflig	לְהַפְלִיג

viagem (f)	masa, tiyul	מַסָּע (ז), טִיּוּל (ז)
cruzeiro (m)	'ʃayit	שַׁיִט (ז)
rumo (m), rota (f)	kivun	כִּיווּן (ז)
itinerário (m)	nativ	נָתִיב (ז)

canal (m) navegável	nativ 'ʃayit	נָתִיב שַׁיִט (ז)
banco (m) de areia	sirton	שִׂרְטוֹן (ז)
encalhar (vt)	la'alot al hasirton	לַעֲלוֹת עַל הַשִּׂרְטוֹן

tempestade (f)	sufa	סוּפָה (נ)
sinal (m)	ot	אוֹת (ז)
afundar-se (vr)	lit'bo'a	לִטְבּוֹעַ
Homem ao mar!	adam ba'mayim!	אָדָם בַּמַּיִם!
SOS	kri'at hatsala	קְרִיאַת הַצָּלָה
boia (f) salva-vidas	galgal hatsala	גַּלְגַּל הַצָּלָה (ז)

144. Aeroporto

aeroporto (m)	nemal te'ufa	נְמַל תְּעוּפָה (ז)
avião (m)	matos	מָטוֹס (ז)
companhia (f) aérea	χevrat te'ufa	חֶבְרַת תְּעוּפָה (נ)
controlador (m) de tráfego aéreo	bakar tisa	בַּקָּר טִיסָה (ז)

partida (f)	hamra'a	הַמְרָאָה (נ)
chegada (f)	neχita	נְחִיתָה (נ)
chegar (~ de avião)	leha'gi'a betisa	לְהַגִּיעַ בְּטִיסָה

hora (f) de partida	zman hamra'a	זְמַן הַמְרָאָה (ז)
hora (f) de chegada	zman neχita	זְמַן נְחִיתָה (ז)

estar atrasado	lehit'akev	לְהִתְעַכֵּב
atraso (m) de voo	ikuv hatisa	עִיכּוּב הַטִּיסָה (ז)

painel (m) de informação	'luaχ meida	לוּחַ מֵידַע (ז)
informação (f)	meida	מֵידַע (ז)
anunciar (vt)	leho'dia	לְהוֹדִיעַ

voo (m)	tisa	טִיסָה (נ)
alfândega (f)	'meχes	מֶכֶס (ז)
funcionário (m) da alfândega	pakid 'meχes	פְּקִיד מֶכֶס (ז)

declaração (f) alfandegária	hatsharat meχes	הַצְהָרַת מֶכֶס (נ)
preencher (vt)	lemale	לְמַלֵּא
preencher a declaração	lemale 'tofes hatshara	לְמַלֵּא טוֹפֶס הַצְהָרָה
controlo (m) de passaportes	bdikat darkonim	בְּדִיקַת דַּרְכּוֹנִים (נ)

bagagem (f)	kvuda	כְּבוּדָה (נ)
bagagem (f) de mão	kvudat yad	כְּבוּדַת יָד (נ)
carrinho (m)	eglat kvuda	עֶגְלַת כְּבוּדָה (נ)

aterragem (f)	neχita	נְחִיתָה (נ)
pista (f) de aterragem	maslul neχita	מַסְלוּל נְחִיתָה (ז)
aterrar (vi)	linχot	לִנְחוֹת
escada (f) de avião	'keveʃ	כֶּבֶשׁ (ז)

check-in (m)	tʃek in	צֶ׳ק אִין (ז)
balcão (m) do check-in	dalpak tʃek in	דַּלְפַּק צֶ׳ק אִין (ז)
fazer o check-in	leva'tse'a tʃek in	לְבַצֵּעַ צֶ׳ק אִין
cartão (m) de embarque	kartis aliya lematos	כַּרְטִיס עֲלִיָּה לְמָטוֹס (ז)
porta (f) de embarque	'ʃa'ar yetsi'a	שַׁעַר יְצִיאָה (ז)

trânsito (m)	ma'avar	מַעֲבָר (ז)
esperar (vi, vt)	lehamtin	לְהַמְתִּין
sala (f) de espera	traklin tisa	טְרַקְלִין טִיסָה (ז)
despedir-se de …	lelavot	לְלַווֹת
despedir-se (vr)	lomar lehitra'ot	לוֹמַר לְהִתְרָאוֹת

145. Bicicleta. Motocicleta

bicicleta (f)	ofa'nayim	אוֹפַנַּיִים (ז"ר)
scotter, lambreta (f)	kat'no'a	קַטְנוֹעַ (ז)
mota (f)	of'no'a	אוֹפְנוֹעַ (ז)

ir de bicicleta	lirkov al ofa'nayim	לִרְכּוֹב עַל אוֹפַנַּיִים
guiador (m)	kidon	כִּידוֹן (ז)
pedal (m)	davʃa	דַּוְושָׁה (נ)
travões (m pl)	blamim	בְּלָמִים (ז"ר)
selim (m)	ukaf	אוּכָּף (ז)

bomba (f) de ar	maʃeva	מַשְׁאֵבָה (נ)
porta-bagagens (m)	sabal	סַבָּל (ז)
lanterna (f)	panas kidmi	פָּנָס קִדְמִי (ז)
capacete (m)	kasda	קַסְדָּה (נ)

roda (f)	galgal	גַּלְגַּל (ז)
guarda-lamas (m)	kanaf	כָּנָף (נ)
aro (m)	χiʃuk	חִישּׁוּק (ז)
raio (m)	χiʃur	חִישּׁוּר (ז)

Carros

146. Tipos de carros

carro, automóvel (m)	meχonit	מְכוֹנִית (נ)
carro (m) desportivo	meχonit sport	מְכוֹנִית סְפּוֹרְט (נ)
limusine (f)	limu'zina	לִימוּזִינָה (נ)
todo o terreno (m)	'reχev 'ʃetaχ	רֶכֶב שֶׁטַח (ז)
descapotável (m)	meχonit gag niftaχ	מְכוֹנִית גַג נִפְתָּח (נ)
minibus (m)	'minibus	מִינִיבּוּס (ז)
ambulância (f)	'ambulans	אַמְבּוּלַנְס (ז)
limpa-neve (m)	maf'leset 'ʃeleg	מְפַלֶּסֶת שֶׁלֶג (נ)
camião (m)	masa'it	מַשָׂאִית (נ)
camião-cisterna (m)	meχalit 'delek	מֵיכָלִית דֶלֶק (נ)
carrinha (f)	masa'it kala	מַשָׂאִית קַלָה (נ)
camião-trator (m)	gorer	גוֹרֵר (ז)
atrelado (m)	garur	גָרוּר (ז)
confortável	'noaχ	נוֹחַ
usado	meʃumaʃ	מְשׁוּמָשׁ

147. Carros. Carroçaria

capô (m)	miχse hama'no'a	מִכְסֶה הַמָנוֹעַ (ז)
guarda-lamas (m)	kanaf	כָּנָף (נ)
tejadilho (m)	gag	גַג (ז)
para-brisa (m)	ʃimʃa kidmit	שִׁמְשָׁה קִדְמִית (נ)
espelho (m) retrovisor	mar'a aχorit	מַרְאָה אֲחוֹרִית (נ)
lavador (m)	mataz	מַתָז (ז)
limpa-para-brisas (m)	magev	מַגֵב (ז)
vidro (m) lateral	ʃimʃat tsad	שִׁמְשַׁת צַד (נ)
elevador (m) do vidro	χalon χaʃmali	חַלוֹן חַשְׁמַלִי (ז)
antena (f)	an'tena	אַנְטֶנָה (נ)
teto solar (m)	χalon gag	חַלוֹן גַג (ז)
para-choques (m pl)	pagoʃ	פָּגוֹשׁ (ז)
bagageira (f)	ta mit'an	תָא מִטְעָן (ז)
bagageira (f) de tejadilho	gagon	גָגוֹן (ז)
porta (f)	'delet	דֶלֶת (נ)
maçaneta (f)	yadit	יָדִית (נ)
fechadura (f)	man'ul	מַנְעוּל (ז)
matrícula (f)	luχit riʃui	לוּחִית רִישׁוּי (נ)
silenciador (m)	am'am	עַמְעָם (ז)

tanque (m) de gasolina	meiχal 'delek	מֵיכָל דֶּלֶק (ז)
tubo (m) de escape	maflet	מַפְלֵט (ז)

acelerador (m)	gaz	גָּז (ז)
pedal (m)	davʃa	דַּוְושָׁה (נ)
pedal (m) do acelerador	davʃat gaz	דַּוְושַׁת גָּז (נ)

travão (m)	'belem	בֶּלֶם (ז)
pedal (m) do travão	davʃat hablamim	דַּוְושַׁת הַבְּלָמִים (נ)
travar (vt)	livlom	לִבְלוֹם
travão (m) de mão	'belem χaniya	בֶּלֶם חֲנָיָה (ז)

embraiagem (f)	matsmed	מַצְמֵד (ז)
pedal (m) da embraiagem	davʃat hamatsmed	דַּוְושַׁת הַמַּצְמֵד (נ)
disco (m) de embraiagem	luχit hamatsmed	לוּחִית הַמַּצְמֵד (נ)
amortecedor (m)	bolem za'a'zu'a	בּוֹלֵם זַעֲזוּעִים (ז)

roda (f)	galgal	גַּלְגַּל (ז)
pneu (m) sobresselente	galgal χilufi	גַּלְגַּל חִילּוּפִי (ז)
pneu (m)	tsmig	צְמִיג (ז)
tampão (m) de roda	tsa'laχat galgal	צַלַּחַת גַּלְגַּל (נ)

rodas (f pl) motrizes	galgalim meni'im	גַּלְגַּלִּים מֵנִיעִים (ז"ר)
de tração dianteira	shel hana'a kidmit	שֶׁל הֲנָעָה קִדְמִית
de tração traseira	shel hana'a aχorit	שֶׁל הֲנָעָה אֲחוֹרִית
de tração às 4 rodas	shel hana'a male'a	שֶׁל הֲנָעָה מָלֵאָה

caixa (f) de mudanças	teivat hiluχim	תֵּיבַת הִילּוּכִים (נ)
automático	oto'mati	אוֹטוֹמָטִי
mecânico	me'χani	מֶכָנִי
alavanca (f) das mudanças	yadit hiluχim	יָדִית הִילּוּכִים (נ)

farol (m)	panas kidmi	פָּנָס קִדְמִי (ז)
faróis, luzes	panasim	פָּנָסִים (ז"ר)

médios (m pl)	or namuχ	אוֹר נָמוּךְ (ז)
máximos (m pl)	or ga'voha	אוֹר גָּבוֹהַּ (ז)
luzes (f pl) de stop	or 'belem	אוֹר בֶּלֶם (ז)

mínimos (m pl)	orot χanaya	אוֹרוֹת חֲנָיָה (ז"ר)
luzes (f pl) de emergência	orot χerum	אוֹרוֹת חֵירוּם (ז"ר)
faróis (m pl) antinevoeiro	orot arafel	אוֹרוֹת עֲרָפֶל (ז"ר)
pisca-pisca (m)	panas itut	פָּנָס אִיתּוּת (ז)
luz (f) de marcha atrás	orot revers	אוֹרוֹת רֶבֶרְס (ז"ר)

148. Carros. Habitáculo

interior (m) do carro	ta hanos'im	תָּא הַנּוֹסְעִים (ז)
de couro, de pele	asui me'or	עָשׂוּי מֵעוֹר
de veludo	ktifati	קְטִיפָתִי
estofos (m pl)	ripud	רִיפּוּד (ז)

indicador (m)	maχven	מַכְוֵון (ז)
painel (m) de instrumentos	'luaχ maχvenim	לוּחַ מַכְוֵונִים (ז)

| velocímetro (m) | mad mehirut | מַד מְהִירוּת (ז) |
| ponteiro (m) | 'maχat | מַחַט (נ) |

conta-quilómetros (m)	mad merχak	מַד מֶרְחָק (ז)
sensor (m)	χaiʃan	חַיְישָׁן (ז)
nível (m)	ramat mi'lui	רָמַת מִילּוּי (נ)
luz (f) avisadora	nurat azhara	נוּרַת אַזְהָרָה (נ)

volante (m)	'hege	הֶגֶה (ז)
buzina (f)	tsofar	צוֹפָר (ז)
botão (m)	kaftor	כַּפְתּוֹר (ז)
interruptor (m)	'meteg	מֶתֶג (ז)

assento (m)	moʃav	מוֹשָׁב (ז)
costas (f pl) do assento	miʃ"enet	מִשְׁעֶנֶת (נ)
cabeceira (f)	miʃ"enet roʃ	מִשְׁעֶנֶת רֹאשׁ (נ)
cinto (m) de segurança	χagorat betiχut	חֲגוֹרַת בְּטִיחוּת (נ)
apertar o cinto	lehadek χagora	לְהַדֵּק חֲגוֹרָה
regulação (f)	kivnun	כִּיווּנוּן (ז)

| airbag (m) | karit avir | כָּרִית אֲווִיר (נ) |
| ar (m) condicionado | mazgan | מַזְגָּן (ז) |

rádio (m)	'radyo	רַדְיוֹ (ז)
leitor (m) de CD	'diskmen	דִיסְקְמֶן (ז)
ligar (vt)	lehadlik	לְהַדְלִיק
antena (f)	an'tena	אַנְטֶנָה (נ)
porta-luvas (m)	ta kfafot	תָּא כְּפָפוֹת (ז)
cinzeiro (m)	ma'afera	מַאֲפֵרָה (נ)

149. Carros, Motor

motor (m)	ma'no'a	מָנוֹעַ (ז)
diesel	shel 'dizel	שֶׁל דִיזֶל
a gasolina	'delek	דֶּלֶק

cilindrada (f)	'nefaχ ma'no'a	נֶפַח מָנוֹעַ (ז)
potência (f)	otsma	עוֹצְמָה (נ)
cavalo-vapor (m)	'koaχ sus	כּוֹחַ סוּס (ז)
pistão (m)	buχna	בּוּכְנָה (נ)
cilindro (m)	tsi'linder	צִילִינְדֶר (ז)
válvula (f)	ʃastom	שַׁסְתּוֹם (ז)

injetor (m)	mazrek	מַזְרֵק (ז)
gerador (m)	meχolel	מְחוֹלֵל (ז)
carburador (m)	me'ayed	מְאַיֵּיד (ז)
óleo (m) para motor	'ʃemen mano'im	שֶׁמֶן מָנוֹעִים (ז)

radiador (m)	matsnen	מַצְנֵן (ז)
refrigerante (m)	nozel kirur	נוֹזֵל קִירוּר (ז)
ventilador (m)	me'avrer	מְאַווְרֵר (ז)

| bateria (f) | matsber | מַצְבֵּר (ז) |
| dispositivo (m) de arranque | mat'ne'a | מַתְנֵעַ (ז) |

ignição (f)	hatsata	הַצָּתָה (נ)
vela (f) de ignição	matset	מַצֵּת (ז)

borne (m)	'hedek	הֶדֵק (ז)
borne (m) positivo	'hedek χiyuvi	הֶדֵק חִיּוּבִי (ז)
borne (m) negativo	'hedek ʃlili	הֶדֵק שְׁלִילִי (ז)
fusível (m)	natiχ	נָתִיךְ (ז)

filtro (m) de ar	masnen avir	מַסְנֵן אֲוִיר (ז)
filtro (m) de óleo	masnen 'ʃemen	מַסְנֵן שֶׁמֶן (ז)
filtro (m) de combustível	masnen 'delek	מַסְנֵן דֶּלֶק (ז)

150. Carros. Batidas. Reparação

acidente (m) de carro	te'una	תְּאוּנָה (נ)
acidente (m) rodoviário	te'unat draχim	תְּאוּנַת דְּרָכִים (נ)
ir contra ...	lehitnageʃ	לְהִתְנַגֵּשׁ
sofrer um acidente	lehima'eχ	לְהֵימָעֵךְ
danos (m pl)	'nezek	נֶזֶק (ז)
intato	ʃalem	שָׁלֵם

avaria (no motor, etc.)	takala	תַּקָּלָה (נ)
avariar (vi)	lehitkalkel	לְהִתְקַלְקֵל
cabo (m) de reboque	'χevel grar	חֶבֶל גְּרָר (ז)

furo (m)	'teker	תֶּקֶר (ז)
estar furado	lehitpantʃer	לְהִתְפַּנְצֵּר
encher (vt)	lena'peaχ	לְנַפֵּחַ
pressão (f)	'laχats	לַחַץ (ז)
verificar (vt)	livdok	לִבְדּוֹק

reparação (f)	ʃiputs	שִׁפּוּץ (ז)
oficina (f)	musaχ	מוּסָךְ (ז)
de reparação de carros		
peça (f) sobresselente	'χelek χiluf	חֵלֶק חִילוּף (ז)
peça (f)	'χelek	חֵלֶק (ז)

parafuso (m)	'boreg	בּוֹרֶג (ז)
parafuso (m)	'boreg	בּוֹרֶג (ז)
porca (f)	om	אוֹם (ז)
anilha (f)	diskit	דִּיסְקִית (נ)
rolamento (m)	mesav	מֵסַב (ז)

tubo (m)	tsinorit	צִינּוֹרִית (נ)
junta (f)	'etem	אֶטֶם (ז)
fio, cabo (m)	χut	חוּט (ז)

macaco (m)	dʒek	גּ׳ק (ז)
chave (f) de boca	maf'teaχ bragim	מַפְתַּח בְּרָגִים (ז)
martelo (m)	patiʃ	פַּטִּישׁ (ז)
bomba (f)	maʃeva	מַשְׁאֵבָה (נ)
chave (f) de fendas	mavreg	מַבְרֵג (ז)
extintor (m)	mataf	מַטָּף (ז)
triângulo (m) de emergência	meʃulaʃ χirum	מְשׁוּלָשׁ חֵירוּם (ז)

parar (vi) (motor)	ledomem	לְדוֹמֵם
paragem (f)	hadmama	הַדְמָמָה (נ)
estar quebrado	lihyot ʃavur	לִהְיוֹת שָׁבוּר

superaquecer-se (vr)	lehitχamem yoter midai	לְהִתְחַמֵּם יוֹתֵר מִדַּי
entupir-se (vr)	lehisatem	לְהִיסָּתֵם
congelar-se (vr)	likpo	לִקְפּוֹא
rebentar (vi)	lehitpa'ke'a	לְהִתְפַּקֵּעַ

pressão (f)	'laχats	לַחַץ (ז)
nível (m)	ramat mi'lui	רָמַת מִילוּי (נ)
frouxo	rafe	רָפֶה

mossa (f)	dfika	דְּפִיקָה (נ)
ruído (m)	'ra'aʃ	רַעַשׁ (ז)
fissura (f)	'sedek	סֶדֶק (ז)
arranhão (m)	srita	שְׂרִיטָה (נ)

151. Carros. Estrada

estrada (f)	'dereχ	דֶּרֶךְ (נ)
autoestrada (f)	kviʃ mahir	כְּבִישׁ מָהִיר (ז)
rodovia (f)	kviʃ mahir	כְּבִישׁ מָהִיר (ז)
direção (f)	kivun	כִּיוּון (ז)
distância (f)	merχak	מֶרְחָק (ז)

ponte (f)	'geʃer	גֶּשֶׁר (ז)
parque (m) de estacionamento	χanaya	חֲנָיָה (נ)
praça (f)	kikar	כִּיכָּר (נ)
nó (m) rodoviário	meχlaf	מֶחְלָף (ז)
túnel (m)	minhara	מִנְהָרָה (נ)

posto (m) de gasolina	taχanat 'delek	תַּחֲנַת דֶּלֶק (נ)
parque (m) de estacionamento	migraʃ χanaya	מִגְרַשׁ חֲנָיָה (ז)
bomba (f) de gasolina	maʃevat 'delek	מַשְׁאֵבַת דֶּלֶק (נ)
oficina (f) de reparação de carros	musaχ	מוּסָךְ (ז)

abastecer (vt)	letadlek	לְתַדְלֵק
combustível (m)	'delek	דֶּלֶק (ז)
bidão (m) de gasolina	'dʒerikan	גִ'רִיקָן (ז)

asfalto (m)	asfalt	אַסְפַלְט (ז)
marcação (f) de estradas	simun	סִימוּן (ז)
lancil (m)	sfat midraχa	שְׂפַת מִדְרָכָה (נ)
proteção (f) guard-rail	ma'ake betiχut	מַעֲקֶה בְּטִיחוּת (ז)
valeta (f)	te'ala	תְּעָלָה (נ)
berma (f) da estrada	ʃulei ha'dereχ	שׁוּלֵי הַדֶּרֶךְ (ז"ר)
poste (m) de luz	amud te'ura	עַמּוּד תְּאוּרָה (ז)

conduzir, guiar (vt)	linhog	לִנְהוֹג
virar (ex. ~ à direita)	lifnot	לִפְנוֹת
dar retorno	leva'tse'a pniyat parsa	לְבַצֵּעַ פְּנִיַּית פַּרְסָה
marcha-atrás (f)	hiluχ aχori	הִילוּךְ אָחוֹרִי (ז)
buzinar (vi)	litspor	לִצְפּוֹר

137

buzina (f)	tsfira	צְפִירָה (נ)
atolar-se (vr)	lehitaka	לְהִיתָקַע
patinar (na lama)	lesovev et hagalgal al rek	לְסוֹבֵב אֶת הַגַּלְגַּלִים עַל רֵיק
desligar (vt)	ledomem	לְדוֹמֵם
velocidade (f)	mehirut	מְהִירוּת (נ)
exceder a velocidade	linhog bemehirut muf'rezet	לִנְהוֹג בִּמְהִירוּת מוּפְרֶזֶת
multar (vt)	liknos	לִקְנוֹס
semáforo (m)	ramzor	רַמְזוֹר (ז)
carta (f) de condução	rifyon nehiga	רִשְׁיוֹן נְהִיגָה (ז)
passagem (f) de nível	ma'avar pasei ra'kevet	מַעֲבַר פַּסֵי רַכֶּבֶת (ז)
cruzamento (m)	'tsomet	צוֹמֶת (ז)
passadeira (f)	ma'avar xatsaya	מַעֲבַר חֲצָיָה (ז)
curva (f)	pniya	פְּנִיָּה (נ)
zona (f) pedonal	midrexov	מִדְרְחוֹב (ז)

PESSOAS. EVENTOS

Eventos

152. Férias. Evento

festa (f)	χagiga	חֲגִיגָה (נ)
festa (f) nacional	χag le'umi	חַג לְאוּמִי (ז)
feriado (m)	yom χag	יוֹם חַג (ז)
festejar (vt)	laχgog	לַחְגוֹג

evento (festa, etc.)	hitraχaʃut	הִתְרַחֲשׁוּת (נ)
evento (banquete, etc.)	ei'ru'a	אֵירוּעַ (ז)
banquete (m)	se'uda χagigit	סְעוּדָה חֲגִיגִית (נ)
receção (f)	ei'ruaχ	אֵירוּחַ (ז)
festim (m)	miʃte	מִשְׁתֶּה (ז)

aniversário (m)	yom haʃana	יוֹם הַשָּׁנָה (ז)
jubileu (m)	χag hayovel	חַג הַיּוֹבֵל (ז)
celebrar (vt)	laχgog	לַחְגוֹג

Ano (m) Novo	ʃana χadaʃa	שָׁנָה חֲדָשָׁה (נ)
Feliz Ano Novo!	ʃana tova!	שָׁנָה טוֹבָה!
Pai (m) Natal	'santa 'kla'us	סַנְטָה קְלָאוּס

Natal (m)	χag hamolad	חַג הַמּוֹלָד (ז)
Feliz Natal!	χag hamolad sa'meaχ!	חַג הַמּוֹלָד שָׂמֵחַ!
árvore (f) de Natal	ets χag hamolad	עֵץ חַג הַמּוֹלָד (ז)
fogo (m) de artifício	zikukim	זִיקוּקִים (ז"ר)

boda (f)	χatuna	חֲתוּנָה (נ)
noivo (m)	χatan	חָתָן (ז)
noiva (f)	kala	כַּלָּה (נ)

convidar (vt)	lehazmin	לְהַזְמִין
convite (m)	hazmana	הַזְמָנָה (נ)

convidado (m)	o'reaχ	אוֹרֵחַ (ז)
visitar (vt)	levaker	לְבַקֵּר
receber os hóspedes	lekabel orχim	לְקַבֵּל אוֹרְחִים

presente (m)	matana	מַתָּנָה (נ)
oferecer (vt)	latet matana	לָתֵת מַתָּנָה
receber presentes	lekabel matanot	לְקַבֵּל מַתָּנוֹת
ramo (m) de flores	zer	זֵר (ז)

felicitações (f pl)	braχa	בְּרָכָה (נ)
felicitar (dar os parabéns)	levareχ	לְבָרֵךְ
cartão (m) de parabéns	kartis braχa	כַּרְטִיס בְּרָכָה (ז)

enviar um postal	liʃ'loaχ gluya	לִשְׁלוֹחַ גְלוּיָה
receber um postal	lekabel gluya	לְקַבֵּל גְלוּיָה

brinde (m)	leharim kosit	לְהָרִים כּוֹסִית
oferecer (vt)	leχabed	לְכַבֵּד
champanhe (m)	ʃam'panya	שַׁמְפַּנְיָה (נ)

divertir-se (vr)	lehanot	לֵיהָנוֹת
diversão (f)	alitsut	עֲלִיצוּת (נ)
alegria (f)	simχa	שִׂמְחָה (נ)

dança (f)	rikud	רִיקוּד (ז)
dançar (vi)	lirkod	לִרְקוֹד

valsa (f)	vals	וַלְס (ז)
tango (m)	'tango	טַנְגוֹ (ז)

153. Funerais. Enterro

cemitério (m)	beit kvarot	בֵּית קְבָרוֹת (ז)
sepultura (f), túmulo (m)	'kever	קֶבֶר (ז)
cruz (f)	tslav	צְלָב (ז)
lápide (f)	matseva	מַצֵבָה (נ)
cerca (f)	gader	גָדֵר (נ)
capela (f)	beit tfila	בֵּית תְפִילָה (ז)

morte (f)	'mavet	מָוֶת (ז)
morrer (vi)	lamut	לָמוּת
defunto (m)	niftar	נִפְטָר (ז)
luto (m)	'evel	אֵבֶל (ז)

enterrar, sepultar (vt)	likbor	לִקְבּוֹר
agência (f) funerária	beit levayot	בֵּית לְוָיוֹת (ז)
funeral (m)	levaya	לְוָיָה (נ)

coroa (f) de flores	zer	זֵר (ז)
caixão (m)	aron metim	אֲרוֹן מֵתִים (ז)
carro (m) funerário	kron hamet	קְרוֹן הַמֵת (ז)
mortalha (f)	taχriχim	תַכְרִיכִים (ז"ר)

procissão (f) funerária	tahaluχat 'evel	תַהֲלוּכַת אֵבֶל (נ)
urna (f) funerária	kad 'efer	כַּד אֶפֶר (ז)
crematório (m)	misrafa	מִשְׂרָפָה (נ)

obituário (m), necrologia (f)	moda'at 'evel	מוֹדָעַת אֵבֶל (נ)
chorar (vi)	livkot	לִבְכּוֹת
soluçar (vi)	lehitya'peaχ	לְהִתְיַפֵּחַ

154. Guerra. Soldados

pelotão (m)	maχlaka	מַחְלָקָה (נ)
companhia (f)	pluga	פְּלוּגָה (נ)

regimento (m)	χativa	חֲטִיבָה (נ)
exército (m)	tsava	צָבָא (ז)
divisão (f)	ugda	אוּגְדָּה (נ)

| destacamento (m) | kita | פְּלֻגָּה (נ) |
| hoste (f) | 'χayil | חַיִל (ז) |

| soldado (m) | χayal | חַיָּל (ז) |
| oficial (m) | katsin | קָצִין (ז) |

soldado (m) raso	turai	טוּרַאי (ז)
sargento (m)	samal	סַמָּל (ז)
tenente (m)	'segen	סֶגֶן (ז)
capitão (m)	'seren	סֶרֶן (ז)
major (m)	rav 'seren	רַב־סֶרֶן (ז)
coronel (m)	aluf miʃne	אַלּוּף מִשְׁנֶה (ז)
general (m)	aluf	אַלּוּף (ז)

marujo (m)	yamai	יַמַּאי (ז)
capitão (m)	rav χovel	רַב־חוֹבֵל (ז)
contramestre (m)	rav malaχim	רַב־מַלָּחִים (ז)

artilheiro (m)	totχan	תּוֹתְחָן (ז)
soldado (m) paraquedista	tsanχan	צַנְחָן (ז)
piloto (m)	tayas	טַיָּס (ז)
navegador (m)	navat	נַוָּט (ז)
mecânico (m)	meχonai	מְכוֹנַאי (ז)

sapador (m)	χablan	חַבְּלָן (ז)
paraquedista (m)	tsanχan	צַנְחָן (ז)
explorador (m)	iʃ modi'in kravi	אִישׁ מוֹדִיעִין קְרָבִי (ז)
franco-atirador (m)	tsalaf	צַלָּף (ז)

patrulha (f)	siyur	סִיּוּר (ז)
patrulhar (vt)	lefatrel	לְפַטְרֵל
sentinela (f)	zakif	זָקִיף (ז)

| guerreiro (m) | loχem | לוֹחֵם (ז) |
| patriota (m) | patriyot | פַּטְרִיּוֹט (ז) |

| herói (m) | gibor | גִּיבּוֹר (ז) |
| heroína (f) | gibora | גִּיבּוֹרָה (נ) |

| traidor (m) | boged | בּוֹגֵד (ז) |
| trair (vt) | livgod | לִבְגּוֹד |

| desertor (m) | arik | עָרִיק (ז) |
| desertar (vt) | la'arok | לַעֲרוֹק |

mercenário (m)	sχir 'χerev	שְׂכִיר חֶרֶב (ז)
recruta (m)	tiron	טִירוֹן (ז)
voluntário (m)	mitnadev	מִתְנַדֵּב (ז)

morto (m)	harug	הָרוּג (ז)
ferido (m)	pa'tsu'a	פָּצוּעַ (ז)
prisioneiro (m) de guerra	ʃavui	שָׁבוּי (ז)

155. Guerra. Ações militares. Parte 1

guerra (f)	milχama	מִלְחָמָה (נ)
guerrear (vt)	lehilaχem	לְהִילָחֵם
guerra (f) civil	mil'χemet ezraχim	מִלְחֶמֶת אֶזְרָחִים (נ)
perfidamente	bogdani	בּוֹגְדָנִי
declaração (f) de guerra	haχrazat milχama	הַכְרָזַת מִלְחָמָה (נ)
declarar (vt) guerra	lehaχriz	לְהַכְרִיז
agressão (f)	tokfanut	תּוֹקְפָנוּת (נ)
atacar (vt)	litkof	לִתְקוֹף
invadir (vt)	liχboʃ	לִכְבּוֹש
invasor (m)	koveʃ	כּוֹבֵש (ז)
conquistador (m)	koveʃ	כּוֹבֵש (ז)
defesa (f)	hagana	הֲגָנָה (נ)
defender (vt)	lehagen al	לְהָגֵן עַל
defender-se (vr)	lehitgonen	לְהִתְגּוֹנֵן
inimigo (m)	oyev	אוֹיֵב (ז)
adversário (m)	yariv	יָרִיב (ז)
inimigo	ʃel oyev	שֶׁל אוֹיֵב
estratégia (f)	astra'tegya	אַסְטְרָטֶגְיָה (נ)
tática (f)	'taktika	טַקְטִיקָה (נ)
ordem (f)	pkuda	פְּקוּדָה (נ)
comando (m)	pkuda	פְּקוּדָה (נ)
ordenar (vt)	lifkod	לִפְקוֹד
missão (f)	mesima	מְשִׂימָה (נ)
secreto	sodi	סוֹדִי
batalha (f)	ma'araχa	מַעֲרָכָה (נ)
combate (m)	krav	קְרָב (ז)
ataque (m)	hatkafa	הַתְקָפָה (נ)
assalto (m)	hista'arut	הִסְתָּעֲרוּת (נ)
assaltar (vt)	lehista'er	לְהִסְתַּעֵר
assédio, sítio (m)	matsor	מָצוֹר (ז)
ofensiva (f)	mitkafa	מִתְקָפָה (נ)
passar à ofensiva	latset lemitkafa	לָצֵאת לְמִתְקָפָה
retirada (f)	nesiga	נְסִיגָה (נ)
retirar-se (vr)	la'seget	לָסֶגֶת
cerco (m)	kitur	כִּיתּוּר (ז)
cercar (vt)	leχater	לְכַתֵּר
bombardeio (m)	haftsatsa	הַפְצָצָה (נ)
lançar uma bomba	lehatil ptsatsa	לְהָטִיל פְּצָצָה
bombardear (vt)	lehaftsits	לְהַפְצִיץ
explosão (f)	pitsuts	פִּיצוּץ (ז)
tiro (m)	yeriya	יְרִיָּה (נ)

disparar um tiro	lirot	לִירוֹת
tiroteio (m)	'yeri	יְרִי (ז)

apontar para ...	leχaven 'neʃek	לְכַוֵּון נֶשֶׁק
apontar (vt)	leχaven	לְכַוֵּון
acertar (vt)	lik'lo'a	לִקְלוֹעַ

afundar (um navio)	lehat'bi'a	לְהַטְבִּיעַ
brecha (f)	pirtsa	פִּרְצָה (נ)
afundar-se (vr)	lit'bo'a	לִטְבּוֹעַ

frente (m)	χazit	חֲזִית (נ)
evacuação (f)	pinui	פִּינוּי (ז)
evacuar (vt)	lefanot	לְפַנּוֹת

trincheira (f)	te'ala	תְּעָלָה (נ)
arame (m) farpado	'tayil dokrani	חַיִל דּוֹקְרָנִי (ז)
obstáculo (m) anticarro	maχsom	מַחְסוֹם (ז)
torre (f) de vigia	migdal ʃmira	מִגְדַל שְׁמִירָה (ז)

hospital (m)	beit χolim tsva'i	בֵּית חוֹלִים צְבָאִי (ז)
ferir (vt)	lif'tso'a	לִפְצוֹעַ
ferida (f)	'petsa	פֶּצַע (ז)
ferido (m)	pa'tsu'a	פָּצוּעַ (ז)
ficar ferido	lehipatsa	לְהִיפָּצַע
grave (ferida ~)	kaʃe	קָשֶׁה

156. Armas

arma (f)	'neʃek	נֶשֶׁק (ז)
arma (f) de fogo	'neʃek χam	נֶשֶׁק חַם (ו)
arma (f) branca	'neʃek kar	נֶשֶׁק קַר (ז)

arma (f) química	'neʃek 'χimi	נֶשֶׁק כִּימִי (ז)
nuclear	gar'ini	גַּרְעִינִי
arma (f) nuclear	'neʃek gar'ini	נֶשֶׁק גַּרְעִינִי (ז)

bomba (f)	ptsatsa	פְּצָצָה (נ)
bomba (f) atómica	ptsatsa a'tomit	פְּצָצָה אָטוֹמִית (נ)

pistola (f)	ekdaχ	אֶקְדָּח (ז)
caçadeira (f)	rove	רוֹבֶה (ז)
pistola-metralhadora (f)	tat mak'le'a	תַּת־מַקְלֵעַ (ז)
metralhadora (f)	mak'le'a	מַקְלֵעַ (ז)

boca (f)	kane	קָנֶה (ז)
cano (m)	kane	קָנֶה (ז)
calibre (m)	ka'liber	קָלִיבָּר (ז)

gatilho (m)	'hedek	הֶדֶק (ז)
mira (f)	ka'venet	כַּוֶּונֶת (נ)
carregador (m)	maχsanit	מַחְסָנִית (נ)
coronha (f)	kat	קַת (נ)
granada (f) de mão	rimon	רִימוֹן (ז)

explosivo (m)	'χomer 'nefets	חוֹמֶר נֶפֶץ (ז)
bala (f)	ka'li'a	קָלִיעַ (ז)
cartucho (m)	kadur	כַּדוּר (ז)
carga (f)	te'ina	טְעִינָה (נ)
munições (f pl)	taχ'moʃet	תַּחְמוֹשֶׁת (נ)

bombardeiro (m)	maftsits	מַפְצִיץ (ז)
avião (m) de caça	metos krav	מְטוֹס קְרָב (ז)
helicóptero (m)	masok	מָסוֹק (ז)

canhão (m) antiaéreo	totaχ 'neged metosim	תּוֹתָח נֶגֶד מְטוֹסִים (ז)
tanque (m)	tank	טַנְק (ז)
canhão (de um tanque)	totaχ	תּוֹתָח (ז)

artilharia (f)	arti'lerya	אַרְטִילָרְיָה (נ)
canhão (m)	totaχ	תּוֹתָח (ז)
fazer a pontaria	leχaven	לְכַוֵּון

obus (m)	pagaz	פָּגַז (ז)
granada (f) de morteiro	ptsatsat margema	פְּצָצַת מַרְגֵּמָה (נ)
morteiro (m)	margema	מַרְגֵּמָה (נ)
estilhaço (m)	resis	רְסִיס (ז)

submarino (m)	tso'lelet	צוֹלֶלֶת (נ)
torpedo (m)	tor'pedo	טוֹרְפֶּדוֹ (ז)
míssil (m)	til	טִיל (ז)

carregar (uma arma)	lit'on	לִטְעוֹן
atirar, disparar (vi)	lirot	לִירוֹת
apontar para ...	leχaven	לְכַוֵּון
baioneta (f)	kidon	כִּידוֹן (ז)

espada (f)	'χerev	חֶרֶב (נ)
sabre (m)	'χerev paraʃim	חֶרֶב פָּרָשִׁים (ז)
lança (f)	χanit	חֲנִית (נ)
arco (m)	'keʃet	קֶשֶׁת (נ)
flecha (f)	χets	חֵץ (ז)
mosquete (m)	musket	מוּסְקֵט (ז)
besta (f)	'keʃet metsu'levet	קֶשֶׁת מְצוּלֶבֶת (נ)

157. Povos da antiguidade

primitivo	kadmon	קַדְמוֹן
pré-histórico	prehis'tori	פְּרֶהִיסְטוֹרִי
antigo	atik	עַתִּיק

Idade (f) da Pedra	idan ha''even	עִידָן הָאֶבֶן (ז)
Idade (f) do Bronze	idan ha'arad	עִידָן הָאָרָד (ז)
período (m) glacial	idan ha'keraχ	עִידָן הַקֶּרַח (ז)

tribo (f)	'ʃevet	שֵׁבֶט (ז)
canibal (m)	oχel adam	אוֹכֵל אָדָם (ז)
caçador (m)	tsayad	צַיָּיד (ז)
caçar (vi)	latsud	לָצוּד

mamute (m)	ma'muta	מָמוּטָה (נ)
caverna (f)	me'ara	מְעָרָה (נ)
fogo (m)	eʃ	אֵשׁ (נ)
fogueira (f)	medura	מְדוּרָה (נ)
pintura (f) rupestre	pet'roglif	פֶּטְרוֹגְלִיף (ז)

ferramenta (f)	kli	כְּלִי (ז)
lança (f)	χanit	חֲנִית (נ)
machado (m) de pedra	garzen ha'even	גַּרְזֶן הָאֶבֶן (ז)
guerrear (vt)	lehilaχem	לְהִילָחֵם
domesticar (vt)	levayet	לְבַיֵּת

ídolo (m)	'pesel	פֶּסֶל (ז)
adorar, venerar (vt)	la'avod et	לַעֲבוֹד אֶת
superstição (f)	emuna tfela	אֱמוּנָה תְּפֵלָה (נ)
ritual (m)	'tekes	טֶקֶס (ז)

evolução (f)	evo'luʦya	אֲבוֹלוּצְיָה (נ)
desenvolvimento (m)	hitpatχut	הִתְפַּתְחוּת (נ)
desaparecimento (m)	he'almut	הֵיעָלְמוּת (נ)
adaptar-se (vr)	lehistagel	לְהִסְתַּגֵּל

arqueologia (f)	arχe'o'logya	אַרְכֵיאוֹלוֹגְיָה (נ)
arqueólogo (m)	arχe'olog	אַרְכֵיאוֹלוֹג (ז)
arqueológico	arχe'o'logi	אַרְכֵיאוֹלוֹגִי

local (m) das escavações	atar χafirot	אֲתַר חֲפִירוֹת (ז)
escavações (f pl)	χafirot	חֲפִירוֹת (נ"ר)
achado (m)	mimʦa	מִמְצָא (ז)
fragmento (m)	resis	רְסִיס (ז)

158. Idade média

povo (m)	am	עַם (ז)
povos (m pl)	amim	עַמִּים (ז"ר)
tribo (f)	'ʃevet	שֵׁבֶט (ז)
tribos (f pl)	ʃvatim	שְׁבָטִים (ז"ר)

bárbaros (m pl)	bar'barim	בַּרְבָּרִים (ז"ר)
gauleses (m pl)	'galim	גָּאלִים (ז"ר)
godos (m pl)	'gotim	גּוֹתִים (ז"ר)
eslavos (m pl)	'slavim	סְלָאבִים (ז"ר)
víquingues (m pl)	'vikingim	וִיקִינְגִים (ז"ר)

romanos (m pl)	roma'im	רוֹמָאִים (ז"ר)
romano	'romi	רוֹמִי

bizantinos (m pl)	bi'zantim	בִּיזַנְטִים (ז"ר)
Bizâncio	bizantion, bizanʦ	בִּיזַנְטִיוֹן, בִּיזַנְץ (נ)
bizantino	bi'zanti	בִּיזַנְטִי

imperador (m)	keisar	קֵיסָר (ז)
líder (m)	manhig	מַנְהִיג (ז)
poderoso	rav 'koaχ	רַב-כּוֹחַ

rei (m)	'melex	מֶלֶךְ (ז)
governante (m)	ʃalit	שַׁלִּיט (ז)
cavaleiro (m)	abir	אַבִּיר (ז)
senhor feudal (m)	fe'odal	פֵיאוֹדָל (ז)
feudal	fe'o'dali	פֵיאוֹדָלִי
vassalo (m)	vasal	וָסָל (ז)
duque (m)	dukas	דּוּכָּס (ז)
conde (m)	rozen	רוֹזֵן (ז)
barão (m)	baron	בָּרוֹן (ז)
bispo (m)	'biʃof	בִּישׁוֹף (ז)
armadura (f)	ʃiryon	שִׁרְיוֹן (ז)
escudo (m)	magen	מָגֵן (ז)
espada (f)	'xerev	חֶרֶב (נ)
viseira (f)	magen panim	מָגֵן פָּנִים (ז)
cota (f) de malha	ʃiryon kaskasim	שִׁרְיוֹן קַשְׂקַשִּׂים (ז)
cruzada (f)	masa tslav	מַסָּע צְלָב (ז)
cruzado (m)	tsalban	צַלְבָּן (ז)
território (m)	'ʃetax	שֶׁטַח (ז)
atacar (vt)	litkof	לִתְקוֹף
conquistar (vt)	lixboʃ	לִכְבּוֹשׁ
ocupar, invadir (vt)	lehiʃtalet	לְהִשְׁתַּלֵּט
assédio, sítio (m)	matsor	מָצוֹר (ז)
sitiado	natsur	נָצוּר
assediar, sitiar (vt)	latsur	לָצוּר
inquisição (f)	inkvi'zitsya	אִינְקְוִוִיזִיצְיָה (נ)
inquisidor (m)	inkvi'zitor	אִינְקְוִוִיזִיטוֹר (ז)
tortura (f)	inui	עִינּוּי (ז)
cruel	axzari	אַכְזָרִי
herege (m)	kofer	כּוֹפֵר (ז)
heresia (f)	kfira	כְּפִירָה (נ)
navegação (f) marítima	haflaga bayam	הַפְלָגָה בַּיָם (נ)
pirata (m)	ʃoded yam	שׁוֹדֵד יָם (ז)
pirataria (f)	pi'ratiyut	פִּירָטִיּוּת (נ)
abordagem (f)	la'alot al	לַעֲלוֹת עַל
presa (f), butim (m)	ʃalal	שָׁלָל (ז)
tesouros (m pl)	otsarot	אוֹצָרוֹת (ז"ר)
descobrimento (m)	taglit	תַּגְלִית (נ)
descobrir (novas terras)	legalot	לְגַלּוֹת
expedição (f)	miʃ'laxat	מִשְׁלַחַת (נ)
mosqueteiro (m)	musketer	מוּסְקֶטֶר (ז)
cardeal (m)	xaʃman	חַשְׁמָן (ז)
heráldica (f)	he'raldika	הֶרַלְדִּיקָה (נ)
heráldico	he'raldi	הֶרַלְדִּי

159. Líder. Chefe. Autoridades

rei (m)	'meleχ	מֶלֶךְ (ז)
rainha (f)	malka	מַלְכָּה (נ)
real	malχuti	מַלְכוּתִי
reino (m)	mamlaχa	מַמְלָכָה (נ)

príncipe (m)	nasiχ	נָסִיךְ (ז)
princesa (f)	nesiχa	נְסִיכָה (נ)

presidente (m)	nasi	נָשִׂיא (ז)
vice-presidente (m)	sgan nasi	סְגַן נָשִׂיא (ז)
senador (m)	se'nator	סֶנָאטוֹר (ז)

monarca (m)	'meleχ	מֶלֶךְ (ז)
governante (m)	ʃalit	שַׁלִּיט (ז)
ditador (m)	rodan	רוֹדָן (ז)
tirano (m)	aruts	עָרוּץ (ז)
magnata (m)	eil hon	אֵיל הוֹן (ז)

diretor (m)	menahel	מְנַהֵל (ז)
chefe (m)	menahel, roʃ	מְנַהֵל (ז), רֹאשׁ (ז)
dirigente (m)	menahel	מְנַהֵל (ז)
patrão (m)	bos	בּוֹס (ז)
dono (m)	'ba‛al	בַּעַל (ז)

líder, chefe (m)	manhig	מַנְהִיג (ז)
chefe (~ de delegação)	roʃ	רֹאשׁ (ז)
autoridades (f pl)	ʃiltonot	שִׁלְטוֹנוֹת (ז"ר)
superiores (m pl)	memunim	מְמוּנִים (ז"ר)

governador (m)	moʃel	מוֹשֵׁל (ז)
cônsul (m)	'konsul	קוֹנְסוּל (ז)
diplomata (m)	diplomat	דִּיפּלוֹמָט (ז)
Presidente (m) da Câmara	roʃ ha'ir	רֹאשׁ הָעִיר (ז)
xerife (m)	ʃerif	שֶׁרִיף (ז)

imperador (m)	keisar	קֵיסָר (ז)
czar (m)	tsar	צָאר (ז)
faraó (m)	par‛o	פַּרְעֹה (ז)
cã (m)	χan	חָאן (ז)

160. Violação da lei. Criminosos. Parte 1

bandido (m)	ʃoded	שׁוֹדֵד (ז)
crime (m)	'peʃa	פֶּשַׁע (ז)
criminoso (m)	po'ʃe‛a	פּוֹשֵׁעַ (ז)

ladrão (m)	ganav	גַּנָּב (ז)
roubar (vt)	lignov	לִגְנוֹב
furto, roubo (m)	gneva	גְּנֵיבָה (נ)
raptar (ex. ~ uma criança)	laχatof	לַחֲטוֹף
rapto (m)	χatifa	חֲטִיפָה (נ)

raptor (m)	χotef	חוֹטֵף (ז)
resgate (m)	'kofer	כּוֹפֶר (ז)
pedir resgate	lidroʃ 'kofer	לִדְרוֹשׁ כּוֹפֶר

roubar (vt)	liʃdod	לִשְׁדוֹד
assalto, roubo (m)	ʃod	שׁוֹד (ז)
assaltante (m)	ʃoded	שׁוֹדֵד (ז)

extorquir (vt)	lisχot	לִסְחוֹט
extorsionário (m)	saχtan	סַחְטָן (ז)
extorsão (f)	saχtanut	סַחְטָנוּת (נ)

matar, assassinar (vt)	lir'tsoaχ	לִרְצוֹחַ
homicídio (m)	'retsaχ	רֶצַח (ז)
homicida, assassino (m)	ro'tseaχ	רוֹצֵחַ (ז)

tiro (m)	yeriya	יְרִיָּה (נ)
dar um tiro	lirot	לִירוֹת
matar a tiro	lirot la'mavet	לִירוֹת לַמָּוֶת
atirar, disparar (vi)	lirot	לִירוֹת
tiroteio (m)	'yeri	יֶרִי (ז)
incidente (m)	takrit	תַּקְרִית (נ)
briga (~ de rua)	ktata	קְטָטָה (נ)
Socorro!	ha'tsilu!	הַצִּילוּ!
vítima (f)	nifga	נִפְגָּע (ז)

danificar (vt)	lekalkel	לְקַלְקֵל
dano (m)	'nezek	נֶזֶק (ז)
cadáver (m)	gufa	גּוּפָה (נ)
grave	χamur	חָמוּר

atacar (vt)	litkof	לִתְקוֹף
bater (espancar)	lehakot	לְהַכּוֹת
espancar (vt)	lehakot	לְהַכּוֹת
tirar, roubar (dinheiro)	la'kaχat be'koaχ	לָקַחַת בְּכוֹחַ
esfaquear (vt)	lidkor le'mavet	לִדְקוֹר לָמָּוֶת
mutilar (vt)	lehatil mum	לְהָטִיל מוּם
ferir (vt)	lif'tso'a	לִפְצוֹעַ

chantagem (f)	saχtanut	סַחְטָנוּת (נ)
chantagear (vt)	lisχot	לִסְחוֹט
chantagista (m)	saχtan	סַחְטָן (ז)

extorsão (em troca de proteção)	dmei χasut	דְּמֵי חָסוּת (ז"ר)
extorsionário (m)	gove χasut	גּוֹבֶה חָסוּת (ז)
gângster (m)	'gangster	גֶּנְגְּסְטֶר (ז)
máfia (f)	'mafya	מָאפְיָה (נ)

carteirista (m)	kayas	כַּיָּס (ז)
assaltante, ladrão (m)	porets	פּוֹרֵץ (ז)
contrabando (m)	havraχa	הַבְרָחָה (נ)
contrabandista (m)	mav'riaχ	מַבְרִיחַ (ז)
falsificação (f)	ziyuf	זִיּוּף (ז)
falsificar (vt)	lezayef	לְזַיֵּיף
falsificado	mezuyaf	מְזוּיָּף

161. Viloação da lei. Criminosos. Parte 2

Português	Transliteração	Hebraico
violação (f)	'ones	אֹנֶס (ז)
violar (vt)	le'enos	לֶאֱנֹס
violador (m)	anas	אַנָס (ז)
maníaco (m)	'manyak	מַנְיָאק (ז)
prostituta (f)	zona	זוֹנָה (נ)
prostituição (f)	znut	זְנוּת (נ)
chulo (m)	sarsur	סַרְסוּר (ז)
toxicodependente (m)	narkoman	נַרְקוֹמָן (ז)
traficante (m)	soχer samim	סוֹחֵר סַמִּים (ז)
explodir (vt)	lefotsets	לְפוֹצֵץ
explosão (f)	pitsuts	פִּיצוּץ (ז)
incendiar (vt)	lehatsit	לְהַצִּית
incendiário (m)	matsit	מַצִּית (ז)
terrorismo (m)	terorizm	טֶרוֹרִיזם (ז)
terrorista (m)	meχabel	מְחַבֵּל (ז)
refém (m)	ben aruba	בֶּן עֲרוּבָּה (ז)
enganar (vt)	lehonot	לְהוֹנוֹת
engano (m)	hona'a	הוֹנָאָה (נ)
vigarista (m)	ramai	רַמַאי (ז)
subornar (vt)	lefaχed	לְשַׁחֵד
suborno (atividade)	'ʃoχad	שׁוֹחַד (ז)
suborno (dinheiro)	'ʃoχad	שׁוֹחַד (ז)
veneno (m)	'ra'al	רַעַל (ז)
envenenar (vt)	lehar'il	לְהַרְעִיל
envenenar-se (vr)	lehar'il et atsmo	לְהַרְעִיל אֶת עַצְמוֹ
suicídio (m)	hit'abdut	הִתְאַבְּדוּת (נ)
suicida (m)	mit'abed	מִתְאַבֵּד (ז)
ameaçar (vt)	le'ayem	לְאַיֵּים
ameaça (f)	iyum	אִיּוּם (ז)
atentar contra a vida de …	lehitnakeʃ	לְהִתְנַקֵּשׁ
atentado (m)	nisayon hitnakʃut	נִיסָיוֹן הִתְנַקְּשׁוּת (ז)
roubar (o carro)	lignov	לִגְנוֹב
desviar (o avião)	laχatof matos	לַחֲטוֹף מָטוֹס
vingança (f)	nekama	נְקָמָה (נ)
vingar (vt)	linkom	לִנְקוֹם
torturar (vt)	la'anot	לְעַנּוֹת
tortura (f)	inui	עִינּוּי (ז)
atormentar (vt)	leyaser	לְיַיסֵּר
pirata (m)	ʃoded yam	שׁוֹדֵד יָם (ז)
desordeiro (m)	χuligan	חוּלִיגָאן (ז)

armado	mezuyan	מְזוּיָן
violência (f)	alimut	אַלִּימוּת (נ)
ilegal	'bilti le'gali	בִּלְתִּי לְגָלִי

| espionagem (f) | rigul | רִיגוּל (ז) |
| espionar (vi) | leragel | לְרַגֵּל |

162. Polícia. Lei. Parte 1

| justiça (f) | 'tsedek | צֶדֶק (ז) |
| tribunal (m) | beit miʃpat | בֵּית מִשְׁפָּט (ז) |

juiz (m)	ʃofet	שׁוֹפֵט (ז)
jurados (m pl)	muʃba'im	מוּשְׁבָּעִים (ז"ר)
tribunal (m) do júri	χaver muʃba'im	חָבֵר מוּשְׁבָּעִים (ז)
julgar (vt)	liʃpot	לִשְׁפּוֹט

advogado (m)	oreχ din	עוֹרֵךְ דִּין (ז)
réu (m)	omed lemiʃpat	עוֹמֵד לְמִשְׁפָּט (ז)
banco (m) dos réus	safsal ne'eʃamim	סַפְסָל נֶאֱשָׁמִים (ז)

| acusação (f) | ha'aʃama | הָאֲשָׁמָה (נ) |
| acusado (m) | ne'eʃam | נֶאֱשָׁם (ז) |

| sentença (f) | gzar din | גְּזַר דִּין (ז) |
| sentenciar (vt) | lifsok | לִפְסוֹק |

culpado (m)	aʃem	אָשֵׁם (ז)
punir (vt)	leha'aniʃ	לְהַעֲנִישׁ
punição (f)	'oneʃ	עוֹנֶשׁ (ז)

multa (f)	knas	קְנָס (ז)
prisão (f) perpétua	ma'asar olam	מַאֲסַר עוֹלָם (ז)
pena (f) de morte	'oneʃ 'mavet	עוֹנֶשׁ מָוֶת (ז)
cadeira (f) elétrica	kise χaʃmali	כִּיסֵא חַשְׁמַלִי (ז)
forca (f)	gardom	גַּרְדּוֹם (ז)

| executar (vt) | lehotsi la'horeg | לְהוֹצִיא לַהוֹרֵג |
| execução (f) | hatsa'a le'horeg | הוֹצָאָה לְהוֹרֵג (נ) |

| prisão (f) | beit 'sohar | בֵּית סוֹהַר (ז) |
| cela (f) de prisão | ta | תָּא (ז) |

escolta (f)	miʃmar livui	מִשְׁמָר לִיוּוִי (ז)
guarda (m) prisional	soher	סוֹהֵר (ז)
preso (m)	asir	אָסִיר (ז)

| algemas (f pl) | azikim | אֲזִיקִים (ז"ר) |
| algemar (vt) | liχbol be'azikim | לִכְבּוֹל בָּאֲזִיקִים |

fuga, evasão (f)	briχa	בְּרִיחָה (נ)
fugir (vi)	liv'roaχ	לִבְרוֹחַ
desaparecer (vi)	lehe'alem	לְהֵיעָלֵם
soltar, libertar (vt)	leʃaχrer	לְשַׁחְרֵר

amnistia (f)	χanina	חֲנִינָה (נ)
polícia (instituição)	miʃtara	מִשְׁטָרָה (נ)
polícia (m)	ʃoter	שׁוֹטֵר (ז)
esquadra (f) de polícia	taχanat miʃtara	תַּחֲנַת מִשְׁטָרָה (נ)
cassetete (m)	ala	אַלָה (נ)
megafone (m)	megafon	מֶגָפוֹן (ז)

carro (m) de patrulha	na'yedet	נַיֶּדֶת (נ)
sirene (f)	tsofar	צוֹפָר (ז)
ligar a sirene	lehaf'il tsofar	לְהַפְעִיל צוֹפָר
toque (m) da sirene	tsfira	צְפִירָה (נ)

cena (f) do crime	zirat 'peʃa	זִירַת פֶּשַׁע (נ)
testemunha (f)	ed	עֵד (ז)
liberdade (f)	'χofeʃ	חוֹפֶשׁ (ז)
cúmplice (m)	ʃutaf	שׁוּתָף (ז)
escapar (vi)	lehiχave	לְהֵיחָבֵא
traço (não deixar ~s)	akev	עָקֵב (ז)

163. Polícia. Lei. Parte 2

procura (f)	χipus	חִיפּוּשׁ (ז)
procurar (vt)	leχapes	לְחַפֵּשׂ
suspeita (f)	χaʃad	חָשָׁד (ז)
suspeito	χaʃud	חָשׁוּד
parar (vt)	la'atsor	לַעֲצוֹר
deter (vt)	la'atsor	לַעֲצוֹר

caso (criminal)	tik	תִּיק (ז)
investigação (f)	χakira	חֲקִירָה (נ)
detetive (m)	balaʃ	בַּלָּשׁ (ז)
investigador (m)	χoker	חוֹקֵר (ז)
versão (f)	haʃara	הַשְׁעָרָה (נ)

motivo (m)	me'ni'a	מֵנִיעַ (ז)
interrogatório (m)	χakira	חֲקִירָה (נ)
interrogar (vt)	laχkor	לַחְקוֹר
questionar (vt)	letaʃel	לְתַשְׁאֵל
verificação (f)	bdika	בְּדִיקָה (נ)

batida (f) policial	matsod	מָצוֹד (ז)
busca (f)	χipus	חִיפּוּשׁ (ז)
perseguição (f)	mirdaf	מִרְדָּף (ז)
perseguir (vt)	lirdof aχarei	לִרְדּוֹף אַחֲרֵי
seguir (vt)	la'akov aχarei	לַעֲקוֹב אַחֲרֵי

prisão (f)	ma'asar	מַאֲסָר (ז)
prender (vt)	le'esor	לֶאֱסוֹר
pegar, capturar (vt)	lilkod	לִלְכּוֹד
captura (f)	leχida	לְכִידָה (נ)

documento (m)	mismaχ	מִסְמָךְ (ז)
prova (f)	hoχaχa	הוֹכָחָה (נ)
provar (vt)	leho'χiaχ	לְהוֹכִיחַ

pegada (f)	akev	עָקֵב (ז)
impressões (f pl) digitais	tvi'ot etsba'ot	טְבִיעוֹת אֶצְבָּעוֹת (נ"ר)
prova (f)	re'aya	רְאָיָה (נ)
álibi (m)	'alibi	אָלִיבִּי (ז)
inocente	χaf mi'peʃa	חַף מִפֶּשַׁע
injustiça (f)	i 'tsedek	אִי צֶדֶק (ז)
injusto	lo tsodek	לֹא צוֹדֵק
criminal	plili	פְּלִילִי
confiscar (vt)	lehaχrim	לְהַחְרִים
droga (f)	sam	סַם (ז)
arma (f)	'neʃek	נֶשֶׁק (ז)
desarmar (vt)	lifrok mi'neʃek	לִפְרוֹק מִנֶּשֶׁק
ordenar (vt)	lifkod	לִפְקוֹד
desaparecer (vi)	lehe'alem	לְהֵיעָלֵם
lei (f)	χok	חוֹק (ז)
legal	χuki	חוּקִי
ilegal	'bilti χuki	בִּלְתִּי חוּקִי
responsabilidade (f)	aχrayut	אַחְרָיוּת (נ)
responsável	aχrai	אַחְרַאי

NATUREZA

A Terra. Parte 1

164. Espaço sideral

cosmos (m)	χalal	חָלָל (ז)
cósmico	ʃel χalal	שֶׁל חָלָל
espaço (m) cósmico	χalal χitson	חָלָל חִיצוֹן (ז)
mundo (m)	olam	עוֹלָם (ז)
universo (m)	yekum	יְקוּם (ז)
galáxia (f)	ga'laksya	גָּלַקְסִיָה (נ)

estrela (f)	koχav	כּוֹכָב (ז)
constelação (f)	tsvir koχavim	צְבִיר כּוֹכָבִים (ז)
planeta (m)	koχav 'leχet	כּוֹכָב לֶכֶת (ז)
satélite (m)	lavyan	לַוְיָן (ז)

meteorito (m)	mete'orit	מֶטְאוֹרִיט (ז)
cometa (m)	koχav ʃavit	כּוֹכָב שָׁבִיט (ז)
asteroide (m)	aste'ro'id	אַסְטְרוֹאִיד (ז)

órbita (f)	maslul	מַסְלוּל (ז)
girar (vi)	lesovev	לְסוֹבֵב
atmosfera (f)	atmos'fera	אַטְמוֹסְפֶרָה (נ)

Sol (m)	'ʃemeʃ	שֶׁמֶשׁ (נ)
Sistema (m) Solar	ma'a'reχet ha'ʃemeʃ	מַעֲרֶכֶת הַשֶׁמֶשׁ (נ)
eclipse (m) solar	likui χama	לִיקוּי חַמָה (ז)

Terra (f)	kadur ha''arets	כַּדוּר הָאָרֶץ (ז)
Lua (f)	ya'reaχ	יָרֵחַ (ז)

Marte (m)	ma'adim	מַאֲדִים (ז)
Vénus (f)	'noga	נוֹגַה (ז)
Júpiter (m)	'tsedek	צֶדֶק (ז)
Saturno (m)	ʃabtai	שַׁבְּתַאי (ז)

Mercúrio (m)	koχav χama	כּוֹכָב חַמָה (ז)
Urano (m)	u'ranus	אוּרָנוּס (ז)
Neptuno (m)	neptun	נֶפְטוּן (ז)
Plutão (m)	'pluto	פְּלוּטוֹ (ז)

Via Láctea (f)	ʃvil haχalav	שְׁבִיל הֶחָלָב (ז)
Ursa Maior (f)	duba gdola	דוּבָּה גְדוֹלָה (נ)
Estrela Polar (f)	koχav hatsafon	כּוֹכָב הַצָפוֹן (ז)

marciano (m)	toʃav ma'adim	תוֹשָׁב מַאֲדִים (ז)
extraterrestre (m)	χutsan	חוּצָן (ז)

alienígena (m)	χaizar	חַיְזָר (ז)
disco (m) voador	tsa'laχat me'o'fefet	צַלַחַת מְעוֹפֶפֶת (נ)
nave (f) espacial	χalalit	חֲלָלִית (נ)
estação (f) orbital	taχanat χalal	תַחֲנַת חָלָל (נ)
lançamento (m)	hamra'a	הַמְרָאָה (נ)
motor (m)	ma'no'a	מָנוֹעַ (ז)
bocal (m)	neχir	נְחִיר (ז)
combustível (m)	'delek	דֶלֶק (ז)
cabine (f)	'kokpit	קוֹקְפִּיט (ז)
antena (f)	an'tena	אַנְטֶנָה (נ)
vigia (f)	eʃnav	אֶשְׁנָב (ז)
bateria (f) solar	'luaχ so'lari	לוּחַ סוֹלָרִי (ז)
traje (m) espacial	χalifat χalal	חֲלִיפַת חָלָל (נ)
imponderabilidade (f)	'χoser miʃkal	חוֹסֶר מִשְׁקָל (ז)
oxigénio (m)	χamtsan	חַמְצָן (ז)
acoplagem (f)	agina	עֲגִינָה (נ)
fazer uma acoplagem	la'agon	לַעֲגוֹן
observatório (m)	mitspe koχavim	מִצְפֶּה כּוֹכָבִים (ז)
telescópio (m)	teleskop	טֶלֶסְקוֹפּ (ז)
observar (vt)	litspot, lehaʃkif	לִצְפּוֹת, לְהַשְׁקִיף
explorar (vt)	laχkor	לַחְקוֹר

165. A Terra

Terra (f)	kadur ha''arets	כַּדוּר הָאָרֶץ (ז)
globo terrestre (Terra)	kadur ha''arets	כַּדוּר הָאָרֶץ (ז)
planeta (m)	koχav 'leχet	כּוֹכַב לֶכֶת (ז)
atmosfera (f)	atmos'fera	אַטְמוֹסְפֶּרָה (נ)
geografia (f)	ge'o'grafya	גִיאוֹגְרַפְיָה (נ)
natureza (f)	'teva	טֶבַע (ז)
globo (mapa esférico)	'globus	גלוֹבּוּס (ז)
mapa (m)	mapa	מַפָּה (נ)
atlas (m)	'atlas	אַטְלָס (ז)
Europa (f)	ei'ropa	אֵירוֹפָּה (נ)
Ásia (f)	'asya	אַסְיָה (נ)
África (f)	'afrika	אַפְרִיקָה (נ)
Austrália (f)	ost'ralya	אוֹסְטְרַלְיָה (נ)
América (f)	a'merika	אָמֶרִיקָה (נ)
América (f) do Norte	a'merika hatsfonit	אָמֶרִיקָה הַצְפוֹנִית (נ)
América (f) do Sul	a'merika hadromit	אָמֶרִיקָה הַדְרוֹמִית (נ)
Antártida (f)	ya'befet an'tarktika	יַבֶּשֶׁת אַנְטַארְקְטִיקָה (נ)
Ártico (m)	'arktika	אַרְקְטִיקָה (נ)

166. Pontos cardeais

norte (m)	tsafon	צָפוֹן (ז)
para norte	tsa'fona	צָפוֹנָה
no norte	batsafon	בַּצָּפוֹן
do norte	tsfoni	צְפוֹנִי

sul (m)	darom	דָּרוֹם (ז)
para sul	da'roma	דָּרוֹמָה
no sul	badarom	בַּדָּרוֹם
do sul	dromi	דְּרוֹמִי

oeste, ocidente (m)	ma'arav	מַעֲרָב (ז)
para oeste	ma'a'rava	מַעֲרָבָה
no oeste	bama'arav	בַּמַּעֲרָב
ocidental	ma'aravi	מַעֲרָבִי

leste, oriente (m)	mizrax	מִזְרָח (ז)
para leste	miz'raxa	מִזְרָחָה
no leste	bamizrax	בַּמִּזְרָח
oriental	mizraxi	מִזְרָחִי

167. Mar. Oceano

mar (m)	yam	יָם (ז)
oceano (m)	ok'yanos	אוֹקְיָאנוֹס (ז)
golfo (m)	mifrats	מִפְרָץ (ז)
estreito (m)	meitsar	מֵיצָר (ז)

terra (f) firme	yaba∫a	יַבָּשָׁה (נ)
continente (m)	ya'be∫et	יַבֶּשֶׁת (נ)
ilha (f)	i	אִי (ז)
península (f)	xatsi i	חֲצִי אִי (ז)
arquipélago (m)	arxipelag	אַרְכִיפֶּלָג (ז)

baía (f)	mifrats	מִפְרָץ (ז)
porto (m)	namal	נָמָל (ז)
lagoa (f)	la'guna	לָגוּנָה (נ)
cabo (m)	kef	כֵּף (ז)

atol (m)	atol	אָטוֹל (ז)
recife (m)	∫unit	שׁוּנִית (נ)
coral (m)	almog	אַלְמוֹג (ז)
recife (m) de coral	∫unit almogim	שׁוּנִית אַלְמוֹגִים (נ)

profundo	amok	עָמוֹק
profundidade (f)	'omek	עוֹמֶק (ז)
abismo (m)	tehom	תְּהוֹם (נ)
fossa (f) oceânica	maxte∫	מַכְתֵּשׁ (ז)

corrente (f)	'zerem	זֶרֶם (ז)
banhar (vt)	lehakif	לְהַקִּיף
litoral (m)	xof	חוֹף (ז)

costa (f)	χof yam	חוֹף יָם (ז)
maré (f) alta	ge'ut	גֵּאוּת (נ)
refluxo (m), maré (f) baixa	'ʃefel	שֵׁפֶל (ז)
restinga (f)	sirton	שִׂרְטוֹן (ז)
fundo (m)	karka'it	קַרְקָעִית (נ)

onda (f)	gal	גַּל (ז)
crista (f) da onda	pisgat hagal	פִּסְגַּת הַגַּל (נ)
espuma (f)	'ketsef	קֶצֶף (ז)

tempestade (f)	sufa	סוּפָה (נ)
furacão (m)	hurikan	הוֹרִיקָן (ז)
tsunami (m)	tsu'nami	צוּנָאמִי (ז)
calmaria (f)	'roga	רֹגַע (ז)
calmo	ʃalev	שָׁלֵו

| polo (m) | 'kotev | קוֹטֶב (ז) |
| polar | kotbi | קוֹטְבִּי |

latitude (f)	kav 'roχav	קַו רֹחַב (ז)
longitude (f)	kav 'oreχ	קַו אֹרֶךְ (ז)
paralela (f)	kav 'roχav	קַו רֹחַב (ז)
equador (m)	kav hamaʃve	קַו הַמַּשְׁוֶה (ז)

céu (m)	ʃa'mayim	שָׁמַיִם (ז"ר)
horizonte (m)	'ofek	אֹפֶק (ז)
ar (m)	avir	אֲוִויר (ז)

farol (m)	migdalor	מִגְדַּלּוֹר (ז)
mergulhar (vi)	litslol	לִצְלֹל
afundar-se (vr)	lit'bo'a	לִטְבּוֹעַ
tesouros (m pl)	otsarot	אוֹצָרוֹת (ז"ר)

168. Montanhas

montanha (f)	har	הַר (ז)
cordilheira (f)	'reχes harim	רֶכֶס הָרִים (ז)
serra (f)	'reχes har	רֶכֶס הַר (ז)

cume (m)	pisga	פִּסְגָּה (נ)
pico (m)	pisga	פִּסְגָּה (נ)
sopé (m)	margelot	מַרְגְּלוֹת (נ"ר)
declive (m)	midron	מִדְרוֹן (ז)

vulcão (m)	har 'gaʕaʃ	הַר גַּעַשׁ (ז)
vulcão (m) ativo	har 'gaʕaʃ pa'il	הַר גַּעַשׁ פָּעִיל (ז)
vulcão (m) extinto	har 'gaʕaʃ radum	הַר גַּעַשׁ רָדוּם (ז)

erupção (f)	hitpartsut	הִתְפָּרְצוּת (נ)
cratera (f)	lo'a	לוֹעַ (ז)
magma (m)	megama	מַגְמָה (נ)
lava (f)	'lava	לָאבָה (נ)
fundido (lava ~a)	lohet	לוֹהֵט
desfiladeiro (m)	kanyon	קַנְיוֹן (ז)

garganta (f)	gai	גַּיְא (ז)
fenda (f)	'beka	בֶּקַע (ז)
precipício (m)	tehom	תְּהוֹם (נ)

passo, colo (m)	ma'avar harim	מַעֲבַר הָרִים (ז)
planalto (m)	rama	רָמָה (נ)
falésia (f)	tsuk	צוּק (ז)
colina (f)	giv'a	גִּבְעָה (נ)

glaciar (m)	karχon	קַרְחוֹן (ז)
queda (f) d'água	mapal 'mayim	מַפַּל מַיִם (ז)
géiser (m)	'geizer	גֵּייזֶר (ז)
lago (m)	agam	אֲגַם (ז)

planície (f)	miʃor	מִישׁוֹר (ז)
paisagem (f)	nof	נוֹף (ז)
eco (m)	hed	הֵד (ז)

alpinista (m)	metapes harim	מְטַפֵּס הָרִים (ז)
escalador (m)	metapes sla'im	מְטַפֵּס סְלָעִים (ז)
conquistar (vt)	liχboʃ	לִכְבּוֹשׁ
subida, escalada (f)	tipus	טִיפּוּס (ז)

169. Rios

rio (m)	nahar	נָהָר (ז)
fonte, nascente (f)	ma'ayan	מַעֲיָין (ז)
leito (m) do rio	afik	אָפִיק (ז)
bacia (f)	agan nahar	אֲגַן נָהָר (ז)
desaguar no ...	lehiʃapeχ	לְהִישָׁפֵך

afluente (m)	yuval	יוּבַל (ז)
margem (do rio)	χof	חוֹף (ז)

corrente (f)	'zerem	זֶרֶם (ז)
rio abaixo	bemorad hanahar	בְּמוֹרַד הַנָּהָר
rio acima	bema'ale hanahar	בְּמַעֲלֵה הַזֶּרֶם

inundação (f)	hatsafa	הֲצָפָה (נ)
cheia (f)	ʃitafon	שִׁיטָּפוֹן (ז)
transbordar (vi)	la'alot al gdotav	לַעֲלוֹת עַל גְדוֹתָיו
inundar (vt)	lehatsif	לְהָצִיף

banco (m) de areia	sirton	שִׂרְטוֹן (ז)
rápidos (m pl)	'eʃed	אֶשֶׁד (ז)

barragem (f)	'seχer	סֶכֶר (ז)
canal (m)	te'ala	תְּעָלָה (נ)
reservatório (m) de água	ma'agar 'mayim	מַאֲגַר מַיִם (ז)
eclusa (f)	ta 'ʃayit	תָּא שַׁיִט (ז)

corpo (m) de água	ma'agar 'mayim	מַאֲגַר מַיִם (ז)
pântano (m)	bitsa	בִּיצָּה (נ)
tremedal (m)	bitsa	בִּיצָּה (נ)

remoinho (m)	me'ar'bolet	מְעַרְבּוֹלֶת (נ)
arroio, regato (m)	'naxal	נַחַל (ז)
potável	ʃel ʃtiya	שֶׁל שְׁתִיָּה
doce (água)	metukim	מְתוּקִים

| gelo (m) | 'kerax | קֶרַח (ז) |
| congelar-se (vr) | likpo | לִקְפּוֹא |

170. Floresta

| floresta (f), bosque (m) | 'ya'ar | יַעַר (ז) |
| florestal | ʃel 'ya'ar | שֶׁל יַעַר |

mata (f) cerrada	avi ha'ya'ar	עֲבִי הַיַּעַר (ז)
arvoredo (m)	xurʃa	חוּרְשָׁה (נ)
clareira (f)	ka'raxat 'ya'ar	קָרַחַת יַעַר (נ)

| matagal (m) | svax | סְבַךְ (ז) |
| mato (m) | 'siax | שִׂיחַ (ז) |

| vereda (f) | ʃvil | שְׁבִיל (ז) |
| ravina (f) | 'emek tsar | עֵמֶק צַר (ז) |

árvore (f)	ets	עֵץ (ז)
folha (f)	ale	עָלֶה (ז)
folhagem (f)	alva	עַלְוָה (נ)

queda (f) das folhas	ʃa'lexet	שַׁלֶּכֶת (נ)
cair (vi)	linʃor	לִנְשׁוֹר
topo (m)	tsa'meret	צַמֶּרֶת (נ)

ramo (m)	anaf	עָנָף (ז)
galho (m)	anaf ave	עָנָף עָבֶה (ז)
botão, rebento (m)	nitsan	נִיצָן (ז)
agulha (f)	'maxat	מַחַט (נ)
pinha (f)	itstrubal	אִצְטְרוּבָּל (ז)

buraco (m) de árvore	xor ba'ets	חוֹר בָּעֵץ (ז)
ninho (m)	ken	קֵן (ז)
toca (f)	mexila	מְחִילָה (נ)

tronco (m)	'geza	גֶּזַע (ז)
raiz (f)	'ʃoreʃ	שׁוֹרֶשׁ (ז)
casca (f) de árvore	klipa	קְלִיפָּה (נ)
musgo (m)	taxav	טַחַב (ז)

arrancar pela raiz	la'akor	לַעֲקוֹר
cortar (vt)	lixrot	לִכְרוֹת
desflorestar (vt)	levare	לְבָעֵר
toco, cepo (m)	'gedem	גֶּדֶם (ז)

fogueira (f)	medura	מְדוּרָה (נ)
incêndio (m) florestal	srefa	שְׂרֵיפָה (נ)
apagar (vt)	lexabot	לְכַבּוֹת

guarda-florestal (m)	ʃomer 'ya'ar	שׁוֹמֵר יַעַר (ז)
proteção (f)	ʃmira	שְׁמִירָה (נ)
proteger (a natureza)	liʃmor	לִשְׁמוֹר
caçador (m) furtivo	tsayad lelo reʃut	צַיָּד לְלֹא רְשׁוּת (ז)
armadilha (f)	mal'kodet	מַלְכּוֹדֶת (נ)

colher (cogumelos, bagas)	lelaket	לְלַקֵּט
perder-se (vr)	lit'ot	לִתְעוֹת

171. Recursos naturais

recursos (m pl) naturais	otsarot 'teva	אוֹצְרוֹת טֶבַע (ז"ר)
minerais (m pl)	mine'ralim	מִינְרָלִים (ז"ר)
depósitos (m pl)	mirbats	מִרְבָּץ (ז)
jazida (f)	mirbats	מִרְבָּץ (ז)

extrair (vt)	liҳrot	לִכְרוֹת
extração (f)	kriya	כְּרִיָּה (נ)
minério (m)	afra	עַפְרָה (נ)
mina (f)	miҳre	מִכְרֶה (ז)
poço (m) de mina	pir	פִּיר (ז)
mineiro (m)	kore	כּוֹרֶה (ז)

gás (m)	gaz	גָּז (ז)
gasoduto (m)	tsinor gaz	צִינוֹר גָּז (ז)

petróleo (m)	neft	נֵפְט (ז)
oleoduto (m)	tsinor neft	צִינוֹר נֵפְט (ז)
poço (m) de petróleo	be'er neft	בְּאֵר נֵפְט (נ)
torre (f) petrolífera	migdal ki'duaҳ	מִגְדָּל קִידּוּחַ (ז)
petroleiro (m)	moҳalit	מֵיכָלִית (נ)

areia (f)	ҳol	חוֹל (ז)
calcário (m)	'even gir	אֶבֶן גִּיר (נ)
cascalho (m)	ҳatsats	חָצָץ (ז)
turfa (f)	kavul	כָּבוּל (ז)
argila (f)	tit	טִיט (ז)
carvão (m)	peҳam	פֶּחָם (ז)

ferro (m)	barzel	בַּרְזֶל (ז)
ouro (m)	zahav	זָהָב (ז)
prata (f)	'kesef	כֶּסֶף (ז)
níquel (m)	'nikel	נִיקֶל (ז)
cobre (m)	ne'ҳoʃet	נְחוֹשֶׁת (נ)

zinco (m)	avats	אָבָץ (ז)
manganês (m)	mangan	מַנְגָּן (ז)
mercúrio (m)	kaspit	כַּסְפִּית (נ)
chumbo (m)	o'feret	עוֹפֶרֶת (נ)

mineral (m)	mineral	מִינְרָל (ז)
cristal (m)	gaviʃ	גָּבִישׁ (ז)
mármore (m)	'ʃayiʃ	שַׁיִשׁ (ז)
urânio (m)	u'ranyum	אוּרָנְיוּם (ז)

A Terra. Parte 2

172. Tempo

tempo (m)	'mezeg avir	מֶזֶג אֲוֹיר (ז)
previsão (f) do tempo	taχazit 'mezeg ha'avir	תַּחֲזִית מֶזֶג הָאֲוֹיר (נ)
temperatura (f)	tempera'tura	טֶמפֶּרָטוּרָה (נ)
termómetro (m)	madχom	מַדחוֹם (ז)
barómetro (m)	ba'rometer	בָּרוֹמֶטֶר (ז)

húmido	laχ	לַח
humidade (f)	laχut	לַחוּת (נ)
calor (m)	χom	חוֹם (ז)
cálido	χam	חַם
está muito calor	χam	חַם

está calor	χamim	חָמִים
quente	χamim	חָמִים

está frio	kar	קַר
frio	kar	קַר

sol (m)	'ʃemeʃ	שֶׁמֶשׁ (נ)
brilhar (vi)	lizhor	לִזהוֹר
de sol, ensolarado	ʃimʃi	שִׁמשִׁי
nascer (vi)	liz'roaχ	לִזרוֹחַ
pôr-se (vr)	liʃ'ko'a	לִשׁקוֹעַ

nuvem (f)	anan	עָנָן (ז)
nublado	me'unan	מְעוּנָן
nuvem (f) preta	av	עָב (ז)
escuro, cinzento	sagriri	סַגרִירִי

chuva (f)	'geʃem	גֶּשֶׁם (ז)
está a chover	yored 'geʃem	יוֹרֵד גֶּשֶׁם

chuvoso	gaʃum	גָּשׁוּם
chuviscar (vi)	letaftef	לְטַפטֵף

chuva (f) torrencial	matar	מָטָר (ז)
chuvada (f)	mabul	מַבּוּל (ז)
forte (chuva)	χazak	חָזָק

poça (f)	ʃlulit	שְׁלוּלִית (נ)
molhar-se (vr)	lehitratev	לְהִתרַטֵב

nevoeiro (m)	arapel	עֲרָפֶל (ז)
de nevoeiro	me'urpal	מְעוֹרפָּל
neve (f)	'ʃeleg	שֶׁלֶג (ז)
está a nevar	yored 'ʃeleg	יוֹרֵד שֶׁלֶג

173. Tempo extremo. Catástrofes naturais

trovoada (f)	sufat re'amim	סוּפַת רְעָמִים (נ)
relâmpago (m)	barak	בָּרָק (ז)
relampejar (vi)	livhok	לִבְהוֹק

trovão (m)	'ra'am	רַעַם (ז)
trovejar (vi)	lir'om	לִרְעוֹם
está a trovejar	lir'om	לִרְעוֹם

granizo (m)	barad	בָּרָד (ז)
está a cair granizo	yored barad	יוֹרֵד בָּרָד

inundar (vt)	lehatsif	לְהָצִיף
inundação (f)	ʃitafon	שִׁיטָפוֹן (ז)

terremoto (m)	re'idat adama	רְעִידַת אֲדָמָה (נ)
abalo, tremor (m)	re'ida	רְעִידָה (נ)
epicentro (m)	moked	מוֹקֵד (ז)

erupção (f)	hitpartsut	הִתְפָּרְצוּת (נ)
lava (f)	'lava	לָאבָה (נ)

turbilhão (m)	hurikan	הוֹרִיקָן (ז)
tornado (m)	tor'nado	טוֹרְנָדוֹ (ז)
tufão (m)	taifun	טַייפוּן (ז)

furacão (m)	hurikan	הוֹרִיקָן (ז)
tempestade (f)	sufa	סוּפָה (נ)
tsunami (m)	tsu'nami	צוּנָאמִי (ז)

ciclone (m)	tsiklon	צִיקְלוֹן (ז)
mau tempo (m)	sagrir	סַגְרִיר (ז)
incêndio (m)	srefa	שְׂרֵיפָה (נ)
catástrofe (f)	ason	אָסוֹן (ז)
meteorito (m)	mete'orit	מֶטְאוֹרִיט (ז)

avalanche (f)	ma'polet ʃlagim	מַפּוֹלֶת שְׁלָגִים (נ)
deslizamento (m) de neve	ma'polet ʃlagim	מַפּוֹלֶת שְׁלָגִים (נ)
nevasca (f)	sufat ʃlagim	סוּפַת שְׁלָגִים (נ)
tempestade (f) de neve	sufat ʃlagim	סוּפַת שְׁלָגִים (נ)

Fauna

174. Mamíferos. Predadores

predador (m)	χayat 'teref	חַיַּת טֶרֶף (נ)
tigre (m)	'tigris	טִיגְרִיס (ז)
leão (m)	arye	אַרְיֵה (ז)
lobo (m)	ze'ev	זְאֵב (ז)
raposa (f)	ʃu'al	שׁוּעָל (ז)
jaguar (m)	yagu'ar	יָגוּאָר (ז)
leopardo (m)	namer	נָמֵר (ז)
chita (f)	bardelas	בַּרְדְּלָס (ז)
pantera (f)	panter	פַּנְתֵּר (ז)
puma (m)	'puma	פּוּמָה (נ)
leopardo-das-neves (m)	namer 'ʃeleg	נָמֵר שֶׁלֶג (ז)
lince (m)	ʃunar	שׁוּנָר (ז)
coiote (m)	ze'ev ha'aravot	זְאֵב הָעֲרָבוֹת (ז)
chacal (m)	tan	תַּן (ז)
hiena (f)	tsa'vo'a	צָבוֹעַ (ז)

175. Animais selvagens

animal (m)	'ba'al χayim	בַּעַל חַיִּים (ז)
besta (f)	χaya	חַיָּה (נ)
esquilo (m)	sna'i	סְנָאִי (ז)
ouriço (m)	kipod	קִיפּוֹד (ז)
lebre (f)	arnav	אַרְנָב (ז)
coelho (m)	ʃafan	שָׁפָן (ז)
texugo (m)	girit	גִּירִית (נ)
guaxinim (m)	dvivon	דְּבִיבוֹן (ז)
hamster (m)	oger	אוֹגֵר (ז)
marmota (f)	mar'mita	מַרְמִיטָה (נ)
toupeira (f)	χafar'peret	חֲפַרְפֶּרֶת (נ)
rato (m)	aχbar	עַכְבָּר (ז)
ratazana (f)	χulda	חוּלְדָּה (נ)
morcego (m)	atalef	עֲטַלֵּף (ז)
arminho (m)	hermin	הֶרְמִין (ז)
zibelina (f)	tsobel	צוֹבֶּל (ז)
marta (f)	dalak	דָּלָק (ז)
doninha (f)	χamus	חָמוּס (ז)
vison (m)	χorfan	חוֹרְפָן (ז)

castor (m)	bone	בּוֹנֶה (ז)
lontra (f)	lutra	לוּטְרָה (נ)
cavalo (m)	sus	סוּס (ז)
alce (m)	ayal hakore	אַיָּל הַקּוֹרֵא (ז)
veado (m)	ayal	אַיָּל (ז)
camelo (m)	gamal	גָּמָל (ז)
bisão (m)	bizon	בִּיזוֹן (ז)
auroque (m)	bizon ei'ropi	בִּיזוֹן אֵירוֹפִּי (ז)
búfalo (m)	te'o	תְּאוֹ (ז)
zebra (f)	'zebra	זֶבְּרָה (נ)
antílope (m)	anti'lopa	אַנְטִילוֹפָּה (ז)
corça (f)	ayal hakarmel	אַיָּל הַכַּרְמֶל (ז)
gamo (m)	yaxmur	יַחְמוּר (ז)
camurça (f)	ya'el	יָעֵל (ז)
javali (m)	xazir bar	חֲזִיר בָּר (ז)
baleia (f)	livyatan	לִוְיָתָן (ז)
foca (f)	'kelev yam	כֶּלֶב יָם (ז)
morsa (f)	sus yam	סוּס יָם (ז)
urso-marinho (m)	dov yam	דּוֹב יָם (ז)
golfinho (m)	dolfin	דּוֹלְפִין (ז)
urso (m)	dov	דּוֹב (ז)
urso (m) branco	dov 'kotev	דּוֹב קוֹטֶב (ז)
panda (m)	'panda	פַּנְדָּה (נ)
macaco (em geral)	kof	קוֹף (ז)
chimpanzé (m)	ʃimpanze	שִׁימְפַּנְזֶה (נ)
orangotango (m)	orang utan	אוֹרַנְג אוּטָן (ז)
gorila (m)	go'rila	גּוֹרִילָה (נ)
macaco (m)	makak	מָקָק (ז)
gibão (m)	gibon	גִּיבּוֹן (ז)
elefante (m)	pil	פִּיל (ז)
rinoceronte (m)	karnaf	קַרְנַף (ז)
girafa (f)	dʒi'rafa	גִּ'ירָפָּה (נ)
hipopótamo (m)	hipopotam	הִיפּוֹפּוֹטָם (ז)
canguru (m)	'kenguru	קֶנְגּוּרוּ (ז)
coala (m)	ko''ala	קוֹאָלָה (ז)
mangusto (m)	nemiya	נְמִיָּה (נ)
chinchila (m)	tʃin'tʃila	צִ'ינְצִ'ילָה (נ)
doninha-fedorenta (f)	bo'eʃ	בּוֹאֵשׁ (ז)
porco-espinho (m)	darban	דַּרְבָּן (ז)

176. Animais domésticos

gata (f)	xatula	חֲתוּלָה (נ)
gato (m) macho	xatul	חָתוּל (ז)
cão (m)	'kelev	כֶּלֶב (ז)

cavalo (m)	sus	סוּס (ז)
garanhão (m)	sus harbaʿa	סוּס הַרְבָּעָה (ז)
égua (f)	susa	סוּסָה (נ)

vaca (f)	para	פָּרָה (נ)
touro (m)	ʃor	שׁוֹר (ז)
boi (m)	ʃor	שׁוֹר (ז)

ovelha (f)	kivsa	כִּבְשָׂה (נ)
carneiro (m)	ʿayil	אַיִל (ז)
cabra (f)	ez	עֵז (נ)
bode (m)	ʿtayiʃ	תַּיִשׁ (ז)

| burro (m) | χamor | חֲמוֹר (ז) |
| mula (f) | ʿpered | פֶּרֶד (ז) |

porco (m)	χazir	חֲזִיר (ז)
leitão (m)	χazarzir	חֲזַרְזִיר (ז)
coelho (m)	arnav	אַרְנָב (ז)

| galinha (f) | tarneʿgolet | תַּרְנְגוֹלֶת (נ) |
| galo (m) | tarnegol | תַּרְנְגוֹל (ז) |

pata (f)	barvaz	בַּרְוָז (ז)
pato (macho)	barvaz	בַּרְוָז (ז)
ganso (m)	avaz	אַוָּז (ז)

| peru (m) | tarnegol ʿhodu | תַּרְנְגוֹל הוֹדוּ (ז) |
| perua (f) | tarneʿgolet ʿhodu | תַּרְנְגוֹלֶת הוֹדוּ (נ) |

animais (m pl) domésticos	χayot ʿbayit	חַיּוֹת בַּיִת (נ"ר)
domesticado	mevuyat	מְבוּיָת
domesticar (vt)	levayet	לְבַיֵּת
criar (vt)	leharʿbiʿa	לְהַרְבִּיעַ

quinta (f)	χava	חַוָּה (נ)
aves (f pl) domésticas	ofot ʿbayit	עוֹפוֹת בַּיִת (נ"ר)
gado (m)	bakar	בָּקָר (ז)
rebanho (m), manada (f)	ʿeder	עֵדֶר (ז)

estábulo (m)	urva	אוּרְוָה (נ)
pocilga (f)	dir χazirim	דִּיר חֲזִירִים (ז)
estábulo (m)	ʿrefet	רֶפֶת (נ)
coelheira (f)	arnaviya	אַרְנָבִיָּה (נ)
galinheiro (m)	lul	לוּל (ז)

177. Cães. Raças de cães

cão (m)	ʿkelev	כֶּלֶב (ז)
cão pastor (m)	ʿkelev roʿe	כֶּלֶב רוֹעֶה (ז)
pastor-alemão (m)	roʿe germani	רוֹעֶה גֶּרְמָנִי (ז)
caniche (m)	ʿpudel	פּוּדֶל (ז)
teckel (m)	ʿtaχaʃ	תַּחַשׁ (ז)
buldogue (m)	buldog	בּוּלְדוֹג (ז)

boxer (m)	'bokser	בּוֹקְסֶר (ז)
mastim (m)	mastif	מַסְטִיף (ז)
rottweiler (m)	rot'vailer	רוֹטְוַוייִלֶר (ז)
dobermann (m)	'doberman	דּוֹבֶּרְמָן (ז)

basset (m)	'baset 'ha'und	בָּאסֶט־הַאוּנד (ז)
pastor inglês (m)	bobteil	בּוֹבְּטֵייל (ז)
dálmata (m)	dal'mati	דַּלְמָטִי (ז)
cocker spaniel (m)	'koker 'spani'el	קוֹקֶר סְפָּנְיֶאל (ז)

| terra-nova (m) | nyu'fa'undlend | נְיוּפָאוּנדלֶנד (ז) |
| são-bernardo (m) | sen bernard | סֶן בֶּרְנָרד (ז) |

husky (m)	'haski	הָאסְקִי (ז)
Chow-chow (m)	'ʧa'u 'ʧa'u	צ'אוּ צ'אוּ (ז)
spitz alemão (m)	ʃpits	שְׁפִּיץ (ז)
carlindogue (m)	pag	פָּאג (ז)

178. Sons produzidos pelos animais

latido (m)	neviχa	נְבִיחָה (נ)
latir (vi)	lin'boaχ	לִנְבּוֹחַ
miar (vi)	leyalel	לְיַלֵל
ronronar (vi)	legarger	לְגַרְגֵּר

mugir (vaca)	lig'ot	לִגְעוֹת
bramir (touro)	lig'ot	לִגְעוֹת
rosnar (vi)	linhom	לִנְהוֹם

uivo (m)	yelala	יְלָלָה (נ)
uivar (vi)	leyalel	לְיַלֵל
ganir (vi)	leyabev	לְיַבֵּב

balir (vi)	lif'ot	לִפְעוֹת
grunhir (porco)	leχarχer	לְחַרְחֵר
guinchar (vi)	lits'voaχ	לִצְווֹחַ

coaxar (sapo)	lekarker	לְקַרְקֵר
zumbir (inseto)	lezamzem	לְזַמְזֵם
estridular, ziziar (vi)	letsartser	לְצַרְצֵר

179. Pássaros

pássaro (m), ave (f)	tsipor	צִיפּוֹר (נ)
pombo (m)	yona	יוֹנָה (נ)
pardal (m)	dror	דְּרוֹר (ז)
chapim-real (m)	yargazi	יַרְגָזִי (ז)
pega-rabuda (f)	orev neχalim	עוֹרֵב נְחָלִים (ז)

corvo (m)	orev ʃaχor	עוֹרֵב שָׁחוֹר (ז)
gralha (f) cinzenta	orev afor	עוֹרֵב אָפוֹר (ז)
gralha-de-nuca-cinzenta (f)	ka'ak	קָאָק (ז)

gralha-calva (f)	orev hamizra	עוֹרֵב הַמִּזְרָע (ז)
pato (m)	barvaz	בַּרְוָז (ז)
ganso (m)	avaz	אֲוָז (ז)
faisão (m)	pasyon	פַסְיוֹן (ז)
águia (f)	'ayit	עַיִט (ז)
açor (m)	nets	נֵץ (ז)
falcão (m)	baz	בַּז (ז)
abutre (m)	ozniya	עוֹזְנִיָּה (ז)
condor (m)	kondor	קוֹנְדוֹר (ז)
cisne (m)	barbur	בַּרְבּוּר (ז)
grou (m)	agur	עָגוּר (ז)
cegonha (f)	χasida	חֲסִידָה (נ)
papagaio (m)	'tuki	תּוּכִּי (ז)
beija-flor (m)	ko'libri	קוֹלִיבְּרִי (ז)
pavão (m)	tavas	טַוָּס (ז)
avestruz (m)	bat ya'ana	בַּת יַעֲנָה (נ)
garça (f)	anafa	אֲנָפָה (נ)
flamingo (m)	fla'mingo	פְלָמִינְגּוֹ (ז)
pelicano (m)	saknai	שַׂקְנַאי (ז)
rouxinol (m)	zamir	זָמִיר (ז)
andorinha (f)	snunit	סְנוּנִית (נ)
tordo-zornal (m)	kiχli	קִיכְלִי (ז)
tordo-músico (m)	kiχli mezamer	קִיכְלִי מְזַמֵּר (ז)
melro-preto (m)	kiχli ʃaχor	קִיכְלִי שָׁחוֹר (ז)
andorinhão (m)	sis	סִיס (ז)
cotovia (f)	efroni	עֶפְרוֹנִי (ז)
codorna (f)	slav	שְׂלָיו (ז)
pica-pau (m)	'neker	נָקָר (ז)
cuco (m)	kukiya	קוּקִיָּה (נ)
coruja (f)	yanʃuf	יַנְשׁוּף (ז)
corujão, bufo (m)	'oaχ	אוֹחַ (ז)
tetraz-grande (m)	seχvi 'ya'ar	שְׂכְוִוי יַעַר (ז)
tetraz-lira (m)	seχvi	שְׂכְוִוי (ז)
perdiz-cinzenta (f)	χogla	חוֹגְלָה (נ)
estorninho (m)	zarzir	זַרְזִיר (ז)
canário (m)	ka'narit	קָנָרִית (נ)
galinha-do-mato (f)	seχvi haya'arot	שְׂכְוִוי הַיְּעָרוֹת (ז)
tentilhão (m)	paroʃ	פָּרוֹשׁ (ז)
dom-fafe (m)	admonit	אַדְמוֹנִית (נ)
gaivota (f)	'ʃaχaf	שַׁחַף (ז)
albatroz (m)	albatros	אַלְבַּטְרוֹס (ז)
pinguim (m)	pingvin	פִּינְגְּוִוין (ז)

180. Pássaros. Canto e sons

cantar (vi)	laʃir	לָשִׁיר
gritar (vi)	lits'ok	לִצְעוֹק
cantar (o galo)	lekarker	לְקַרְקֵר
cocorocó (m)	kuku'riku	קוּקוּרִיקוּ

cacarejar (vi)	lekarker	לְקַרְקֵר
crocitar (vi)	lits'roax	לִצְרוֹחַ
grasnar (vi)	lega'a'ge'a	לְגַעֲגֵּעַ
piar (vi)	letsayets	לְצַיֵּץ
chilrear, gorjear (vi)	letsaftsef, letsayets	לְצַפְצֵף, לְצַיֵּץ

181. Peixes. Animais marinhos

brema (f)	avroma	אַבְרוֹמָה (נ)
carpa (f)	karpiyon	קַרְפִּיּוֹן (ז)
perca (f)	'okunus	אוֹקוּנוּס (ז)
siluro (m)	sfamnun	שְׂפַמְנוּן (ז)
lúcio (m)	ze'ev 'mayim	זְאֵב מַיִם (ז)

| salmão (m) | 'salmon | סַלְמוֹן (ז) |
| esturjão (m) | xidkan | חִדְקָן (ז) |

arenque (m)	ma'liax	מָלִיחַ (ז)
salmão (m)	iltit	אִילְתִּית (נ)
cavala, sarda (f)	makarel	מָקָרֵל (ז)
solha (f)	dag moʃe ra'benu	דַּג מֹשֶׁה רַבֵּנוּ (ז)

lúcio perca (m)	amnun	אַמְנוּן (ז)
bacalhau (m)	ʃibut	שִׁיבּוּט (ז)
atum (m)	'tuna	טוּנָה (נ)
truta (f)	forel	פוֹרֵל (ז)

enguia (f)	tslofax	צְלוֹפַח (ז)
raia elétrica (f)	trisanit	תְּרִיסָנִית (נ)
moreia (f)	mo'rena	מוֹרֶנָה (נ)
piranha (f)	pi'ranya	פִּירַנְיָה (נ)

tubarão (m)	kariʃ	כָּרִישׁ (ז)
golfinho (m)	dolfin	דּוֹלְפִין (ז)
baleia (f)	livyatan	לִוְיָתָן (ז)

caranguejo (m)	sartan	סַרְטָן (ז)
medusa, alforreca (f)	me'duza	מֶדוּזָה (נ)
polvo (m)	tamnun	תַּמְנוּן (ז)

estrela-do-mar (f)	koxav yam	כּוֹכַב יָם (ז)
ouriço-do-mar (m)	kipod yam	קִיפּוֹד יָם (ז)
cavalo-marinho (m)	suson yam	סוּסוֹן יָם (ז)

| ostra (f) | tsidpa | צִדְפָּה (נ) |
| camarão (m) | xasilon | חָסִילוֹן (ז) |

lavagante (m)	'lobster	לוֹבּסטֶר (ז)
lagosta (f)	'lobster kotsani	לוֹבּסטֶר קוֹצָנִי (ז)

182. Amfíbios. Répteis

serpente, cobra (f)	naχaʃ	נָחָשׁ (ז)
venenoso	arsi	אַרסִי
víbora (f)	'tsefa	צֶפַע (ז)
cobra-capelo, naja (f)	'peten	פֶּתֶן (ז)
pitão (m)	piton	פִּיתוֹן (ז)
jiboia (f)	χanak	חָנָק (ז)
cobra-de-água (f)	naχaʃ 'mayim	נָחָשׁ מַיִם (ז)
cascavel (f)	ʃfifon	שׁפִיפוֹן (ז)
anaconda (f)	ana'konda	אֲנָקוֹנדָה (נ)
lagarto (m)	leta'a	לְטָאָה (נ)
iguana (f)	igu''ana	אִיגוּאָנָה (נ)
varano (m)	'koaχ	כּוֹחַ (ז)
salamandra (f)	sala'mandra	סָלָמַנדָרָה (נ)
camaleão (m)	zikit	זִיקִית (נ)
escorpião (m)	akrav	עַקרָב (ז)
tartaruga (f)	tsav	צָב (ז)
rã (f)	tsfar'de'a	צפַרדֵעַ (נ)
sapo (m)	karpada	קַרפָּדָה (נ)
crocodilo (m)	tanin	תַנִין (ז)

183. Insetos

inseto (m)	χarak	חָרָק (ז)
borboleta (f)	parpar	פַּרפַּר (ז)
formiga (f)	nemala	נְמָלָה (נ)
mosca (f)	zvuv	זבוּב (ז)
mosquito (m)	yatuʃ	יַתוּשׁ (ז)
escaravelho (m)	χipuʃit	חִיפּוּשִׁית (נ)
vespa (f)	tsir'a	צִרעָה (נ)
abelha (f)	dvora	דבוֹרָה (נ)
mamangava (f)	dabur	דַבּוּר (ז)
moscardo (m)	zvuv hasus	זבוּב הַסוּס (ז)
aranha (f)	akaviʃ	עַכָּבִישׁ (ז)
teia (f) de aranha	kurei akaviʃ	קוּרֵי עַכָּבִישׁ (ז"ר)
libélula (f)	ʃapirit	שׁפִירִית (נ)
gafanhoto-do-campo (m)	χagav	חָגָב (ז)
traça (f)	aʃ	עָשׁ (ז)
barata (f)	makak	מַקָק (ז)
carraça (f)	kartsiya	קַרצִיָיה (נ)

| pulga (f) | par'oʃ | פַּרְעוֹשׁ (ז) |
| borrachudo (m) | yavχuʃ | יַבְחוּשׁ (ז) |

gafanhoto (m)	arbe	אַרְבֶּה (ז)
caracol (m)	χilazon	חִילָזוֹן (ז)
grilo (m)	tsartsar	צְרָצַר (ז)
pirilampo (m)	gaχlilit	גַּחְלִילִית (נ)
joaninha (f)	parat moʃe ra'benu	פָּרַת מֹשֶׁה רַבֵּנוּ (נ)
besouro (m)	χipuʃit aviv	חִיפּוּשִׁית אָבִיב (נ)

sanguessuga (f)	aluka	עֲלוּקָה (נ)
lagarta (f)	zaχal	זַחַל (ז)
minhoca (f)	to'la'at	תּוֹלַעַת (נ)
larva (f)	'deren	דֶּרֶן (ז)

184. Animais. Partes do corpo

bico (m)	makor	מָקוֹר (ז)
asas (f pl)	kna'fayim	כְּנָפַיִים (נ"ר)
pata (f)	'regel	רֶגֶל (נ)
plumagem (f)	pluma	פְּלוּמָה (נ)
pena, pluma (f)	notsa	נוֹצָה (נ)
crista (f)	tsitsa	צִיצָה (נ)

brânquias, guelras (f pl)	zimim	זִימִים (ז"ר)
ovas (f pl)	beitsei dagim	בֵּיצֵי דָּגִים (נ"ר)
larva (f)	'deren	דֶּרֶן (ז)
barbatana (f)	snapir	סְנַפִּיר (ז)
escama (f)	kaskasim	קַשְׂקַשִּׂים (ז"ר)

canino (m)	niv	נִיב (ז)
pata (f)	'regel	רֶגֶל (נ)
focinho (m)	partsuf	פַּרְצוּף (ז)
boca (f)	lo'a	לוֹעַ (ז)
cauda (f), rabo (m)	zanav	זָנָב (ז)
bigodes (m pl)	safam	שָׂפָם (ז)

| casco (m) | parsa | פַּרְסָה (נ) |
| corno (m) | 'keren | קֶרֶן (נ) |

carapaça (f)	ʃiryon	שִׁרְיוֹן (ז)
concha (f)	konχiya	קוֹנְכִיָּיה (נ)
casca (f) de ovo	klipa	קְלִיפָּה (נ)

| pelo (m) | parva | פַּרְוָה (נ) |
| pele (f), couro (m) | or | עוֹר (ז) |

185. Animais. Habitats

hábitat	beit gidul	בֵּית גִּידוּל (ז)
migração (f)	hagira	הֲגִירָה (נ)
montanha (f)	har	הַר (ז)

| recife (m) | ʃunit | שׁוּנִית (נ) |
| falésia (f) | 'sela | סֶלַע (ז) |

floresta (f)	'ya'ar	יַעַר (ז)
selva (f)	'dʒungel	גׄ'וּנְגֶל (ז)
savana (f)	sa'vana	סָוָנָה (נ)
tundra (f)	'tundra	טוּנְדְרָה (נ)

estepe (f)	arava	עֲרָבָה (נ)
deserto (m)	midbar	מִדְבָּר (ז)
oásis (m)	neve midbar	נְוֵה מִדְבָּר (ז)

mar (m)	yam	יָם (ז)
lago (m)	agam	אֲגַם (ז)
oceano (m)	ok'yanos	אוֹקְיָאנוֹס (ז)

pântano (m)	bitsa	בִּיצָה (נ)
de água doce	ʃel 'mayim metukim	שֶׁל מַיִם מְתוּקִים
lagoa (f)	breχa	בְּרֵיכָה (נ)
rio (m)	nahar	נָהָר (ז)

toca (f) do urso	me'ura	מְאוּרָה (נ)
ninho (m)	ken	קֵן (ז)
buraco (m) de árvore	χor ba'ets	חוֹר בָּעֵץ (ז)
toca (f)	meχila	מְחִילָה (נ)
formigueiro (m)	kan nemalim	קַן נְמָלִים (ז)

Flora

186. Árvores

árvore (f)	ets	עֵץ (ז)
decídua	naʃir	נָשִׁיר
conífera	maχtani	מַחְטָנִי
perene	yarok ad	יָרוֹק עַד
macieira (f)	ta'puaχ	תַּפּוּחַ (ז)
pereira (f)	agas	אַגָּס (ז)
cerejeira (f)	gudgedan	גּוּדְגְּדָן (ז)
ginjeira (f)	duvdevan	דּוּבְדְּבָן (ז)
ameixeira (f)	ʃezif	שְׁזִיף (ז)
bétula (f)	ʃadar	שְׁדָר (ז)
carvalho (m)	alon	אַלּוֹן (ז)
tília (f)	'tilya	טִילְיָה (נ)
choupo-tremedor (m)	aspa	אַסְפָּה (נ)
bordo (m)	'eder	אֶדֶר (ז)
espruce-europeu (m)	a'ʃuaχ	אַשּׁוּחַ (ז)
pinheiro (m)	'oren	אוֹרֶן (ז)
alerce, lariço (m)	arzit	אַרְזִית (נ)
abeto (m)	a'ʃuaχ	אַשּׁוּחַ (ז)
cedro (m)	'erez	אֶרֶז (ז)
choupo, álamo (m)	tsaftseta	צַפְצֶפָה (נ)
tramazeira (f)	ben χuzrar	בֶּן־חוּזְרָר (ז)
salgueiro (m)	arava	עֲרָבָה (נ)
amieiro (m)	alnus	אַלְנוּס (ז)
faia (f)	aʃur	אַשּׁוּר (ז)
ulmeiro (m)	bu'kitsa	בּוּקִיצָה (נ)
freixo (m)	mela	מֵילָה (נ)
castanheiro (m)	armon	עַרְמוֹן (ז)
magnólia (f)	mag'nolya	מַגְנוֹלְיָה (נ)
palmeira (f)	'dekel	דֶּקֶל (ז)
cipreste (m)	broʃ	בְּרוֹשׁ (ז)
mangue (m)	mangrov	מַנְגְּרוֹב (ז)
embondeiro, baobá (m)	ba'obab	בָּאוֹבָּב (ז)
eucalipto (m)	eika'liptus	אֵיקָלִיפְּטוּס (ז)
sequoia (f)	sek'voya	סְקְווֹיָה (נ)

187. Arbustos

arbusto (m)	'siaχ	שִׂיחַ (ז)
arbusto (m), moita (f)	'siaχ	שִׂיחַ (ז)

videira (f)	'gefen	גֶּפֶן (ז)
vinhedo (m)	'kerem	כֶּרֶם (ז)

framboeseira (f)	'petel	פֶּטֶל (ז)
groselheira-preta (f)	'siaχ dumdemaniyot ʃχorot	שִׂיחַ דּוּמְדְּמָנִיּוֹת שְׁחוֹרוֹת (ז)
groselheira-vermelha (f)	'siaχ dumdemaniyot adumot	שִׂיחַ דּוּמְדְּמָנִיּוֹת אֲדוּמּוֹת (ז)
groselheira (f) espinhosa	χazarzar	חֲזַרְזַר (ז)

acácia (f)	ʃita	שִׁיטָה (נ)
bérberis (f)	berberis	בֶּרְבֶּרִיס (ז)
jasmim (m)	yasmin	יַסְמִין (ז)

junípero (m)	ar'ar	עַרְעָר (ז)
roseira (f)	'siaχ vradim	שִׂיחַ וְרָדִים (ז)
roseira (f) brava	'vered bar	וֶרֶד בָּר (ז)

188. Cogumelos

cogumelo (m)	pitriya	פִּטְרִיָּה (נ)
cogumelo (m) comestível	pitriya ra'uya lema'aχal	פִּטְרִיָּה רְאוּיָה לְמַאֲכָל
cogumelo (m) venenoso	pitriya ra'ila	פִּטְרִיָּה רַעִילָה (נ)
chapéu (m)	kipat pitriya	כִּיפַּת פִּטְרִיָּה (נ)
pé, caule (m)	'regel	רֶגֶל (נ)

boleto (m)	por'tʃini	פּוֹרְצִ'ינִי (ז)
boleto (m) alaranjado	pitriyat 'kova aduma	פִּטְרִיַּת כּוֹבַע אֲדוּמָה (נ)
míscaro (m) das bétulas	pitriyat 'ya'ar	פִּטְרִיַּת יַעַר (נ)
cantarela (f)	gvi'onit ne'e'χelet	גְּבִיעוֹנִית נֶאֱכֶלֶת (נ)
rússula (f)	χarifit	חֲרִיפִית (נ)

morchella (f)	gamtsuts	גַּמְצוּץ (ז)
agário-das-moscas (m)	zvuvanit	זְבוּבָנִית (נ)
cicuta (f) verde	pitriya ra'ila	פִּטְרִיָּה רַעִילָה (נ)

189. Frutos. Bagas

fruta (f)	pri	פְּרִי (ז)
frutas (f pl)	perot	פֵּירוֹת (ז"ר)
maçã (f)	ta'puaχ	תַּפּוּחַ (ז)
pera (f)	agas	אַגָּס (ז)
ameixa (f)	ʃezif	שְׁזִיף (ז)

morango (m)	tut sade	תּוּת שָׂדֶה (ז)
ginja (f)	duvdevan	דּוּבְדְּבָן (ז)
cereja (f)	gudgedan	גּוּדְגְּדָן (ז)
uva (f)	anavim	עֲנָבִים (ז"ר)

framboesa (f)	'petel	פֶּטֶל (ז)
groselha (f) preta	dumdemanit ʃχora	דּוּמְדְּמָנִית שְׁחוֹרָה (נ)
groselha (f) vermelha	dumdemanit aduma	דּוּמְדְּמָנִית אֲדוּמָה (נ)
groselha (f) espinhosa	χazarzar	חֲזַרְזַר (ז)
oxicoco (m)	χamutsit	חֲמוּצִית (נ)

laranja (f)	tapuz	תַּפּוּז (ז)
tangerina (f)	klemen'tina	קְלֶמֶנְטִינָה (נ)
ananás (m)	'ananas	אֲנָנָס (ז)
banana (f)	ba'nana	בַּנָּנָה (נ)
tâmara (f)	tamar	תָּמָר (ז)

limão (m)	limon	לִימוֹן (ז)
damasco (m)	'miʃmeʃ	מִשְׁמֵשׁ (ז)
pêssego (m)	afarsek	אֲפַרְסֵק (ז)
kiwi (m)	'kivi	קִיוִוי (ז)
toranja (f)	eʃkolit	אֶשְׁכּוֹלִית (נ)

baga (f)	garger	גַּרְגַּר (ז)
bagas (f pl)	gargerim	גַּרְגְּרִים (ז"ר)
arando (m) vermelho	uχmanit aduma	אוּכְמָנִית אֲדוּמָה (נ)
morango-silvestre (m)	tut 'ya'ar	תּוּת יַעַר (ז)
mirtilo (m)	uχmanit	אוּכְמָנִית (נ)

190. Flores. Plantas

| flor (f) | 'peraχ | פֶּרַח (ז) |
| ramo (m) de flores | zer | זֵר (ז) |

rosa (f)	'vered	וֶרֶד (ז)
tulipa (f)	tsiv'oni	צִבְעוֹנִי (ז)
cravo (m)	tsi'poren	צִיפּוֹרֶן (ז)
gladíolo (m)	glad'yola	גְּלַדְיוֹלָה (נ)

centáurea (f)	dganit	דְּגָנִיָּה (נ)
campânula (f)	pa'amonit	פַּעֲמוֹנִית (נ)
dente-de-leão (m)	ʃinan	שִׁינָן (ז)
camomila (f)	kamomil	קָמוֹמִיל (ז)

aloé (m)	alvai	אַלְוַי (ז)
cato (m)	'kaktus	קַקְטוּס (ז)
fícus (m)	'fikus	פִיקוּס (ז)

lírio (m)	ʃoʃana	שׁוֹשַׁנָּה (נ)
gerânio (m)	ge'ranyum	גֵּרַנְיוּם (ז)
jacinto (m)	yakinton	יָקִינְטוֹן (ז)

mimosa (f)	mi'moza	מִימוֹזָה (נ)
narciso (m)	narkis	נַרְקִיס (ז)
capuchinha (f)	'kova hanazir	כּוֹבַע הַנָּזִיר (ז)

orquídea (f)	saχlav	סַחְלָב (ז)
peónia (f)	admonit	אַדְמוֹנִית (נ)
violeta (f)	sigalit	סִיגָּלִית (נ)

amor-perfeito (m)	amnon vetamar	אַמְנוֹן וְתָמָר (ז)
não-me-esqueças (m)	ziχ'rini	זִכְרִינִי (ז)
margarida (f)	marganit	מַרְגָּנִית (נ)
papoula (f)	'pereg	פֶּרֶג (ז)
cânhamo (m)	ka'nabis	קָנָאבִּיס (ז)

hortelã (f)	'menta	מֶנְתָּה (נ)
lírio-do-vale (m)	zivanit	זִיוָנִית (נ)
campânula-branca (f)	ga'lantus	גַּלְנְטוּס (ז)

urtiga (f)	sirpad	סִרְפָּד (ז)
azeda (f)	χum'a	חוּמְעָה (נ)
nenúfar (m)	nufar	נוּפָר (ז)
feto (m), samambaia (f)	ʃaraχ	שֶׁרֶךְ (ז)
líquen (m)	χazazit	חֲזָזִית (נ)

estufa (f)	χamama	חֲמָמָה (נ)
relvado (m)	midʃa'a	מִדְשָׁאָה (נ)
canteiro (m) de flores	arugat praχim	עֲרוּגַת פְּרָחִים (נ)

planta (f)	'tsemaχ	צֶמַח (ז)
erva (f)	'deʃe	דֶּשֶׁא (ז)
folha (f) de erva	giv'ol 'esev	גִּבְעוֹל עֵשֶׂב (ז)

folha (f)	ale	עָלֶה (ז)
pétala (f)	ale ko'teret	עָלֵה כּוֹתֶרֶת (ז)
talo (m)	giv'ol	גִּבְעוֹל (ז)
tubérculo (m)	'pka'at	פְּקַעַת (נ)

| broto, rebento (m) | 'nevet | נֶבֶט (ז) |
| espinho (m) | kots | קוֹץ (ז) |

florescer (vi)	lif'roaχ	לִפְרוֹחַ
murchar (vi)	linbol	לִנְבּוֹל
cheiro (m)	'reaχ	רֵיחַ (ז)
cortar (flores)	ligzom	לִגְזוֹם
colher (uma flor)	liktof	לִקְטוֹף

191. Cereais, grãos

grão (m)	tvu'a	תְּבוּאָה (נ)
cereais (plantas)	dganim	דְּגָנִים (ז"ר)
espiga (f)	ʃi'bolet	שִׁיבּוֹלֶת (נ)

trigo (m)	χita	חִיטָה (נ)
centeio (m)	ʃifon	שִׁיפוֹן (ז)
aveia (f)	ʃi'bolet ʃu'al	שִׁיבּוֹלֶת שׁוּעָל (נ)

| milho-miúdo (m) | 'doχan | דּוֹחַן (ז) |
| cevada (f) | se'ora | שְׂעוֹרָה (נ) |

milho (m)	'tiras	תִּירָס (ז)
arroz (m)	'orez	אוֹרֶז (ז)
trigo-sarraceno (m)	ku'semet	כּוּסֶמֶת (נ)

ervilha (f)	afuna	אֲפוּנָה (נ)
feijão (m)	ʃu'it	שְׁעוּעִית (נ)
soja (f)	'soya	סוֹיָה (נ)
lentilha (f)	adaʃim	עֲדָשִׁים (ז"ר)
fava (f)	pol	פּוֹל (ז)

GEOGRAFIA REGIONAL

Países. Nacionalidades

192. Política. Governo. Parte 1

Português	Hebraico (transliteração)	Hebraico
política (f)	po'litika	פּוֹלִיטִיקָה (נ)
político	po'liti	פּוֹלִיטִי
político (m)	politikai	פּוֹלִיטִיקַאי (ז)
estado (m)	medina	מְדִינָה (נ)
cidadão (m)	ezraҳ	אֶזְרָח (ז)
cidadania (f)	ezraҳut	אֶזְרָחוּת (נ)
brasão (m) de armas	'semel le'umi	סֶמֶל לְאוּמִי (ז)
hino (m) nacional	himnon le'umi	הִמְנוֹן לְאוּמִי (ז)
governo (m)	memʃala	מֶמְשָׁלָה (נ)
Chefe (m) de Estado	roʃ medina	רֹאש מְדִינָה (ז)
parlamento (m)	parlament	פַּרְלָמֶנְט (ז)
partido (m)	miflaga	מִפְלָגָה (נ)
capitalismo (m)	kapitalizm	קָפִּיטָלְיזְם (ז)
capitalista	kapita'listi	קָפִּיטָלְיסְטִי
socialismo (m)	sotsyalizm	סוֹצְיָאלִיזְם (ז)
socialista	sotsya'listi	סוֹצְיָאלִיסְטִי
comunismo (m)	komunizm	קוֹמוּנִיזְם (ז)
comunista	komu'nisti	קוֹמוּנִיסְטִי
comunista (m)	komunist	קוֹמוּנִיסְט (ז)
democracia (f)	demo'kratya	דֶמוֹקְרַטְיָה (נ)
democrata (m)	demokrat	דֶמוֹקְרָט (ז)
democrático	demo'krati	דֶמוֹקְרָטִי
Partido (m) Democrático	miflaga demo'kratit	מִפְלָגָה דֶמוֹקְרָטִית (נ)
liberal (m)	libe'rali	לִיבֶּרָלִי (ז)
liberal	libe'rali	לִיבֶּרָלִי
conservador (m)	ʃamran	שַׁמְרָן (ז)
conservador	ʃamrani	שַׁמְרָנִי
república (f)	re'publika	רֶפּוּבְּלִיקָה (נ)
republicano (m)	republi'kani	רֶפּוּבְּלִיקָנִי (ז)
Partido (m) Republicano	miflaga republi'kanit	מִפְלָגָה רֶפּוּבְּלִיקָנִית (נ)
eleições (f pl)	bҳirot	בְּחִירוֹת (נ״ר)
eleger (vt)	livҳor	לִבְחוֹר
eleitor (m)	mats'bi'a	מַצְבִּיעַ (ז)

175

campanha (f) eleitoral	masa bχirot	מַסָּע בְּחִירוֹת (ז)
votação (f)	hatsba'a	הַצְבָּעָה (נ)
votar (vi)	lehats'bi'a	לְהַצְבִּיעַ
direito (m) de voto	zχut hatsba'a	זְכוּת הַצְבָּעָה (נ)

candidato (m)	mu'amad	מוּעֲמָד (ז)
candidatar-se (vi)	lehatsig mu'amadut	לְהַצִּיג מוּעֲמָדוּת
campanha (f)	masa	מַסָּע (ז)

da oposição	opozitsyoni	אוֹפּוֹזִיצְיוֹנִי
oposição (f)	opo'zitsya	אוֹפּוֹזִיצְיָה (נ)

visita (f)	bikur	בִּיקּוּר (ז)
visita (f) oficial	bikur riʃmi	בִּיקּוּר רִשְׁמִי (ז)
internacional	benle'umi	בֵּינְלְאוּמִי

negociações (f pl)	masa umatan	מַשָּׂא וּמַתָּן (ז)
negociar (vi)	laset velatet	לָשֵׂאת וְלָתֵת

193. Política. Governo. Parte 2

sociedade (f)	χevra	חֶבְרָה (נ)
constituição (f)	χuka	חוּקָּה (נ)
poder (ir para o ~)	ʃilton	שִׁלְטוֹן (ז)
corrupção (f)	ʃχitut	שְׁחִיתוּת (נ)

lei (f)	χok	חוֹק (ז)
legal	χuki	חוּקִי

justiça (f)	'tsedek	צֶדֶק (ז)
justo	tsodek	צוֹדֵק

comité (m)	'va'ad	וַעַד (ז)
projeto-lei (m)	hatsa'at χok	הַצָּעַת חוֹק (נ)
orçamento (m)	taktsiv	תַּקְצִיב (ז)
política (f)	mediniyut	מְדִינִיּוּת (נ)
reforma (f)	re'forma	רֵפוֹרְמָה (נ)
radical	radi'kali	רָדִיקָלִי

força (f)	otsma	עוֹצְמָה (נ)
poderoso	rav 'koaχ	רַב-כּוֹחַ
partidário (m)	tomeχ	תּוֹמֵךְ (ז)
influência (f)	haʃpa'a	הַשְׁפָּעָה (נ)

regime (m)	miʃtar	מִשְׁטָר (ז)
conflito (m)	siχsuχ	סִכְסוּךְ (ז)
conspiração (f)	'keʃer	קֶשֶׁר (ז)
provocação (f)	provo'katsya, hitgarut	פְּרוֹבוֹקַצְיָה, הִתְגָּרוּת (נ)

derrubar (vt)	leha'diaχ	לְהַדִּיחַ
derrube (m), queda (f)	hadaχa mikes malχut	הַדָּחָה מִכֵּס מַלְכוּת (נ)
revolução (f)	mahapeχa	מַהְפֵּכָה (נ)
golpe (m) de Estado	hafiχa	הֲפִיכָה (ז)
golpe (m) militar	mahapaχ tsva'i	מַהְפַּךְ צְבָאִי (ז)

crise (f)	maʃber	מַשְׁבֵּר (ז)
recessão (f) económica	mitun kalkali	מִיתוּן כַּלְכָּלִי (ז)
manifestante (m)	mafgin	מַפְגִּין (ז)
manifestação (f)	hafgana	הַפְגָּנָה (נ)
lei (f) marcial	miʃtar tsvaʼi	מִשְׁטַר צְבָאִי (ז)
base (f) militar	basis tsvaʼi	בָּסִיס צְבָאִי (ז)

estabilidade (f)	yatsivut	יַצִּיבוּת (נ)
estável	yatsiv	יַצִּיב

exploração (f)	nitsul	נִיצּוּל (ז)
explorar (vt)	lenatsel	לְנַצֵּל

racismo (m)	gizʼanut	גִּזְעָנוּת (נ)
racista (m)	gizʼani	גִּזְעָנִי (ז)
fascismo (m)	faʃizm	פָשִׁיזְם (ז)
fascista (m)	faʃist	פָשִׁיסְט (ז)

194. Países. Diversos

estrangeiro (m)	zar	זָר (ז)
estrangeiro	zar	זָר
no estrangeiro	beχul	בְּחוּ"ל

emigrante (m)	mehager	מְהַגֵּר (ז)
emigração (f)	hagira	הֲגִירָה (נ)
emigrar (vi)	lehager	לְהַגֵּר

Ocidente (m)	maʻarav	מַעֲרָב (ז)
Oriente (m)	mizraχ	מִזְרָח (ז)
Extremo Oriente (m)	hamizraχ haraχok	הַמִּזְרָח הָרָחוֹק (ז)

civilização (f)	tsiviliʼzatsya	צִיבִילִיזַצְיָה (ז)
humanidade (f)	enoʃut	אֱנוֹשׁוּת (נ)
mundo (m)	olam	עוֹלָם (ז)
paz (f)	ʃalom	שָׁלוֹם (ז)
mundial	olami	עוֹלָמִי

pátria (f)	moʼledet	מוֹלֶדֶת (נ)
povo (m)	am	עַם (ז)
população (f)	oχlusiya	אוֹכְלוּסִיָה (נ)
gente (f)	anaʃim	אֲנָשִׁים (ז"ר)
nação (f)	uma	אוּמָה (נ)
geração (f)	dor	דּוֹר (ז)

território (m)	ʼʃetaχ	שֶׁטַח (ז)
região (f)	ezor	אֵזוֹר (ז)
estado (m)	medina	מְדִינָה (נ)

tradição (f)	maʼsoret	מָסוֹרֶת (נ)
costume (m)	minhag	מִנְהָג (ז)
ecologia (f)	ekoʼlogya	אֶקוֹלוֹגְיָה (נ)
índio (m)	indʼyani	אִינְדִיאָנִי (ז)
cigano (m)	tsoʻani	צוֹעֲנִי (ז)

177

| cigana (f) | tso'aniya | צוֹעֲנִיָּה (נ) |
| cigano | tso'ani | צוֹעֲנִי |

império (m)	im'perya	אִימְפֶּרְיָה (נ)
colónia (f)	ko'lonya	קוֹלוֹנְיָה (נ)
escravidão (f)	avdut	עַבְדוּת (נ)
invasão (f)	pliʃa	פְּלִישָׁה (נ)
fome (f)	'ra'av	רָעָב (ז)

195. Grupos religiosos mais importantes. Confissões

| religião (f) | dat | דָּת (נ) |
| religioso | dati | דָּתִי |

crença (f)	emuna	אֱמוּנָה (נ)
crer (vt)	leha'amin	לְהַאֲמִין
crente (m)	ma'amin	מַאֲמִין

| ateísmo (m) | ate'izm | אָתֵאִיזם (ז) |
| ateu (m) | ate'ist | אָתֵאִיסט (ז) |

cristianismo (m)	natsrut	נַצְרוּת (נ)
cristão (m)	notsri	נוֹצְרִי (ז)
cristão	notsri	נוֹצְרִי

catolicismo (m)	ka'toliyut	קָתוֹלִיּוּת (נ)
católico (m)	ka'toli	קָתוֹלִי (ז)
católico	ka'toli	קָתוֹלִי

protestantismo (m)	protes'tantiyut	פְּרוֹטֶסְטַנְטִיּוּת (נ)
Igreja (f) Protestante	knesiya protes'tantit	כְּנֵסִיָּה פְּרוֹטֶסְטַנְטִית (נ)
protestante (m)	protestant	פְּרוֹטֶסְטַנְט (ז)

ortodoxia (f)	natsrut orto'doksit	נַצְרוּת אוֹרְתּוֹדוֹקְסִית (נ)
Igreja (f) Ortodoxa	knesiya orto'doksit	כְּנֵסִיָּה אוֹרְתּוֹדוֹקְסִית (נ)
ortodoxo (m)	orto'doksi	אוֹרְתּוֹדוֹקְסִי

presbiterianismo (m)	presbiteryanizm	פְּרֶסְבִּיטֶרְיָאנִיזם (ז)
Igreja (f) Presbiteriana	knesiya presviteri''anit	כְּנֵסִיָּה פְּרֶסְבִּיטֶרִיאַנִית (נ)
presbiteriano (m)	presbiter'yani	פְּרֶסְבִּיטֶרְיָאנִי (ז)

| Igreja (f) Luterana | knesiya lute'ranit | כְּנֵסִיָּה לוּתֶרָנִית (נ) |
| luterano (m) | lute'rani | לוּתֶרָנִי (ז) |

| Igreja (f) Batista | knesiya bap'tistit | כְּנֵסִיָּה בַּפְּטִיסְטִית (נ) |
| batista (m) | baptist | בַּפְּטִיסְט (ז) |

Igreja (f) Anglicana	knesiya angli'kanit	כְּנֵסִיָּה אַנְגְּלִיקָנִית (נ)
anglicano (m)	angli'kani	אַנְגְּלִיקָנִי (ז)
mormonismo (m)	mor'monim	מוֹרְמוֹנִים (ז)
mórmon (m)	mormon	מוֹרְמוֹן (ז)

| Judaísmo (m) | yahadut | יַהֲדוּת (נ) |
| judeu (m) | yehudi, yehudiya | יְהוּדִי (ז), יְהוּדִיָּה (נ) |

budismo (m)	budhizm	בּוּדְהִיזְם (ז)
budista (m)	budhist	בּוּדְהִיסְט (ז)

hinduísmo (m)	hindu'izm	הִינְדוּאִיזְם (ז)
hindu (m)	'hindi	הִינְדִי (ז)

Islão (m)	islam	אִיסְלָאם (ז)
muçulmano (m)	'muslemi	מוּסְלְמִי (ז)
muçulmano	'muslemi	מוּסְלְמִי

Xiismo (m)	islam 'ʃi'i	אִסְלָאם שִיעִי (ז)
xiita (m)	'ʃi'i	שִיעִי (ז)
sunismo (m)	islam 'suni	אִסְלָאם סוּנִי (ז)
sunita (m)	'suni	סוּנִי (ז)

196. Religiões. Padres

padre (m)	'komer	כֹּמֶר (ז)
Papa (m)	apifyor	אַפִּיפְיוֹר (ז)

monge (m)	nazir	נָזִיר (ז)
freira (f)	nazira	נְזִירָה (נ)
pastor (m)	'komer	כֹּמֶר (ז)

abade (m)	roʃ minzar	רֹאש מִנְזָר (ז)
vigário (m)	'komer hakehila	כֹּמֶר הַקְהִילָה (ז)
bispo (m)	'biʃof	בִּישוֹף (ז)
cardeal (m)	χaʃman	חַשְמָן (ז)

pregador (m)	matif	מַטִיף (ז)
sermão (m)	hatafa, draʃa	הַטָפָה, דְרָשָה (נ)
paroquianos (pl)	χaver kehila	חָבֵר קְהִילָה (ז)

crente (m)	ma'amin	מַאֲמִין (ז)
ateu (m)	ate'ist	אָתָאִיסְט (ז)

197. Fé. Cristianismo. Islão

Adão	adam	אָדָם
Eva	χava	חַוָה

Deus (m)	elohim	אֱלוֹהִים
Senhor (m)	adonai	אֲדוֹנָי
Todo Poderoso (m)	kol yaχol	כָּל יָכוֹל

pecado (m)	χet	חַטְא (ז)
pecar (vi)	laχato	לַחֲטוֹא
pecador (m)	χote	חוֹטֵא (ז)
pecadora (f)	χo'ta'at	חוֹטֵאת (נ)

inferno (m)	gehinom	גֵיהִינוֹם (ז)
paraíso (m)	gan 'eden	גַן עֵדֶן (ז)

| Jesus | 'yeʃu | יֵשׁוּ |
| Jesus Cristo | 'yeʃu hanotsri | יֵשׁוּ הַנּוֹצְרִי |

Espírito (m) Santo	'ruax ha'kodeʃ	רוּחַ הַקּוֹדֶשׁ (ז)
Salvador (m)	mo'ʃi'a	מוֹשִׁיעַ (ז)
Virgem Maria (f)	'miryam hakdoʃa	מִרְיָם הַקְּדוֹשָׁה

Diabo (m)	satan	שָׂטָן (ז)
diabólico	stani	שְׂטָנִי
Satanás (m)	satan	שָׂטָן (ז)
satânico	stani	שְׂטָנִי

anjo (m)	mal'ax	מַלְאָךְ (ז)
anjo (m) da guarda	mal'ax ʃomer	מַלְאָךְ שׁוֹמֵר (ז)
angélico	mal'axi	מַלְאָכִי

apóstolo (m)	ʃa'liax	שָׁלִיחַ (ז)
arcanjo (m)	arximalax	אַרְכִימַלְאָךְ (ז)
anticristo (m)	an'tikrist	אַנְטִיכְּרִיסְט (ז)

Igreja (f)	knesiya	כְּנֵסִיָּה (נ)
Bíblia (f)	tanax	תַּנַ"ךְ (ז)
bíblico	tanaxi	תַּנַ"כִי

Velho Testamento (m)	habrit hayeʃana	הַבְּרִית הַיְשָׁנָה (נ)
Novo Testamento (m)	habrit haxadaʃa	הַבְּרִית הַחֲדָשָׁה (נ)
Evangelho (m)	evangelyon	אֱוַונְגֶּלְיוֹן (ז)
Sagradas Escrituras (f pl)	kitvei ha'kodeʃ	כִּתְבֵי הַקּוֹדֶשׁ (ז"ר)
Céu (m)	malxut ʃa'mayim, gan 'eden	מַלְכוּת שָׁמַיִם (נ), גַּן עֵדֶן (ז)

mandamento (m)	mitsva	מִצְוָה (נ)
profeta (m)	navi	נָבִיא (ז)
profecia (f)	nevu'a	נְבוּאָה (נ)

Alá	'alla	אַלְלָה
Maomé	mu'xamad	מוּחַמַד
Corão, Alcorão (m)	kur'an	קוּרְאָן (ז)

mesquita (f)	misgad	מִסְגָּד (ז)
mulá (m)	'mula	מוּלָא (ז)
oração (f)	tfila	תְּפִילָה (נ)
rezar, orar (vi)	lehitpalel	לְהִתְפַּלֵּל

peregrinação (f)	aliya le'regel	עֲלִיָּה לָרֶגֶל (נ)
peregrino (m)	tsalyan	צַלְיָן (ז)
Meca (f)	'meka	מֶכָּה (נ)

igreja (f)	knesiya	כְּנֵסִיָּה (נ)
templo (m)	mikdaʃ	מִקְדָּשׁ (ז)
catedral (f)	kated'rala	קָתֶדְרָלָה (נ)
gótico	'goti	גּוֹתִי
sinagoga (f)	beit 'kneset	בֵּית כְּנֶסֶת (ז)
mesquita (f)	misgad	מִסְגָּד (ז)

| capela (f) | beit tfila | בֵּית תְּפִילָה (ז) |
| abadia (f) | minzar | מִנְזָר (ז) |

| convento (m) | minzar | מִנְזָר (ז) |
| mosteiro (m) | minzar | מִנְזָר (ז) |

sino (m)	pa'amon	פַּעֲמוֹן (ז)
campanário (m)	migdal pa'amonim	מִגְדַּל פַּעֲמוֹנִים (ז)
repicar (vi)	letsaltsel	לְצַלְצֵל

cruz (f)	tslav	צְלָב (ז)
cúpula (f)	kipa	כִּיפָּה (נ)
ícone (m)	ikonin	אִיקוֹנִין (ז)

alma (f)	nefama	נְשָׁמָה (נ)
destino (m)	goral	גּוֹרָל (ז)
mal (m)	'ro'a	רוֹעַ (ז)
bem (m)	tuv	טוּב (ז)

vampiro (m)	arpad	עַרְפָד (ז)
bruxa (f)	maxfefa	מְכַשֵּׁפָה (נ)
demónio (m)	fed	שֵׁד (ז)
espírito (m)	'ruax	רוּחַ (נ)

| redenção (f) | kapara | כַּפָּרָה (נ) |
| redimir (vt) | lexaper al | לְכַפֵּר עַל |

missa (f)	'misa	מִיסָה (נ)
celebrar a missa	la'arox 'misa	לַעֲרוֹךְ מִיסָה
confissão (f)	vidui	וִידוּי (ז)
confessar-se (vr)	lehitvadot	לְהִתְוַדּוֹת

santo (m)	kadof	קָדוֹשׁ (ז)
sagrado	mekudaf	מְקוּדָשׁ
água (f) benta	'mayim kdofim	מַיִם קְדוֹשִׁים (ז"ר)

ritual (m)	'tekes	טֶקֶס (ז)
ritual	fel 'tekes	שֶׁל טֶקֶס
sacrifício (m)	korban	קוֹרְבָּן (ז)

superstição (f)	emuna tfela	אֱמוּנָה תְּפֵלָה (נ)
supersticioso	ma'amin emunot tfelot	מַאֲמִין אֱמוּנוֹת תְּפֵלוֹת
vida (f) depois da morte	ha'olam haba	הָעוֹלָם הַבָּא (ז)
vida (f) eterna	xayei olam, xayei 'netsax	חַיֵּי עוֹלָם (ז"ר), חַיֵּי נֶצַח (ז"ר)

TEMAS DIVERSOS

198. Várias palavras úteis

ajuda (f)	ezra	עֶזְרָה (נ)
barreira (f)	miχʃol	מִכְשׁוֹל (ז)
base (f)	basis	בָּסִיס (ז)
categoria (f)	kate'gorya	קַטֵגוֹרִיָה (נ)
causa (f)	siba	סִיבָּה (נ)

coincidência (f)	hat'ama	הַתְאָמָה (נ)
coisa (f)	'χefets	חֵפֶץ (ז)
começo (m)	hatχala	הַתְחָלָה (נ)
cómodo (ex. poltrona ~a)	'noaχ	נוֹחַ
comparação (f)	haʃva'a	הַשׁוּוָאָה (נ)

compensação (f)	pitsui	פִּיצוּי (ז)
crescimento (m)	gidul	גִידוּל (ז)
desenvolvimento (m)	hitpatχut	הִתְפַּתְחוּת (נ)
diferença (f)	'ʃoni	שׁוֹנִי (ז)
efeito (m)	efekt	אֶפֶקְט (ז)

elemento (m)	element	אֶלֶמֶנְט (ז)
equilíbrio (m)	izun	אִיזוּן (ז)
erro (m)	ta'ut	טָעוּת (נ)
esforço (m)	ma'amats	מַאֲמָץ (ז)
estilo (m)	signon	סִגְנוֹן (ז)

exemplo (m)	dugma	דוּגְמָה (נ)
facto (m)	uvda	עוּבְדָה (נ)
fim (m)	sof	סוֹף (ז)
forma (f)	tsura	צוּרָה (נ)

frequente	tadir	תָּדִיר
fundo (ex. ~ verde)	'reka	רֶקַע (ז)
género (tipo)	sug	סוּג (ז)
grau (m)	darga	דַרְגָה (נ)
ideal (m)	ide'al	אִידֵיאָל (ז)

labirinto (m)	mavoχ	מָבוֹךְ (ז)
modo (m)	'ofen	אוֹפֶן (ז)
momento (m)	'rega	רֶגַע (ז)
objeto (m)	'etsem	עֶצֶם (ז)
obstáculo (m)	maχsom	מַחְסוֹם (ז)

original (m)	makor	מָקוֹר (ז)
padrão	tikni	תִקְנִי
padrão (m)	'teken	תֶקֶן (ז)
paragem (pausa)	hafsaka	הַפְסָקָה (נ)
parte (f)	'χelek	חֵלֶק (ז)

partícula (f)	χelkik	חֶלְקִיק (ז)
pausa (f)	hafuga	הֲפוּגָה (נ)
posição (f)	emda	עֶמְדָה (נ)
princípio (m)	ikaron	עִיקָרוֹן (ז)

problema (m)	be'aya	בְּעָיָה (נ)
processo (m)	tahaliχ	תַּהֲלִיךְ (ז)
progresso (m)	kidma	קִדְמָה (נ)
propriedade (f)	tχuna, sgula	תְּכוּנָה, סְגוּלָה (נ)

reação (f)	tguva	תְּגוּבָה (נ)
risco (m)	sikun	סִיכּוּן (ז)
ritmo (m)	'keʦev	קֶצֶב (ז)
segredo (m)	sod	סוֹד (ז)
série (f)	sidra	סִדְרָה (נ)

sistema (m)	ʃita	שִׁיטָה (נ)
situação (f)	maʦav	מַצָּב (ז)
solução (f)	pitaron	פִּיתָרוֹן (ז)
tabela (f)	tavla	טַבְלָה (נ)
termo (ex. ~ técnico)	musag	מוּשָׂג (ז)

tipo (m)	min	מִין (ז)
urgente	daχuf	דָחוּף
urgentemente	bidχifut	בִּדְחִיפוּת
utilidade (f)	to''elet	תּוֹעֶלֶת (נ)

variante (f)	girsa	גִירְסָה (נ)
variedade (f)	bχina	בְּחִינָה (נ)
verdade (f)	emet	אֶמֶת (נ)
vez (f)	tör	תּוֹר (ז)
zona (f)	ezor	אֵזוֹר (ז)

www.ingramcontent.com/pod-product-compliance
Lightning Source LLC
LaVergne TN
LVHW051346080426
835509LV00020BA/3310